42,00

***ACCESO GRATIS** a la Lectura en la Nube*

Para visualizar el libro electrónico en la nube de lectura envíe junto a su nombre y apellidos una fotografía del código de barras situado en la contraportada del libro y otra del ticket de compra a la dirección:

ebooktirant@tirant.com

En un máximo de 72 horas laborables le enviaremos el código de acceso con sus instrucciones.

AF617403

HERENCIAS EN EL LIMBO: MANUAL DE GENEALOGÍA SUCESORIA

HERENCIAS EN EL LIMBO: MANUAL DE GENEALOGÍA SUCESORIA

María Isabel Rodríguez Iglesias

tirant lo blanch
Valencia, 2025

En caso de erratas y actualizaciones, la Editorial Tirant lo Blanch publicará la pertinente corrección en la página web www.tirant.com.

La presente obra ha sido sometida a la revisión de pares ciegos según el protocolo de publicación de la editorial a efectos de ofrecer el rigor y calidad correspondiente tanto en su contenido como en su forma, aplicándose los criterios específicos aprobados por la Comisión Nacional E 016 (BOE num. 286, de 26 de noviembre de 2016).

EDITA: TIRANT LO BLANCH
C/ Artes Gráficas, 14 - 46010 - Valencia
TELFS.: 96/361 00 48 - 50
FAX: 96/369 41 51
Email: tlb@tirant.com
www.tirant.com
Librería virtual: www.tirant.es
DEPÓSITO LEGAL: V-2780-2025
ISBN: 979-13-7010-057-5

Si tiene alguna queja o sugerencia, envíenos un mail a: *atencioncliente@tirant.com*. En caso de no ser atendida su sugerencia, por favor, lea en *www.tirant.net/index.php/empresa/politicas-de-empresa* nuestro procedimiento de quejas.

Responsabilidad Social Corporativa: http://www.tirant.net/Docs/RSCTirant.pdf

Índice

Índice de figuras y tablas

FIGURAS

TABLAS

Índice de abreviaturas

BNE	Biblioteca Nacional de España
BOE	*Boletín Oficial del Estado*
CC	Código Civil
DRAE	*Diccionario de la lengua española* de la Real Academia Española
HUMINT	*Human intelligence* (inteligencia de fuentes humanas)
IGN	Instituto Geográfico Nacional
INE	Instituto Nacional de Estadística
IAPPR	The International Association of Professional Probate Researchers, Genealogists & Heir Hunters
KPI	*Key performance indicator* (indicadores claves del rendimiento)
OSINT	*Open source intelligence* (inteligencia de fuentes abiertas)
PARES	Portal de Archivos Españoles
SAJUMA	Servicio de Asesoramiento Jurídico y Urbanístico a Municipios y Arquitectura de la Diputación Provincial de Burgos
SOCMINT	*Social media intelligence* (inteligencia de fuentes abiertas en las redes sociales)

I. Introducción

1. OBJETIVOS, JUSTIFICACIÓN Y ALCANCE

Mi experiencia profesional como genealogista sucesoria se inicia en el Departamento de Investigación y Localización de Herederos de un despacho de abogados de Madrid especializado en esta materia, entre abril de 2019 y febrero de 2022. Hasta entonces, mi actividad en este campo había estado orientada hacia la genealogía familiar. La labor desarrollada en esta empresa hizo que me diera cuenta de dos cosas: por un lado, que, aunque yo tenía conocimientos de genealogía y archivística, es decir, controlaba la parte de localización de fuentes de investigación, había un aspecto, ligado a la aplicación de la genealogía al derecho de sucesiones, que desconocía completamente; y, por otro, que es muy escasa la información que hay sobre genealogía sucesoria, ya que la mayoría de ella viene recogida en las propias webs comerciales de los bufetes dedicados a dicha actividad.

De esta manera, aunque abundan manuales, tratados, artículos, ponencias y conferencias sobre genealogía familiar, en la actualidad no existe ningún libro en España sobre la llamada *genealogía sucesoria*. Por lo tanto, la motivación principal que me mueve a elaborar un texto como este es, precisamente, cubrir ese vacío bibliográfico en la materia, dotar al profesional de un marco teórico y práctico y descubrir los entresijos de esta disciplina que aúna genealogía y derecho sucesorio y que ha dado lugar a una nueva profesión de apenas tres décadas de existencia en España.

Asimismo, es preciso que los propios profesionales tomen conciencia de la importancia de organizar una asociación que lleve a la creación en un futuro de un colegio profesional, a imagen y semejanza de Francia, dado que en la actualidad la genealogía sucesoria no está reconocida de forma oficial en España.

Consecuentemente, el público objetivo de este manual serían aquellos profesionales del derecho, de la historia, de la archivística, de la biblioteconomía y de la documentación —estas tres últimas especializadas en la gestión documental y de la información— y de la genealogía familiar, clásica o tradicional, entendida como ciencia auxiliar de la historia, que quieran ampliar su campo de acción a la genealogía como ciencia auxiliar del derecho. Pues, del mismo modo que los abogados/as de despacho no disponen de conocimientos precisos sobre búsqueda de fuentes archivísticas, genealógicas, historia local o historia institucional, a su vez, los otros profesionales desconocen ciertos conceptos jurídicos —causante, herencia yacente, orden sucesorio, etc.—. Por lo tanto, los equipos de trabajo multidisciplinarios resultan necesarios, enriquecedores y complementarios para ambas partes, como ocurría en el departamento donde desarrollé mi labor.

Aunque son muy variadas las cuestiones que se van a abordar en las siguientes páginas no hay más pretensión que la de elaborar un sencillo manual que sirva de guía para el profesional, aunque sin descartar a un público general más amplio, interesado en este apasionante mundo —¡sí, la genealogía crea adicción!—. Hay que recordar que mi formación es en humanidades y no en ciencias jurídicas, por lo que este libro no es un manual de derecho de sucesiones, sino que se centra, sobre todo, en la gestión e investigación de fuentes documentales para la elaboración del árbol genealógico sucesorio.

La genealogía familiar y la sucesoria comparten el método científico de investigación, pero sus objetivos y finalidad son totalmente diferentes. En ambas se reconstruyen los vínculos familiares de ascendencia, descendencia y colaterales de una persona —del sujeto causante, en el caso de la sucesoria— mediante el árbol genealógico, pero con la diferencia de que la segunda tiene como único fin la localización de los herederos de una herencia yacente para poder tramitarla.

> La adquisición de la herencia mediante aceptación del llamado a la misma determina que desde que se produce la muerte del causante hasta que se opera tal aceptación la herencia está

vacante, carece de titular. A esta situación del caudal relicto se le ha llamado desde el derecho romano herencia yacente.

Lo que caracteriza a la herencia yacente es la falta de un titular actual que se haga cargo de las relaciones jurídicas y de los bienes que la integran, hasta que sea aceptada por el llamado a la herencia. En todo caso esta es una situación transitoria, pues en última instancia, a falta de otros herederos, la herencia se deferirá al Estado (Valpuesta Fernández, 2000, TOL76.512).

Tras el fallecimiento del causante y la apertura de la sucesión *mortis causa* se abre un período de tiempo en el que la herencia se encuentra yacente hasta su aceptación por los herederos. Estas herencias yacentes, vacantes, sin reclamar, vagantes o en el aire son herencias que se encuentran en un limbo legal —de ahí el título de este manual— a la espera de que alguien las reclame. No son herencias que estén sin tramitar porque sus herederos, conocedores de su existencia, no hayan querido hacerlo. La mayoría de las veces están en esta situación porque los propios herederos legítimos desconocen que lo son. Suelen ser tanto herencias intestadas o abintestato —cuando el causante no realizó testamento— como herencias testadas —cuando sí lo otorgó—. Para estas últimas, el secreto de protocolo es uno de los impedimentos que ocasionan que estas herencias no se puedan resolver de forma favorable, ya que el notario publica edictos en los boletines oficiales para que comparezcan los posibles herederos de una herencia, pero no realiza investigaciones para saber quiénes son los herederos testamentarios. En este sentido, se distinguen dos factores en España que hacen que muchas de estas herencias se encuentren en el limbo: por un lado, el mencionado secreto de protocolo notarial, que restringe el acceso al contenido de los testamentos; y, por otro, nuestro propio Código Civil (TOL220.310), que establece que solo se puede heredar hasta cuarto grado, mientras que en otros países, como Francia, se llega al sexto.

En cuanto a la vigencia de la herencia yacente, el Código Civil no ha fijado un tiempo máximo para aceptarla, y finaliza en el mismo momento en que los herederos la aceptan o renuncian a ella; en este último supuesto, pasaría a manos del Estado.

Sin embargo, la jurisprudencia y la doctrina entienden que dicho plazo es de treinta años a partir de la fecha del fallecimiento del causante. Para ello, aplican por analogía el artículo 1963 del Código Civil, que establece que «las acciones reales sobre bienes inmuebles prescriben a los treinta años», y así se fija el plazo de prescripción para reclamar una herencia que ya ha sido aceptada. Coincide, a su vez también, con el mismo plazo que se indica en el artículo 1959 sobre la usucapión: «Se prescriben también el dominio y demás derechos reales sobre los bienes inmuebles por su posesión no interrumpida durante treinta años, sin necesidad de título ni de buena fe, y sin distinción entre presentes y ausentes, salvo la excepción determinada en el artículo 539». Los bienes inmuebles vacantes o sin dueño conocido pueden adquirirse por usucapión cuando se da la pasividad por parte de los herederos en tramitar la herencia —en el caso de las herencias yacentes por desconocimiento de la condición de heredero— o si se supera el tiempo marcado para que la Administración General del Estado ejercite las acciones correspondientes para tomar posesión del bien.

Por otro lado, también en este libro se pretende abordar la problemática que plantean ciertos aspectos de la investigación genealógica —tanto familiar como sucesoria— sobre todo lo relacionado con el interés legítimo de acceso a los documentos. Los propios profesionales de la genealogía reconocen que han sido ellos mismos, a lo largo de la historia[1], los culpables de que esta profesión se haya visto con malos ojos por la sociedad; incluso, en

1 Ya, a finales del siglo XIX, los propios contemporáneos tenían esta percepción. Trueba (1887): «Este libro se ha hecho del modo siguiente: he reunido nobiliarios, informaciones de limpieza de sangre y tratados genealógicos que casi son tres cosas distintas y una sola verdadera; he recogido en estos documentos la leyenda, o si se quiere cuento o patraña que los genealogistas o reyes de armas han urdido a muchos linajes con

la actualidad, se sigue viendo así por algunas instituciones públicas —ciertos registros civiles que no mencionaré—, que consideran que la expedición de certificados por motivos genealógicos no es una finalidad del Registro Civil y, por tanto, los deniegan.

La respuesta que suelen ofrecer a las peticiones es que la expedición de certificados por parte del Registro Civil debe estar relacionada con la prueba administrativa o judicial del estado civil. Y que para obtener una copia se debe indicar y acreditar documentalmente que el interés en conocer los asientos registrales está relacionado con la prueba administrativa, judicial o de otra índole del estado civil. Además, informan de que, si el interés es otro, basta recordar la existencia de otros archivos y/o registros (eclesiásticos, administrativos, etc.) donde obtener esta información.

Estos genealogistas de siglos pasados se dedicaban más a practicar su actividad para la exaltación de los egos de determinada clase social que a aplicar un método científico, tal y como empezó a ejecutarse desde mediados del siglo XX con la profesionalización de esta materia[2] hasta ir recuperando su imagen pública en la actualidad[3].

---

objeto de halagar y explotar la vanidad humana, y he recontado a mi modo cerca de un centenar de estas leyendas o patrañas o cuentos».

2 Así lo explica Calleja Puerta (2010): «Las genealogías triunfales de los linajes poderosos fueron durante siglos una de las manifestaciones más florecientes de las narraciones históricas. Por lo general, sus autores estaban más preocupados por halagar la vanidad de sus nobles historiados que por la veracidad de los hechos que ensalzaban. Y, en consecuencia, es lógico que el género fuese cayendo en el abandono tras la abolición del régimen señorial y la progresiva decadencia de aquellos grupos familiares. Entre los historiadores españoles, donde la obsesión por la hidalguía había alcanzado sus más altas cotas, la reacción y el desinterés entraron de lleno en la segunda mitad del siglo XX, cuando se verificó una efectiva profesionalización del quehacer de los historiadores en el marco universitario».

3 Alfaro de Prado (2014): «Durante siglos para la sociedad el prototipo de genealogista ha sido el del profesional que realizaba investigaciones familiares por encargo. Tantas fueron las exageraciones y falsedades que

Otro de los principales objetivos al elaborar el presente manual es hacer un llamamiento sobre el estado de la cuestión de esta disciplina y sobre la incipiente profesión a la que ha dado lugar, no reconocida en España, aunque sí en otros países. La importancia de la genealogía sucesoria como profesión emergente viene avalada por los datos del Consejo General del Notariado: un 40 % de los españoles fallece sin haber repartido sus bienes en vida y, del total de los testamentos, entre el 10 % y el 15 % acabarán calificándose como nulos (*Economist & Jurist*, 2022).

En España esta profesión no tiene carácter oficial y, por lo tanto, quienes la ejercemos no tenemos ningún carné profesional que nos avale, como sí ocurre en otros países. Y son variadas las dificultades que nos encontramos, precisamente por no tener esta oficialidad, a la hora de realizar las investigaciones; sobre todo, con aquello que tiene que ver con el interés legítimo de acceso a cierta documentación.

No fue hasta el año 2006 cuando desapareció la Tarjeta Nacional de Investigador para la consulta de los fondos documentales de los Archivos Estatales[4], que restringía el derecho de acceso de los ciudadanos no investigadores a la documentación. Aun-

---

no nos extraña encontrar expresiones como la de que un genealogista es aquel que remonta el linaje de tus antepasados tan lejos como puedas pagarle (atribuida en la Red a un tal Tom Mayer, personaje desconocido y tal vez ficticio, aunque podemos aplicar el dicho de que *se non è vero, è ben trovato*). Afortunadamente hoy en día el mayor conocimiento sobre esta materia y a la vez la preparación y rigurosidad de muchos profesionales van recuperando la imagen pública tanto de la disciplina como del oficio. Se suma el hecho de que cada vez son más los encargos que buscan conocer la verdad documental y no la invención de fábulas».

4 Real Decreto 1266/2006, de 8 de noviembre, por el que se deroga el Real Decreto 1969/1999, de 23 de diciembre, por el que se regula la expedición de la tarjeta nacional de investigador para la consulta en los archivos de titularidad estatal y en los adheridos al sistema archivístico español, en lo relativo a los archivos de titularidad estatal dependientes del Ministerio de Cultura (BOE, n.º 284, de 28 de noviembre de 2006).

que ya no es obligatorio tener esta tarjeta y cualquier persona con su DNI, pasaporte o documento que la identifique puede hacerlo, en la práctica nos topamos con que, a veces, es difícil el acceso a ciertos documentos de algunas instituciones por no poder disponer de un carné profesional que nos reconozca.

Respecto a esto, lo más parecido es el carné de investigador con vigencia de cinco años expedido por la Biblioteca Nacional de España, para cuya tramitación se exigen una serie de requisitos[5]. Asimismo, existen acuerdos de reconocimiento mutuo de los carnés de investigador de la Biblioteca Nacional de España y de los expedidos por las bibliotecas regionales o autonómicas.

Al no estar la genealogía reconocida como una profesión en España, tampoco tenemos una organización nacional que represente a todos los profesionales, como ocurre en Francia, donde Généalogistes de France, creada en 2004, aúna al 95 % de los profesionales dedicados a la genealogía por medio de dos especializaciones: la «généalogie successorale» y la «généalogie familiale»[6]. Las tarjetas profesionales emitidas por esta

---

5 BNE: tramitación del carné de investigador <https://www.bne.es/es/servicios/nuevos-usuarios/carnes-biblioteca/investigador>. Requisitos para acreditar la condición de investigador: a) Doctores, licenciados, diplomados y graduados universitarios o titulaciones equivalentes. b) Miembros de instituciones, tanto educativas como académicas y culturales de prestigio reconocido, y de centros de investigación; bibliotecarios, documentalistas, archiveros y conservadores de museos; los profesionales del sector del libro y la edición. c) Autores científicos, literarios y artísticos. d) Aquellos que, en virtud del Acuerdo 2021 del Consorcio Madroño, dispongan del pasaporte Madroño. e) Todos los poseedores de un carné de lector que, sin estar comprendidos en alguno de los supuestos enumerados en el apartado anterior, estén realizando algún trabajo de investigación y así lo acrediten.

6 Según información recogida en la web de esta organización <https://genealogistes-france.org/>.

organización[7] permiten al personal de los archivos públicos y de las administraciones francesas identificarlos. También proporcionan a los herederos contactados la garantía del correcto cumplimiento por parte de los genealogistas de las normas y la carta deontológica de esta profesión. Estos carnés se emiten anualmente, todos se enumeran y son consultables en su web. Igualmente, en Francia, la «Circulaire relative à la procédure d'accès aux actes et registres de l'état civil datant de moins de soixante-quinze ans par les généalogistes professionnels» autoriza al genealogista profesional el acceso a las actas y los registros del estado civil con una antigüedad inferior a setenta y cinco años (Portail National des Archives-France Archives, 2023a).

Sobre este aspecto, quiero destacar los objetivos que recoge la Societat Catalana de Genealogia, Heràldica, Sigil.lografia, Vexil.lologia i Nobiliària (SCGHSVN); entre otros, velar por la aplicación del método científico en las investigaciones y lograr la acreditación de sus socios genealogistas, además de establecer convenios con entidades para facilitar el acceso a sus fuentes[8]. Es de esperar que, en un corto plazo de tiempo, todos los profesionales nos unamos y organicemos para luchar por la oficialidad de la profesión, dado que, hasta la fecha, de igual forma que

---

7 «Les titulaires de cartes professionnelles» <https://genealogistes-france.org/qui-sommes-nous/les-titulaires-des-cartes-professionnelles/>.

8 SCGHSVN <https://scgenealogia.cat/>. Entre sus objetivos destacan: «Velar por que la investigación de estas disciplinas tenga siempre un contenido científico y un rigor histórico y metodológico fuera de toda duda; denunciar los aspectos equívocos y mercantilistas y el falseamiento que a menudo se relaciona con estas disciplinas; entregar credenciales a los socios que —con los criterios que determine la Asociación— dispongan de un nivel de conocimientos que permita una garantía de sus investigaciones. Y establecer acuerdos o convenios con los centros y entidades que dispongan de fuentes de información a fin de facilitar, al máximo, el acceso de los socios con credenciales a dichas fuentes».

las herencias yacentes, la genealogía sucesoria como disciplina y como profesión también se encuentra en un limbo.

Por otra parte, como nuevo yacimiento de empleo en España, son múltiples las acepciones por las que se nos conoce en los medios de comunicación y público en general: cazadores de herencias, cazatesoros o cazaherederos; y, en menor medida, como genealogistas sucesorios, genealogistas forenses, genealogistas patrimoniales, genealogistas testamentarios, investigadores testamentarios, detectives de muertos, etc. Se han realizado series de televisión en diferentes países, incluso en España, protagonizadas por algunos despachos bajo esas denominaciones.

También, en la literatura, ha sido descrita nuestra profesión. Es el caso de la novela de Prado (2020)[9], donde se distinguen dos tipos de profesionales dedicados a la genealogía sucesoria en las conversaciones de los protagonistas: por un lado, empresas dedicadas «a buscar por el mundo herederos de patrimonios nunca reclamados»; y, por otro, «bufetes de abogados que encuentran en ese terreno un nicho de mercado que incrementa sus ganancias». Estos bienes no reclamados pueden ser «dinero, joyas, piezas de arte y valores inmobiliarios», y permanecen a la espera del cumplimiento del «plazo legal para que alguien las reclame y, si eso no sucede, que el Estado se los quede».

Continuando con la conversación de la novela, uno de los personajes afirma que por este trabajo de rastreo de herederos estas empresas «se llevan un buen tanto por ciento [...] entre el diez y el treinta, según la cantidad localizada sea mayor o menor». Se justifican estos honorarios tan altos porque «en la mayoría de las ocasiones las y los afortunados son personas que no sabían nada ni del asunto ni, a veces, del familiar que les va a hacer millonarias. Así que para ellas es oro caído del cielo» —porque, realmente,

---

9 Prado, B. (2020). *Todo lo carga el diablo.* Capítulo 32, pp. 270-271 (versión digital). Alfaguara.

¿quién no desearía recibir una herencia caída de un limbo?—. Para poder identificar el capital y a sus beneficiarios, «manejan una red de notarios, banqueros, administradores de fincas, organismos públicos o incluso servicios diplomáticos cuando se trata de gente que ha muerto en el extranjero». También se los señala como «cazadores de fortunas», otra acepción más a añadir a la percepción que la sociedad tiene de estos profesionales.

Aunque de forma novelada, se podría decir que en este breve fragmento se condensan una serie de conceptos representativos de esta disciplina y profesión que se van a analizar detenidamente en los siguientes capítulos.

2. ESTRUCTURA DEL LIBRO

El manual se divide en trece capítulos, incluida esta introducción, más una bibliografía, una relación de las webs comerciales de despachos de abogados consultadas, un índice de figuras y tablas y un anexo final.

En el capítulo «¿Qué es la genealogía sucesoria?» se aborda brevemente el origen de esta disciplina en el siglo XIX en Europa, creada como un servicio auxiliar del notariado en Francia, así como su definición, objeto, finalidad y análisis como ciencia, diferenciando la genealogía sucesoria de la familiar. Uno de los aforismos genealógicos por excelencia, de autor desconocido, es que «la genealogía sin fuentes es mitología» (figura 1), lo cual sustenta su método científico. A la hora de investigar, no caben las especulaciones; los documentos son las pruebas válidas. El método científico genealógico se respalda en las fuentes documentales.

En «Estado de la cuestión» se proponen los primeros pasos que seguir para su profesionalización, con la formación de una asociación profesional como preámbulo para la creación, en un futuro, de un colegio profesional que vele por nuestros intereses. Además, se exponen los planes de estudios en genealogía sucesoria de dos instituciones francesas, se realiza un esbozo del perfil del investigador con las habilidades y los conocimientos que se deben tener —muchos de ellos adquiridos con la propia experiencia—, y el análisis de dos cartas deontológicas de dos asociaciones profesionales. Para acabar el capítulo, se compara de forma breve el origen y la situación actual en diversos países de esta profesión no regulada, salvo excepciones como en Francia.

Figura 1: «La genealogía sin fuentes es mitología»

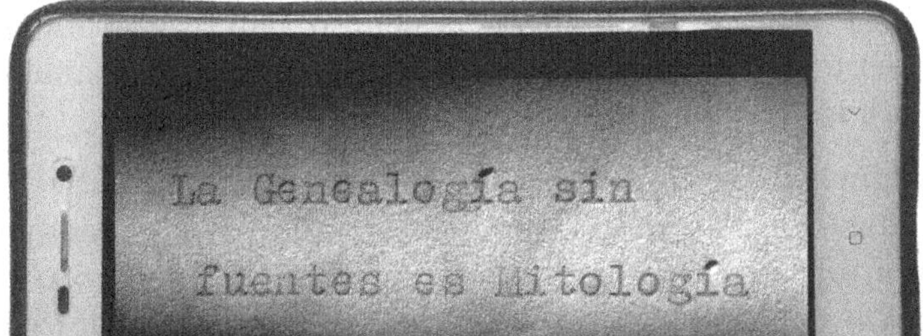

Fuente imagen: elaboración propia.

Los siguientes dos capítulos están dedicados a las fuentes de información en acceso abierto utilizadas para la búsqueda de herencias yacentes: las orales y las escritas, que son dos de las fuentes que se manejan en diferentes disciplinas para la investigación, como historia, periodismo y derecho. De esta manera, las llamadas *fuentes orales* se describen en el capítulo de «Fuentes HUMINT» —inteligencia de fuentes humanas —, y las provenientes de información en acceso abierto, en el de «Fuentes OSINT» —inteligencia de fuentes abiertas—. Se trata de dos conceptos utilizados en los servicios de inteligencia que se ha creído conveniente aplicar en la investigación de herencias yacentes y fuentes genealógicas por el contexto actual en el que nos encontramos: desarrollo de las TIC (tecnologías de la información y de la comunicación), la evolución de la Web, las políticas de transparencia de los gobiernos democráticos o la apertura de datos gubernamentales.

El nuevo nivel de importancia otorgado al dato ha beneficiado enormemente la investigación, al poder ser utilizado, reutilizado y redistribuido libremente. Felip i Sardà (2004) indica que los servicios de inteligencia emplean tres medios para la recogida de información: los humanos, los tecnológicos y los consistentes en el análisis de fuentes abiertas[10]. Asimismo, se puede aplicar a la genealogía sucesoria la afirmación de este autor cuando dice que «los expertos en inteligencia siempre han reconocido que las fuentes de información abiertas, gestionadas correctamente, son un instrumento fundamental para su trabajo».

Siguen los capítulos «La investigación patrimonial» y «La investigación sucesoria». Uno de los requisitos necesarios para poder iniciar el expediente es verificar su viabilidad económica. Con este propósito se realiza la investigación patrimonial, sobre todo de los bienes inmuebles del sujeto causante inscritos en el Registro de la Propiedad. En caso positivo, se iniciará la investigación sucesoria, que se corresponde con toda la gestión documental previa a la tramitación de la herencia. Por eso, antes de iniciar la búsqueda de fuentes, hay que tener claros una serie de conceptos jurídicos como quiénes son los herederos forzosos, si hay o no testamento del causante, el orden sucesorio, etc., para enfocar correctamente la investigación y localización de los herederos, puesto que no se investiga a todas las personas, sino

---

10 Para Felip i Sardà (2004), «por fuentes de información abiertas se entienden aquellos recursos documentales públicos de pago o gratuitos, en cualquier soporte, formato y medio de acceso. [...]. Es fuente abierta todo documento impreso o electrónico de acceso y uso público en cualquier idioma que contenga datos políticos, culturales, económicos, militares, científicos, técnicos, sociológicos, geográficos, etc. de interés para la generación de inteligencia».

solo a las que corresponden para armar el árbol genealógico sucesorio, que es el que se presentará ante notario.

Los capítulos «Fuentes OSINT en la investigación genealógica» y «Otras fuentes OSINT en la investigación genealógica sucesoria» conforman el grueso del manual. Así, entre las fuentes de investigación primarias se incluyen las fuentes archivísticas: documentación civil, eclesiástica, notarial, judicial, militar, municipal o provincial. Ante el notario se presentan los certificados de nacimiento, matrimonio y defunción del Registro Civil correspondiente a los protagonistas del árbol genealógico sucesorio, pero cuando no se encuentran estas actas por falta de datos hay que echar mano de otras fuentes que nos ayuden en las pesquisas. En el presente, las tecnologías y los recursos en la Red han facilitado mucho esta labor de investigación, con bases de datos genealógicos en línea y en acceso abierto.

Otra cuestión que resaltar en la investigación es lo que se conoce actualmente como *huella digital*, pues esta resulta inexistente para el período de tiempo que los genealogistas sucesorios abarcamos la mayoría de las veces —mediados del siglo XIX y la mayor parte del siglo XX— para la localización de individuos y rastreo de vínculos. Esta ausencia de huella digital se ha solventado por medio del trabajo hecho por personas respecto a las lecturas paleográficas de los documentos para su transcripción y posterior vaciado del contenido mediante la elaboración de índices —indexación por pares—. Esta labor está siendo sustituida por la aplicación de la inteligencia artificial en los documentos digitalizados —indexación por bots—, reduciendo así los tiempos de trabajo. Paralelamente, también existen proyectos de indexación de libros de bautismos, matrimonios, defunciones y padrones realizados por voluntarios, al margen de las instituciones oficiales, sobre todo en grupos de Facebook.

El capítulo «Derecho de acceso a los documentos y archivos» se encarga del derecho de acceso por parte de la ciudadanía a estas instituciones y a la documentación necesaria para efectuar la investigación genealógica, y distingue dos limitaciones: técnica y legal. En este bloque se destacan las condiciones del Registro Civil que, a pesar de ser un registro público, con la última ley de 2011, que entró en vigor en 2021, restringe el acceso a los asientos a tener un interés legítimo, incluso para solicitar los certificados de defunción. Esto contrasta con las políticas de otros países como Francia, donde se puede acceder a los registros de fallecimientos desde 1970 de ciudadanos franceses y nacionales fallecidos en el exterior, publicados por el Institut National de la Statistique et des Études Économiques (INSEE). Cada registro se refiere a un sujeto fallecido e incluye diferentes campos (apellido, nombre de pila, sexo, fecha de nacimiento y otros)[11]. Y son consultables también en la web de MyHeritage[12]. Tal y como se explica en el Portal de Datos Abiertos de Francia[13], la información contenida en los expedientes de personas fallecidas no es un dato personal, por lo que no es aplicable la legislación sobre protección de datos[14].

Pero en la práctica, hay interpretaciones restrictivas de las leyes y contradicciones en la forma de aplicarlas pues no se

---

11 «Fichier des décès» desde 1970 de los registros oficiales del INSEE <https://deces.matchid.io/search>.

12 MyHeritage: Registro de fallecimientos en Francia <https://www.myheritage.es/research/collection-10823/francia-fallecimientos>.

13 Plateforme ouverte des données publiques françaises: «Fichier des personnes décédées» <https://www.data.gouv.fr/fr/datasets/fichier-des-personnes-decedees/#>.

14 INSEE (2024): «Les informations des fichiers de personnes décédées ne sont pas des données à caractère personnel, ni ne relèvent du secret de la vie privée. Les droits prévus par l'article 85 de la loi Informatique et libertés s'appliquent néanmoins au motif de l'exécution de directives post-mortem. L'INSEE étant soumis à une obligation légale de diffusion, cet article ne s'applique pas à l'Insee. Les rediffuseurs doivent exclure du champ des données qu'ils publient les informations relatives aux décès (identifiés par leur date, leur lieu et leur numéro d'acte) qui figurent dans le fichier des oppositions à la rediffusion centralisées par l'Insee».

hace de igual manera por las instituciones: unas leyes son más estrictas, otras más laxas e, incluso, algunas parecen que se contradicen. Se ha creado un anexo con la legislación que regula el derecho de acceso a la documentación, que es conveniente tener en cuenta para nuestras investigaciones.

Los siguientes dos capítulos se titulan «Análisis de la información en la investigación genealógica» y «Fases en la investigación genealógica sucesoria». El método científico aplicado a la genealogía genera gran cantidad de datos, información y conocimiento, por lo que es necesario que las empresas hagan una buena gestión de la documentación, de la información y del conocimiento que producen para optimizar los resultados. Es lo que se conoce como *inteligencia de negocios*, que se relaciona con otros conceptos como el *big data*. Por este motivo, es imprescindible conocer el negocio e identificar los problemas que afectan a la investigación de los expedientes, desde su fase de entrada en el despacho de abogados hasta su fase de salida, con éxito —la firma del contrato con el heredero— o sin él —desestimación y archivado—.

Un ejemplo de *big data* y genealogía es el proyecto francés Filae (2022), «basado en una plataforma de *big data* y en algoritmos constantemente mejorados gracias al *machine learning*, este servicio permite a los internautas construir fácilmente su árbol genealógico a partir de archivos digitalizados, transcritos e indexados en un único motor de búsqueda»[15].

En el capítulo «Casos prácticos de investigación» se exponen una serie de casos prácticos en la indagación genealógica sucesoria, empezando por la búsqueda del certificado de defunción del causante, uno de los documentos más importantes del ex-

---

15 «Basé sur une plateforme «big data» couplée à des algorithmes constamment améliorés grâce au «machine learning», ce service permet aux internautes de construire facilement leur arbre généalogique à partir d'archives numérisées, transcrites et indexées dans un moteur de recherche unique».

pediente, sin el cual no se puede tramitar la herencia. Le sigue la investigación de las últimas voluntades y la localización del testamento, en el supuesto de que haya sido otorgado; orientaciones para la averiguación de otros datos; combinación de fuentes de información y conocimiento de las jurisdicciones antiguas. El manual se cierra con las referencias bibliográficas, el listado de webs comerciales de empresas dedicadas a la genealogía sucesoria consultadas, los índices de figuras y tablas y el anexo.

Para acabar esta introducción, me gustaría resaltar una cuestión que me parece muy interesante, y tal vez sea también la más bella que nos encontramos cuando investigamos los árboles genealógicos. Y es que el árbol genealógico es el reflejo de la historia de vida de muchas personas y familias, que a su vez son el trasfondo de la historia de un país. Esto es, precisamente, lo que no se estudia en la genealogía sucesoria, a diferencia de lo que sí se hace con la familiar. Tampoco se estudia la historia social, aunque es importante conocerla para poder delimitar las fuentes. Y no estudiamos las profesiones[16] que nos van apareciendo, sobre todo las relacionadas con las mujeres, donde destacan las maestras. Sin embargo, cuando necesitamos identificar a los hijos de una maestra podemos buscar su expediente profesional en el archivo correspondiente para averiguar todos los destinos en los que estuvo, y así acotar los lugares para obtener los certificados de nacimiento de los hijos.

No se investiga la historia de un edificio o la de un negocio y, sin embargo, ahí se rastrean las actividades económicas de la élite burguesa urbana. En las capitales de provincia, la adquisición de terrenos por medio de subastas públicas va ligada al urbanismo, pues muchos de estos compradores construyeron edificios que perduran hasta la actualidad. Los planos de estos inmuebles históricos están custodiados por los archivos de los

---

16 Las profesiones se dejaron de apuntar en los asientos por Orden de 10 de diciembre de 1993 sobre supresión del dato de la profesión en los modelos oficiales del Registro Civil (TOL6.452.547).

colegios de arquitectos, donde se han hecho estudios de estos profesionales al servicio de aquella clase social.

Tampoco se estudian las migraciones (forzosas o voluntarias), pero conociendo los lugares de destino de la población pueden aparecer otras fuentes en la investigación. Ni las causas de las defunciones[17] ni, menos aún, la paleografía, porque no se hacen transcripciones de documentos, salvo algunos que puedan producir dudas al notario. El conocimiento de la historia de un país es vital para poder localizar las fuentes de información.

---

17 Se suprime la causa de la muerte por Orden del Ministerio de Justicia de 6 de junio de 1994 sobre supresión del dato relativo a la causa de la muerte en la inscripción de defunción (TOL52.582).

II. ¿Qué es la genealogía sucesoria?

1. ORIGEN

Desde la Antigüedad, la genealogía ha servido para conocer el origen y linaje de los dioses —por ejemplo, en la *Teogonía* del poeta griego Hesíodo, del siglo VIII a. e. c.—, las dinastías de los soberanos —como la *Aigyptiaca*, del sacerdote egipcio Manetón, en el siglo III a. e. c.— o las generaciones y los descendientes de las personas en los libros sagrados. Esta característica de la genealogía al servicio del poder religioso y político se ha mantenido a lo largo de toda su historia y ha servido también para justificar otras prácticas como la nobleza de sangre, las leyes sálicas, las políticas matrimoniales, la exención de impuestos, la obtención de cargos o, incluso, como trasfondo de las guerras civiles —guerras carlistas, por ejemplo—. La genealogía, considerada como una ciencia auxiliar de la historia, se vincula con otras ciencias como la medicina, las matemáticas, la sociología o el derecho (civil, canónico, fiscal, etc.)[18].

---

18 Heraldaria (2021): «No solo los civilistas y los canonistas deben manejar sus conceptos con soltura. Las regulaciones familiares de ambas disciplinas abarcan el nombre, el estado civil y la adquisición de derechos ciudadanos, las relaciones paternofiliales, las matrimoniales, el divorcio, la nulidad matrimonial, la regulación de las parejas de hecho hetero u homosexuales, la paternidad biológica y la adoptiva, la tutela y la curatela, el fallecimiento y la herencia, o el establecimiento de las relaciones incestuosas como pecado o delito, que en los ámbitos religioso y civil no dejan lugar a opiniones indicativas y se encuentran perfectamente reguladas por ambas esferas legislativas. Los penalistas han de conocer los grados de parentesco entre los autores y las víctimas de los delitos de abusos sexuales, de parricidio o de otras

Pero no fue hasta el siglo XIX en Europa, y bajo el reinado de Carlos X de Francia, cuando en París nació el primer gabinete genealógico más antiguo del mundo dedicado a la genealogía sucesoria. Fue concretamente en 1830, con la creación del despacho bautizado como Archives Généalogiques Andriveau[19]. El nacimiento del primer gabinete genealógico se narra así:

> «Fue bajo el reinado de Carlos X, durante el año 1830, cuando nació el primer gabinete genealógico. La muerte de un cliente que no había dejado ninguna disposición testamentaria obligó a un notario a buscar a sus herederos desconocidos. El notario tuvo entonces que viajar por toda Francia para reunir las pruebas esenciales (documentos del estado civil, actas notariales, etc.) necesarias para establecer la sucesión del difunto (*de cujus*) y encontrar a todos los herederos a quienes correspondería ser revelado el origen de su herencia. Después de más de un año de tediosas investigaciones, este notario y su ayudante finalmente lograron determinar la existencia de todos los herederos. El notario les explicó entonces a los herederos, reunidos en su despacho, que había adelantado grandes sumas y que había dedicado mucho tiempo a localizarlos. Al no poder obtener el reembolso de sus gastos, los dos hombres tuvieron la idea de fundar su propia empresa de genealogía sucesoria. Así nació la primera firma…» (Groupe Terquem Généalogie, s. f.)[20].

---

muchas figuras delictivas en las que las relaciones parentales pueden actuar como eximentes, atenuantes o agravantes, según los casos. En cuanto a los especialistas en derecho fiscal, parece obvio resaltar la importancia que otorgarán a las relaciones familiares, resulten o no respaldadas por documentos burocráticos: desde las desgravaciones fiscales por familiares a cargo del contribuyente hasta las distintas tarifas aplicables en las sucesiones hereditarias, según el grado de parentesco existente entre causante y heredero o los beneficios previstos en muchos ordenamientos para las familias numerosas».

19 Según web comercial Andriveau <https://www.andriveau.fr/>.

20 Traducción del texto: «C'est sous le règne de Charles X, au cours de l'année 1830, que naît le premier cabinet généalogique. / La mort d'un client qui n'avait laissé aucune disposition testamentaire contraint un notaire à rechercher ses héritiers inconnus. Ce dernier dut alors parcourir la France entière pour réunir les indispensables preuves (pièces

Heredero Gascueña (2022: 9m 30s) explica que esta actividad nació en Francia, por los «pasantes o auxiliares de los notarios a los que los notarios les piden documentación». Asimismo, este mismo autor describe el contexto histórico, coyuntural y socioeconómico que permitió que se fuera fraguando la necesidad de la existencia de un perito que resolviera estas herencias minoritarias:

- Contexto histórico: La movilidad de la población en la primera mitad del siglo XIX, a causa de la expansión imperial francesa y del reclutamiento de ciudadanos para las numerosas guerras que había, hacía que se complicaran las tramitaciones de las herencias. Cuando alguien fallecía en Francia, sus parientes se encontraban en las colonias. Surgió, así, esta figura del oficial que buscaba estos papeles para facilitar estas herencias.
- Contexto coyuntural: «La Revolución francesa y la creación de instituciones civiles paralelas a la estructura religiosa como es […] el Registro civil, que se funda en Francia con el inicio de la Revolución, se va modernizando en 1793, y ya Napoleón lo consolida dentro del Estado francés […]. Permitió una uniformidad a la hora de hacer las inscripciones y de legitimar los derechos de estos herederos a la hora de reclamar una herencia y acudir con documentación expedida por el Estado […] para acreditar las filiaciones».

---

d'état civil, actes de notoriété, etc.) permettant d'établir la dévolution successorale de la personne décédée (*de cujus*) et de retrouver l'ensemble des héritiers à qui sera dévoilée l'origine de leur héritage. Après plus d'un an de recherches fastidieuses, ce notaire et son collaborateur parviennent enfin à déterminer l'existence de tous les héritiers. Le notaire explique alors à ces derniers, réunis dans son bureau, qu'il a avancé des sommes importantes et a passé beaucoup de temps pour les retrouver. / N'ayant pu se faire rembourser leurs frais, les deux hommes eurent l'idée de fonder leur propre cabinet de généalogie successorale. Ainsi naquit le premier cabinet…» (Groupe Terquem Généalogie, s. f.).

- Contexto socioeconómico: «El auge del liberalismo; y uno de los fundamentos del liberalismo y de la clase media que lo impulsó es el derecho de propiedad y, por tanto, el derecho de transmisión de esa propiedad en base a una herencia. El propio sistema liberal ampara que haya una transmisión hereditaria lo más clara posible y que la propiedad pueda ir regenerándose y pasando a manos productivas».

Se produce la consagración del derecho de propiedad en el ideario de la Revolución francesa y su influencia posterior en el Código Civil. Es universalmente conocido el lema de «libertad, igualdad y propiedad», que es la raíz de la *Declaración de Derechos del Hombre y del Ciudadano* de 1789[21]. Y la *Declaración de los Derechos de la Mujer y de la Ciudadana* en 1791 por Olympe de Gouges como respuesta a la anterior[22]. La Constitución francesa de 1793 —que no llegó a entrar en vigor por el contexto bélico— en su artículo 2 recoge los derechos naturales e imprescriptibles del hombre: libertad, igualdad, seguridad y propiedad (Cámara de los Diputados de México, 1991).

Heredero Gascueña (2022: 12m 50s) sigue explicando que se llegó a finales del siglo XIX con unos profesionales que tenían una metodología propia de investigación, que fueron los primeros en crear unas bases de datos primigenias o archivos, un código deontológico y el nacimiento de colegios profesionales de genealogistas sucesorios, que fue lo que terminó de dar una entidad propia a la profesión dentro del derecho sucesorio.

---

21 «Artículo 2: La finalidad de cualquier asociación política es la protección de los derechos naturales e imprescriptibles del Hombre. Tales derechos son la libertad, la propiedad, la seguridad y la resistencia a la opresión» (Conseil Constitutionnel de Francia, s. f.).

22 «Artículo II. El objeto de toda asociación política es la conservación de los derechos naturales e imprescriptibles de la mujer y del hombre, estos derechos son: la libertad, la propiedad, la seguridad y, sobre todo, la resistencia a la opresión» (Ramírez, 2015: 7).

Es importante detenerse, en este punto, en lo que destaca este autor sobre la creación de las primeras bases de datos genealógicos en Francia por parte de estos despachos, porque es una de las características que diferencian a Francia de España, ya que aquí se encuentran totalmente ajenas a estos profesionales, dispersas y fragmentadas, lo que dificulta en buena medida la investigación. De ahí la distinción que existe en cuanto al perfil de este profesional, pues si en Francia el genealogista sucesorio tiene un perfil de abogado, en España son los historiadores y archiveros quienes asumen un papel más relevante en la localización de fuentes.

Archives Généalogiques Andriveau, por ser el primer despacho dedicado a la genealogía sucesoria, tiene una base documental de 200 millones de actas del Registro Civil y 15 000 registros parisinos. En su web comercial se describe cómo llegó a formarse esta inmensa base de datos:

> Estos valiosos archivos se crearon a partir de 1850 bajo el impulso de dos directores asociados, Julien Picque y Alfred Manigot, que tuvieron la intuición de reunir fuentes para optimizar sus investigaciones. Así iniciaron una labor considerable para catalogar todas las publicaciones de matrimonios, certificados de defunción, listas electorales, pensiones alimenticias, etc., lo que permitió seguir la vida tanto de los vivos como de los difuntos.
>
> Con la autorización de los ediles de París, las parroquias y los ayuntamientos, los genealogistas del despacho indexaron, durante casi un siglo, todos los registros disponibles en aquella época.
>
> Esta fuente de información es única en el mundo si se tiene en cuenta que las actas originales del registro civil parisino elaboradas antes de 1859 fueron destruidas en mayo de 1871. Los incendios de la Comuna quemaron el Hôtel de Ville, su anexo y el Palacio de Justicia de París, donde se conservaban ocho millones de registros, que desaparecieron bajo las llamas.

> A partir de entonces, los archivos genealógicos establecidos por nuestro despacho durante las décadas de 1850-1860 constituyen un patrimonio único (Archives Généalogiques Andriveau, s. f.)[23].

En el siglo XIX en Francia fueron surgiendo otras empresas como Coutot-Roehrig (1894, París), un despacho dedicado a defender los derechos de autor de los sucesores de los artistas franceses (Heredero Gascueña, 2022: 13m 40s). Todas estas empresas nacidas durante el siglo XIX continúan su labor hasta la actualidad. También en Francia, a comienzos del siglo XX, esta especialización se fraguó como disciplina propia; y durante ese siglo se expandió a otros países.

Para España, el nacimiento o especialización de despachos de abogados dedicados de forma exclusiva a la genealogía sucesoria, localización de herederos y tramitación de herencias yacentes no llegaría hasta principios del siglo XXI, es decir, hace unos escasos treinta años. Son diversas las causas por las que estos bufetes empezaron a especializarse, pero una de ellas, según estas webs comerciales, se puede encontrar en los miles de españoles que emigraron a países como Alemania, Francia o Suiza en las décadas de 1960 y 1970, donde se asentaron definitivamente y donde fallecieron, dejando allí su patrimonio.

Para sus herederos en España, este legado del familiar emigrado era una herencia caída del cielo, pero iba acompañada de unas cargas que en la mayoría de los casos no podían afrontar porque, para obtenerla, tenían que viajar a un país que no conocían, con unas leyes y lengua desconocidas y que exigía unas gestiones complicadas. Todas estas condiciones les hacían, a menudo, desistir. Los despachos especializados en tramitación de herencias nacionales e internacionales daban una solución a

---

23 Algunos de los certificados de matrimonio del fondo Andriveau están disponibles en línea desde 2011. Fonds Andriveau Mariages à Paris (1613-1805) <https://www.filae.com/andriveau-mariages>.

estos clientes, proporcionándoles asistencia jurídica, sin costes previos para los herederos (Grupo Hereda, 2018).

Así pues, aunque la presencia de despachos de abogados dedicados a la tramitación de herencias existe desde siempre, esta especialización en herencias vacantes y la consolidación de la figura del genealogista sucesorio es muy reciente, y ha generado un nuevo yacimiento de empleo a la espera de ser explotado.

2. DEFINICIÓN

Para poder hacer una definición de lo que es la genealogía sucesoria, primero nos centraremos en la definición de *genealogía*, cuya etimología viene del griego *genea* (nacimiento) y *logos* (tratado) (Salazar y Acha, 2006: 14):

> «La genealogía sería el tratado o ciencia que tiene como objeto de estudio la generación de los seres vivos, que normalmente son los humanos, pero que también pueden pertenecer al reino animal» (Salazar y Acha, 2006: 14).

> «La genealogía sirve para ayudarnos en el estudio de los parentescos y en el mejor conocimiento de la historia de las familias, lo que es su objeto primordial» (Salazar y Acha, 2006: 37).

> «Cabe entender la genealogía como el estudio generacional de los antepasados bajo la aplicación de una metodología propia, cuyo objetivo último sería el conocimiento de la historia familiar» (Mora Afán, 2007).

> «La ciencia que permite el conocimiento no solo de los antepasados, sino de la familia considerada como un conjunto de personas integradas en diferentes generaciones» (Sampedro Escolar, 1999: 28-29).

> «El conjunto de técnicas y de conocimientos de que podemos servirnos para la investigación de la historia de las familias» (Sampedro Escolar, 1999: 28-29).

En estas definiciones dadas por estos autores, la genealogía se encuentra íntimamente ligada a la investigación de la historia de las familias, estudia sus generaciones y sus relaciones de parentesco. Si esta definición la aplicamos al objeto de nuestro estudio —la localización de herederos de una herencia yacente—, entonces quedaría definida de esta manera:

> «La genealogía sucesoria es la ciencia que proporciona el conocimiento de la ascendencia y descendencia de una persona para determinar los vínculos familiares que median entre el causante y los que tienen derecho a una herencia. Además, nos permite observar a la familia como un conjunto de personas integradas en diferentes generaciones» (Genus Legal, 2024).

> «La genealogía sucesoria es la determinación de los vínculos familiares que median entre el causante y los que tienen derecho a una herencia en las circunstancias de sucesiones *mortis causa*» (Lamberti, 2014).

> «Disciplina propia que mezcla la investigación histórico-genealógica y el derecho sucesorio» (Heredero Gascueña, 2022: 3m 40s).

El genealogista sucesorio es el profesional que elabora un árbol genealógico con el fin de identificar a los herederos de una persona fallecida —conocida como causante y que es el titular de los bienes— para poder gestionar y tramitar su herencia. Investiga a los familiares ascendientes, descendientes y colaterales, siguiendo la legislación vigente en el caso de herederos legales en las sucesiones abintestato, o de herederos testamentarios en sucesiones testadas. Es decir, trabaja en la localización de personas vivas con fines legales.

En la realización del árbol genealógico son raras las veces en que se asciende más de una o dos generaciones por encima del causante, a diferencia de la labor del genealogista no sucesorio (familiar), que tiene como objetivo remontarse lo más posible en el tiempo para conocer todas las generaciones de ascendientes de un individuo y establecer las relaciones de filiación y parentesco que los unen. Es decir, la genealogía sucesoria se centra más en los familiares colaterales del causante. Así, mientras la tradicional o familiar suele comenzar con una persona viva a partir de la cual se crea el árbol genealógico, que va retrocediendo en el tiempo y hacia arriba —ascendencia—, en la sucesoria se comienza con el fallecido —sujeto causante— y se avanza hasta la localización de familiares vivos, que son sus herederos legales o testamentarios, la mayoría de las veces colaterales.

Por lo tanto, aunque el método científico de investigación es el mismo en ambos tipos de genealogía, los objetivos son diferentes. El genealogista sucesorio tiene la labor de encontrar a todos los herederos vivos del causante, sin omitir ni olvidar a ninguno. Al final de este capítulo se ha incluido un esquema (tabla 1) con las semejanzas y diferencias que existen entre la genealogía familiar y la genealogía sucesoria.

3. OBJETO

La genealogía como ciencia tiene por objeto el estudio del linaje, que es el «conjunto de parientes unidos por vínculos de sangre» (Salazar y Acha, 2006: 87). En su sentido clásico, el *linaje* es la «ascendencia o descendencia de una familia, especialmente noble» (*Diccionario de la lengua española* de la Real Academia Española, en adelante DRAE, 2024). Tradicionalmente, los estudios se han fijado en el examen del linaje agnaticio —línea masculina— frente al cognaticio —línea femenina— entre los descendientes de un tronco común.

Los objetivos de la genealogía familiar pueden ser múltiples: la creación de un árbol genealógico familiar; el estudio de una línea (agnaticia o cognaticia) para llegar lo más lejos posible en el tiempo; el estudio de un apellido; estudio de una familia o personaje, tanto ascendientes como descendientes, etc. Sin embargo, la sucesoria solo tiene un objetivo bien definido:

> Localizar a los herederos de una persona fallecida, habitualmente sin testamento. Son herencias, lo que se denomina *abintestato*,

> y que dejan un patrimonio, una herencia yacente, es decir, una herencia abandonada (Heredero Gascueña, 2022: 4m 20s).

Y, en consecuencia, de acuerdo con este autor, el genealogista sucesorio es el «perito que reconstruye el árbol genealógico del difunto y establece los derechos legítimos a la sucesión de un causante ante notario».

Línea y grado

Hay dos conceptos que debemos tener en cuenta en genealogía sucesoria. Siguiendo a Neila Neila (2020: 319):

a) La línea: es la vía sucesoria en vertical. Dentro de la línea se distinguen:
   - La línea directa: la que nace de una persona en vertical, es decir, de padres a hijos, de hijos a nietos, de nietos a biznietos, etc.
   - La línea lateral: la que nace de esa misma persona pero en horizontal, esto es, sus hermanos.

b) El grado: es la vía sucesoria en horizontal, es decir, de la línea, el primer escalón (los hijos) supone el primer grado, los nietos serían el segundo grado, los biznietos el tercero, y así sucesivamente. Cada generación es un grado. Se diferencia el grado de consanguinidad del grado de afinidad.

Grados de consanguinidad y de afinidad

La consanguinidad se refiere al «vínculo existente entre personas que descienden unas de otra o que tienen un tronco común, distinguiendo entre parientes en línea recta y parientes colaterales; este se divide en parentesco de doble vínculo o de vínculo sencillo y también puede ser matrimonial o extramatrimonial» (Serrano Chamorro, 2019: 1810).

Los niveles o grados de consanguinidad más comunes son:

- Primer grado: padres e hijos.
- Segundo grado: hermanos, abuelos y nietos.
- Tercer grado: bisabuelos, bisnietos, tíos y sobrinos.
- Cuarto grado: primos hermanos, sobrinos nietos, tíos abuelos.

El parentesco por afinidad es el que comienza con el matrimonio de dos personas. La doctrina dice que la relación de afinidad es la que vincula a una persona con los parientes de sangre de su cónyuge —los llamados *parientes políticos*— (Serrano Chamorro, 2019: 1811-1810). Este parentesco no se pierde por fallecimiento, pero sí por divorcio o disolución del matrimonio.

El cómputo de parentesco está basado en los conceptos de grado y de línea y se aplican tanto al parentesco por consanguinidad como por afinidad (Serrano Chamorro, 2019: 1811). Dado que el llamamiento por parentesco a la sucesión quiere evitar que los bienes queden vacantes, la autora plantea que tal llamamiento «debe ser igual tanto para los consanguíneos como para los afines siempre que se demuestre que hay vinculación o trato» (2019: 1833).

Este enfoque se puede conocer de forma muy directa en las investigaciones de los expedientes de herencias vacantes ya que, en la mayoría de los casos, los herederos de los bienes relictos suelen ser los parientes colaterales (tercer o cuarto grado) —o los herederos de estos parientes colaterales si han posmuerto al causante—, desconocedores, la mayoría de las veces, de la existencia del difunto o de quien tenían ligeras nociones sobre su identidad. Es lo que esta autora llama *injusticia manifiesta* (2019: 1823) a la hora de llamar a la herencia a los parientes colaterales en las sucesiones intestadas. De esta forma, señala que «el problema de este llamamiento es que puede ser que parientes más próximos sin contacto con el causante sean preferentes a otros más lejanos con los que incluso se conviva» (Serrano Chamorro, 2019: 1833).

En su planteamiento argumenta que «el lazo de unión es más fuerte en el primer y segundo grado, pero en el tercero o cuarto lo realmente importante es el cariño recíproco, el trato, la convivencia y no el vínculo de sangre como tal» (2019: 1833), por lo que si hubiera «una vinculación afectiva con los parientes afines estos debieran heredar con preferencia al Estado» (2019: 1835).

4. MÉTODO CIENTÍFICO

Salazar y Acha (2006: 37-38) distingue el carácter tradicional de la genealogía como ciencia auxiliar o instrumental de la historia, pero resalta que en la actualidad se está llevando a un nuevo enfoque, con la renovación de sus objetivos y metodología, que conduce a considerarla ciencia con sustantividad propia. El carácter científico de esta disciplina radica en que tiene una metodología y una serie de leyes y reglas genealógicas propias para llevar a cabo la investigación.

El método genealógico es la herramienta que permite al investigador la recolección de información, ya que se apoya en las fuentes documentales para poder investigar.

> La primera regla del buen genealogista es que el dato, sea cual sea su fuente, está sujeto a comprobación y debe contrastarse con cuantos medios estén al alcance del investigador (Sampedro Escolar, 1999: 32).

La aplicación del método científico sirve para no ir a ciegas, para no investigar «por si suena la flauta».

> La genealogía no tiene nada de etéreo o de «tincadas», se va construyendo desde bases sólidas, si no, no se puede avanzar (con avanzar en el sentido genealógico, me refiero a retroceder en el tiempo con más antepasados). Es más, uno de los errores más comunes de principiantes es quedarse con una hipótesis como si fuera la conclusión de ella (Cofré León, 2019).

En las fuentes documentales se recogen los datos básicos para establecer las fechas vitales de una persona. La investigación se inicia con la persona fallecida, y el árbol genealógico se crea alrededor de ella. Tras este primer paso, procede la representación en un árbol genealógico de toda la información.

Cofre León (2019) remarca que «es imprescindible que las filiaciones se sustenten con pruebas». Y estas pruebas válidas son los documentos oficiales (certificados, partidas, libros de familia, testamentos, etc.). El método científico tiene como finalidad evitar las filiaciones espurias —en el sentido de falsas— entre personas y avalarlas mediante documentos. Así, tanto Moxó y de Montoliu (2004) como Pérez Ortiz, González Lozano y Vivas (2017: 44) y Cofre León (2021a) dan pautas sobre cómo llevar a la práctica el método científico mediante la ejecución de una serie de principios o reglas para establecer las correctas filiaciones dentro del árbol genealógico:

1. Optar siempre por fuentes documentales. Si es información que proviene de fuentes orales, hay que contrastar los hechos narrados por medio de las fuentes oficiales. Lo que no se pueda documentar no es válido. Siempre prevalecen los testimonios oficiales sobre los personales.
2. Contrastar, si es posible, la información por medio de varios documentos para confirmar la identidad de las personas.
3. Son prioritarias las fuentes más contemporáneas al sujeto, aquellas cuyo autor esté más cercano en el tiempo y lugar a los hechos que se investigan.
4. Tener presentes los problemas que afectan a la onomástica para comprobar los nombres propios y apellidos.

Las homonimias que conciernen tanto al nombre de pila como al apellido pueden dificultar la identificación de la persona concreta[24]. Esta homonimia puede darse fuera del parentesco o

---

[24] Por Orden de 6 de junio de 1994 por la que se modifica el cuestionario para la declaración de nacimiento al Registro Civil aprobado

entre parientes. Si es esta última, puede ser homonimia vertical, cuando afecta a individuos de diferentes generaciones (inmediatas o alternadas), como, por ejemplo, un padre y un hijo o un nieto y un abuelo; u homonimia horizontal, entre miembros de una misma generación (hermanos y primos, etc.), que da lugar de forma errónea a identificar como a un mismo sujeto a dos diferentes.

Para distinguir los homónimos hay que recurrir al dato cronológico de la edad, fechas de nacimiento o de muerte. Pero esto a veces es difícil de contrastar, pues, por ejemplo, un mismo núcleo familiar compuesto por padres e hijos puede registrarse en distintos años del padrón municipal con fechas de nacimiento diferentes; o incluso un mismo individuo figurar siempre con la misma edad, dado que en estas fuentes no había precisión en la recogida de los datos y se apuntaba la edad que en ese momento se recordaba o se creía tener. Por eso, hay que acudir a las fuentes oficiales para buscar los nacimientos, matrimonios o defunciones (registros civiles o partidas sacramentales), donde aparecen las fechas exactas de los hechos.

Si un hijo está inscrito con una edad, y después de diez años sigue saliendo con la misma en el padrón, hay que sospechar si realmente pudiera ser otro hermano más pequeño al que se le puso el mismo nombre que el de su hermano fallecido. La homonimia puede darse en un mismo sujeto cuando en el padrón sale registrado en los diferentes años con mínimas diferencias de edad que puedan llevarnos a pensar en individuos diferentes, pero que encajan dentro de su tiempo vital.

Por otro lado, están los *hipocorísticos*; esto es, un nombre «que, en forma diminutiva, abreviada o infantil, se usa como designación cariñosa, familiar o eufemística» (DRAE, 2024). Son los típicos

---

por la Orden de 26 de mayo de 1988 (TOL6.452.544), se incluyó la necesidad de hacer constar el número del documento nacional de identidad de los padres en la inscripción del nacimiento, con el fin de reducir la confusión entre personas de iguales nombres y apellidos.

José/Pepe, Francisco/Paco, Rosario/Charo que designan a una misma persona, por lo que no hay que confundirlos con diferentes.

Las variaciones en la transcripción de los nombres y apellidos son algo muy común, ya que podían depender del criterio de quien practicaba la inscripción (párroco o empleado público), pero también de la información suministrada por el testigo de los hechos, que podía no coincidir exactamente con la realidad. A veces, estas variaciones son fruto también de errores en las copias de los certificados.

Las discrepancias también pueden darse entre el nombre de pila de bautismo y el del Registro Civil, y especialmente en los nombres compuestos de mujeres, sobre todo los relacionados con el nombre de María —por ejemplo, María Ángeles puede aparecer como María, Ángeles, María de los Ángeles, Angelines, Ángela, etc.—. Mención aparte merecen los nombres de los infantes de las inclusas, cuya asignación solía estar vinculada al santo del día en que llegaban a la institución.

En esta misma línea están los individuos que usan apodos, sobrenombres, seudónimos o alias como si fueran su nombre de pila, pero que son diferentes a los que constan en el asiento oficial del Registro Civil o en la partida sacramental. Hay que demostrar que una determinada persona, que en vida era conocida con un nombre, es la misma que en la documentación está inscrita con otro a lo largo de su ciclo de vida; es decir, que, aunque el nombre varíe, los demás datos encajen: edad según la fecha de nacimiento; si estaba casada o viuda, que el nombre del cónyuge sea el mismo en todos los documentos; que figure el mismo nombre de los padres, el mismo lugar de alumbramiento, etc. Y es importante descartar que fuera fruto de un parto múltiple, porque si fuera así, tendría un hermano gemelo o mellizo; de ahí la diferencia de nombres. A tal efecto, en el Registro Civil es preciso comprobar los asientos anteriores y posteriores al de la inscripción de quien nos interesa, y, si el notario lo pidiera, solicitar un informe donde se especifiquen estos hechos.

Por último, es necesario tener en cuenta el uso diferente del apellido paterno y materno en los distintos países. En España se utilizan los dos apellidos de forma oficializada desde finales del siglo XIX, con la creación del Registro Civil y la promulgación del Código Civil de 1889, y actualmente puede elegirse su orden. En Portugal también se utilizan los dos, pero se inscriben en orden inverso: primero el de la madre y después el del padre. Francia y Gran Bretaña usan el apellido paterno. En Estados Unidos, algunas mujeres optan por no perder su apellido de solteras al contraer matrimonio y lo transforman en su segundo nombre de pila (*As*, 2024).

5. Investigar y localizar a los sujetos dentro de un rango temporal lógico: nacieron, vivieron o murieron en las fechas que corresponderían a sus hechos vitales —«cronología de su vida», según Cofre León (2019)—. Así, hay que tener prudencia en las filiaciones entre progenitores y descendientes. Si aparece un hombre que ha sido padre en edad infantil o una mujer que ha sido madre a una edad biológicamente ya imposible (fuera de su época fértil), entonces hay que pensar que seguramente se trate de un nieto/a y no un hijo/a, que puede llevar el mismo nombre y los mismos apellidos que los padres (homonimia). Para buscar hermanos habría que considerar el intervalo intergenésico de la época (siglo XIX y parte del XX), es decir, el período de tiempo que pasaba entre la culminación de un embarazo y el siguiente nacimiento. Si la madre tenía su primera gestación a los veinte años, en la teoría se solía dar un período de veinte años entre la concepción del primer hijo y la del último. Y entre hermanos, un período de dos años de diferencia, aunque en la práctica podía haber variaciones dependiendo de la edad de la madre en su primer parto.

6. Acudir a fuentes oficiales de información alternativas cuando en un archivo no se encuentre lo que indagamos: Registro Civil, parroquias, padrones, censos.

5. FINALIDAD

Se puede decir que la finalidad práctica de esta disciplina es la elaboración del árbol genealógico, pero los motivos que llevan a realizarlo son diferentes. Siguiendo a Cofre León (2020), se identifican varios perfiles de personas interesadas en llevar a cabo su genealogía según su finalidad:

1. Fines personales: simplemente, por curiosidad, para descubrir sus orígenes, su historia familiar, para buscar filiaciones nobiliarias con el fin de reclamar un título o el uso exclusivo de escudos de armas, así como la corrección o adicción de apellidos. En este sentido, la genealogía sucesoria sería también aplicable a la búsqueda de herederos y la verificación de los derechos de títulos nobiliarios y de sucesión en el título.

2. Fines profesionales: genealogistas profesionales que se dedican a efectuar investigaciones para otros, publicar libros, impartir clases o crear bases de datos con fines académicos.

3. Motivos religiosos: es el ejemplo de los miembros de la Iglesia de Jesucristo de los Santos de los Últimos Días, que tienen como finalidad hacer su árbol genealógico para localizar a sus antepasados «para proporcionarles la "ordenanza de salvación" (el equivalente al sacramento católico del bautismo)» (Ortuño Lizarán, 2023). Gracias a la labor realizada por los mormones, existe a disposición una espectacular base de datos genealógicos, FamilySearch, donde se encuentran digitalizados grandes cantidades de documentos, utilizados como fuentes de información para la investigación. Esto también ha contribuido a la preservación y difusión del patrimonio documental, tanto de archivos eclesiásticos como civiles.

4. Motivos legales: son las pruebas de filiación con fines legales. Se destacan dos ejemplos: la adquisición de la doble nacionalidad y la acreditación de filiaciones para herencias.

a) Adquisición de la nacionalidad. Dentro de este grupo estarían las personas interesadas en obtener la doble nacionalidad, de países europeos principalmente, como son los casos de Luxemburgo, Portugal y España.

Luxemburgo promulgó en 2009 una ley destinada a recuperar la nacionalidad luxemburguesa por la cual, desde el 1 de enero de ese año, se podía adquirir por nacimiento y por opción, introduciendo así el principio de la doble nacionalidad. Quien deseara adquirirla no tendría ya que renunciar a la suya de origen, a condición de que así lo permitiera la ley vigente en su país natal. La nueva legislación permitió recuperar esta nacionalidad a quienes se vieron obligados a renunciar a ella cuando era imposible tener la doble nacionalidad. Para ello había que demostrar que se tenía un antepasado luxemburgués en línea directa (Naciones Unidas, 2013).

En cuanto a Portugal y España, encontramos el establecimiento de nacionalidad por origen sefardí de los judíos descendientes de las antiguas y tradicionales comunidades judías de la península ibérica. En el caso de Portugal, por Decreto-Lei n.° 30-A/2015, de 27 de febrero de 2015 (*Diário da República*, n.° 41/2015, 2.° Suplemento, Serie I)[25], que permitió la concesión de la nacionalidad portuguesa, por naturalización, a los descendientes de judíos sefardíes. Y en el caso de España, por Ley 12/2015, de 24 de junio, en materia de concesión de la nacionalidad española a los sefardíes originarios de España (TOL5.175.924). También se contempla la nacionalidad española por Ley 20/2022, de 19 de octubre, de Memoria Democrática (TOL9.256.721) y por Instrucción de 25 octubre de 2022, de la Dirección Gene-

[25] *Diário da República* <https://diariodarepublica.pt/dr/detalhe/decreto-lei/30-a-2015-66619927>.

ral de Seguridad Jurídica y Fe Pública, sobre el derecho de opción a la nacionalidad española establecido en la disposición adicional octava de la Ley 20/2022, de 19 de octubre, de Memoria Democrática (TOL9.264.316) a los descendientes de emigrantes o exiliados.

Todas estas leyes han hecho que muchas personas interesadas en adquirir las nacionalidades se hayan visto obligadas a documentar las filiaciones entre el inmigrante y sus descendientes.

b) Acreditación de filiaciones para herencias. Es, sin duda, la finalidad por excelencia de la genealogía sucesoria y la tramitación de herencias: documentar los vínculos de parentesco para la localización de los herederos por medio de certificados expedidos por el Registro Civil, partidas eclesiásticas legalizadas, libros de familia o testamentos.

Tabla 1: Semejanzas y diferencias entre la genealogía familiar y la genealogía sucesoria.

Características	Genealogía familiar	Genealogía sucesoria
Primer contacto	Fuentes familiares	Información aportada por el cliente
Persona de partida para la elaboración del árbol genealógico	Sujeto vivo	Sujeto fallecido (causante)
Objeto	Estudio de los antepasados siguiendo criterios de libre elección y ascendiendo hasta la generación deseada	Localización de los herederos del causante (sucesión testada o intestada)
Método científico	Filiaciones comprobadas con documentos oficiales	Filiaciones comprobadas con documentos oficiales
Documentos que demuestran las filiaciones	Obligatorios: nacimientos, matrimonios y defunciones Opcionales: actos de última voluntad y testamentos	Obligatorios: nacimientos, matrimonios, defunciones, actos de última voluntad y testamentos (si los hay)

Generaciones	Estudio de tantas como se quieran	Estudio de pocas y, mayormente, colaterales
Cronología	Ilimitada	Limitada: siglos XIX, XX y XXI
Territorio	Opcional	Búsqueda de herederos vivos por todo el mundo
Localización de personas	Fallecidas	Contacto con personas vivas
Contrato de revelación de herencias	No	Sí, perfil comercial
Fuentes documentales	Sí	Sí
Estudio de la historia familiar	Sí	No
Plazos legales	No	Sí, pago de impuestos, usucapión, etc.
Fines jurídicos	No	Sí, tramitación de la herencia

Fuente tabla: elaboración propia.

III. Estado de la cuestión

1. PROFESIONALIZACIÓN

La genealogía sucesoria es una profesión incipiente en España[26], por lo que no existe una titulación universitaria que acredite una formación con un título estatal reconocido como genealogista profesional, ni tampoco existe un código deontológico o un colegio profesional[27]. El desconocimiento de la profesión, tanto por las Administraciones públicas como por otros profesionales con los que se suele colaborar —abogados, notarios o administradores de fincas—, así como por el público en general, entre los que se encuentran los futuros herederos, es uno de los grandes problemas a los que se enfrentan los genealogistas sucesorios a la hora de realizar su trabajo, según comenta Lamberti (2014). Este mismo autor señala que «la única

---

26 Puede consultarse el número de empresas dedicadas a esta profesión en el censo público de empresas de la Cámara de Comercio de España (Registro Mercantil).

27 Alfaro de Prado (2014): «La genealogía profesional, entendida como la realización de investigaciones genealógicas remuneradas, es una profesión no regulada en España. No existe un título oficial que nos permita conocer quiénes pueden ejercerla y en consecuencia tampoco hay un colegio profesional o alguna entidad equivalente y, aún menos, se pueden cursar estudios reglados sobre la materia. No encontraremos un código deontológico ni tarifas oficiales que nos sirvan de referencia. A nivel mundial las asociaciones más significativas son las americanas Association of Profesional Genealogists y The International Commission for the Accreditation of Professional Genealogists, pero deberían los profesionales de nuestro país, por su propio interés y prestigio, promover el reconocimiento oficial en España».

manera de contrarrestar esta desconfianza instintiva es, pues, generando conocimiento acerca de nuestra profesión, paso a paso, y en función de los resultados que obtenemos».

Una forma de generar este conocimiento es por medio de la unión de los propios profesionales en pro de un interés común. Sin embargo, precisamente por ser un mercado joven, hay mucha competencia y egos enfrentados entre las contadas empresas que se dedican a la genealogía sucesoria. No obstante, si no se supera este obstáculo, jamás se podrá trabajar por un objetivo común: su profesionalización.

A tal efecto, el primer escalón en la organización podría ser la formación de un grupo de trabajo nacional que reúna a todos los profesionales para poder tantear los intereses comunes, puesto que la unión hace la fuerza. En esta propuesta de organización tendría que establecerse un equipo de coordinación y crear subgrupos de trabajo —por ejemplo, de organización interna, de deontología profesional, de funciones, de difusión, de investigación, de captación de recursos, etc.— orientados a analizar y evaluar las debilidades, fortalezas, amenazas y oportunidades de las que se parte (análisis DAFO) y a buscar cómo mejorarlas (análisis CAME).

La metodología DAFO (tabla 2) es una herramienta que nos sirve para analizar la situación actual en España de esta profesión emergente, y que examina los factores internos y externos que afectan a la genealogía sucesoria:

- Factores internos: análisis del microentorno o cinco fuerzas competitivas de Porter[28]: amenaza de entrada de nuevos

[28] Michael E. Porter publicó en 1979 su primer artículo en la revista *Harvard Business Review,* «Las cinco fuerzas competitivas que le dan forma a la estrategia», donde explicaba las cinco fuerzas que determinan la rentabilidad de cualquier sector a largo plazo. Por su nivel de importancia, este artículo se volvió a publicar en la misma revista en 2008: *Harvard Business Review,* ISSN 0717-9952, Vol. 86, Nº. 1, págs. 58-77.

competidores, rivalidad entre los competidores actuales, poder de negociación de los clientes, poder de negociación de los proveedores y amenaza de entrada de nuevos productos o servicios sustitutivos.

- Factores externos: análisis del macroentorno o análisis PESTEL, acrónimo que alude a los factores políticos, económicos, sociales, tecnológicos, ecológicos y legales.

Tabla 2: Análisis DAFO

DAFO	Aspectos negativos	Aspectos positivos
Factores internos	**Debilidades (factores que nos limitan para mejorar)** • Inexistencia de organizaciones de genealogía sucesoria • Ausencia de colaboración entre empresas • Profesión no regulada • Competencia entre empresas • Malas prácticas	**Fortalezas (ventaja competitiva, puntos fuertes)** • Carácter innovador • Profesional altamente cualificado, motivado y con vocación • Profesión en desarrollo • Sector minoritario
Factores Externos	**Amenazas (factores que representen una dificultad)** • Desconfianza de administraciones públicas y público general • Desconocimiento del sector (falta de visibilidad y difusión) • Percepción negativa («cazaherederos») • Estafas (negocios fraudulentos ajenos al sector) • Obstáculos en el acceso a la documentación (ausencia de un carné profesional)	**Oportunidades (factores que pueden convertirse en una ventaja)** • Existencia de herencias yacentes • Mercado en crecimiento • Desarrollo de otros servicios vinculados (docencia, investigación) • Nuevo yacimiento de empleo • Clientes reales y potenciales • Utilidad pública • Mejorar la percepción ante la sociedad

Fuente tabla: elaboración propia.

Una vez elaborado el análisis DAFO se puede pasar a la realización de la matriz CAME (tabla 3), una herramienta de diagnóstico que persigue corregir las debilidades, afrontar las amenazas, mantener las fortalezas y explotar las oportunidades a partir de los resultados del análisis DAFO.

Tabla 3: Análisis CAME

CAME	Aspectos negativos	Aspectos positivos
Factores internos	**Corregir debilidades** • Crear asociaciones profesionales • Luchar por la creación de un colegio profesional • Regular la profesión, minutas clientes y salarios empleados • Establecer una deontología profesional	**Mantener fortalezas** • Fomentar la cualificación del genealogista sucesorio • Conocer en profundidad la metodología investigadora sucesoria • Fomentar la formación especializada
Factores Externos	**Afrontar amenazas** • Ausencia de un carné profesional • Mínima publicidad de la profesión • Dificultad en el acceso a los registros • Identificar estafas (cazadores de herederos fraudulentos y deshonestos)	**Explotar oportunidades** • Tejido socioeconómico • Coyuntura económica • Mercado en crecimiento • Sector minoritario • Desarrollo de otros servicios vinculados (docencia, formación...) • Nuevo yacimiento de empleo (perfil profesional) • Clientes reales y potenciales • Nicho de mercado • Valor social

Fuente tabla: elaboración propia.

Un segundo escalón en la organización conllevaría la constitución de una asociación profesional donde estuviera representado todo el colectivo de este sector, ya que en España no existe en la actualidad ninguna asociación que congregue a los genealogistas sucesorios. Y, así, desde esta agrupación, se podría empezar a realizar colaboraciones con diferentes instituciones académicas mediante la firma de convenios. Algunas facultades colaboran con asociaciones profesionales de diversos sectores como socios institucionales, por medio de la impartición de cursos, talleres o actividades lectivas que forman parte de sus programas académicos. Desde aquí hasta la creación de un colegio profesional (figura 2), aún quedaría mucho camino por recorrer, pero valdría la pena todo el esfuerzo para conseguirlo.

Figura 2: Posibles fases para la creación de un colegio profesional de genealogistas sucesorios

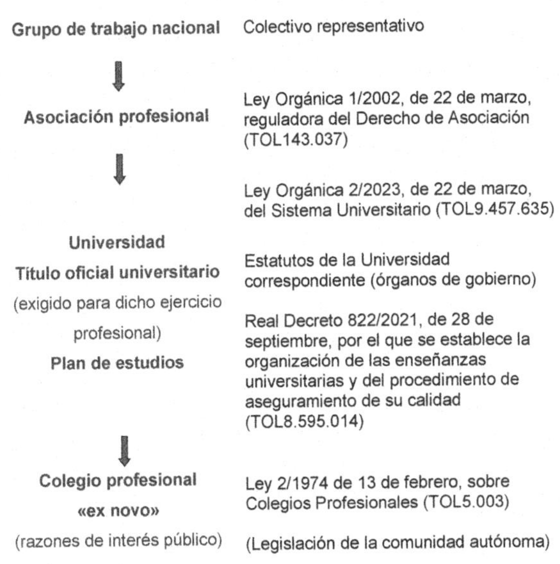

Fuente esquema: elaboración propia.

2. PLANES DE ESTUDIOS

Debido a esta no regularización ni profesionalización, en España no existen estudios universitarios de postgrado dedicados a la genealogía sucesoria. No hay títulos oficiales dentro de la educación formal o reglada, ni ninguna asociación ni colegio profesional específico, como ya se ha visto anteriormente. Los programas de educación formal están enfocados a la genealogía familiar. Se ofrecen cursos de postgrados y cursos especializados por parte de algunas universidades, asociaciones e instituciones, la mayoría de ellos relacionados con la heráldica, la nobiliaria, la archivística, la genealogía, la vexilología o la historia.

Esta formación universitaria de programas de postgrado corresponde a títulos propios otorgados por las diferentes universidades, tanto públicas como privadas (Universidad Nacional de Educación a Distancia, Universitat Politècnica de València, Universidad de Córdoba, Universidad CEU San Pablo en Sevilla, etc.), que se estructuran en diferentes niveles de especialización: diploma de experto universitario, diploma de especialización o máster de formación permanente. Están relacionados con las ramas de conocimiento de Humanidades (Historia) y Ciencias Jurídicas (Derecho), dirigidos a técnicos jurídicos, letrados, abogados, historiadores, genealogistas o archiveros.

En cuanto a la educación no formal, hay toda una variedad de asociaciones e instituciones privadas que ofrecen cursos relacionados con la genealogía familiar[29]. Por lo tanto, en España no existen cursos específicos dedicados a la genealogía sucesoria, ni siquiera dentro de los cursos dedicados a la genealogía familiar

---

29 Ministerio del Interior. Consulta del Fichero de Denominaciones de Asociaciones: <https://sede.mir.gob.es/opencms/export/sites/default/es/procedimientos-y-servicios/tramites-sobre-asociaciones-inscritas/consulta-del-fichero-de-denominaciones-de-asociaciones/>.

ni del derecho de sucesiones. Por lo que, a continuación, se van a exponer dos planes de estudios de dos instituciones francesas.

El primero corresponde al IEFGP Sup de Droit, escuela de educación superior privada situada en Narbonne (Francia), que ofrece un «Bachelor BAC + 3–Droit Notarial avec option pratique notariale et/ou Généalogique Successorale»[30]—Licenciatura (BAC+3)-Derecho notarial con opción en práctica notarial y/o genealogía sucesoria—. Tiene una duración de 395 horas[31] y equivale a 60 créditos ECTS. Dicho plan se compone de siete unidades, distribuidas de esta manera:

UE1: Derecho de familia y patrimonio (70 horas)

Competencias previstas: Dominio del derecho de familia y patrimonial, capacidad para realizar liquidaciones sencillas.

UE1a: Derecho de las personas y derecho de familia (30)

UE1b: Regímenes matrimoniales (20)

UE1c: Sucesiones y liberalidades (20)

UE2: Derecho inmobiliario (50)

Competencias previstas: Dominio del derecho inmobiliario, derecho de la construcción, normativa urbanística, derechos de tanteo.

UE2a: Derecho de propiedad (20)

UE2b: Urbanismo (20)

---

30 Dicho plan de estudios puede consultarse en <https://supdedroit.fr/wp-content/uploads/2019/07/Grille-denseignement-SUP-de-Droit.pdf>.

31 Así se indica en el plan de estudios, pero luego haciendo el recuento detallado de horas el resultado final es de 405 horas en vez de las 395.

UE2c: Copropiedades. Diagnóstico (10)

UE3: Garantías y valores (45)

Competencias previstas: Dominio de la ley de seguridad y registro de la propiedad. Conocimientos básicos de derecho de sociedades, derecho mercantil y arrendamientos comerciales.

UE3a: Ley de seguridad. Obligaciones y contratos (15)

UE3b: Urbanismo (15)

UE3c: Copropiedades. Diagnóstico (15)

UE4: Práctica profesional (60)

Competencias previstas: Capacidad para comprender situaciones de hecho y de derecho y aplicarlas en la práctica.

Opción 1: Práctica notarial (60). Conocimientos básicos de fiscalidad, redacción de escrituras, conciencia ética y responsabilidades de los notarios.

Opción 2: Genealogía práctica (60). Dominio de las herramientas disponibles en los archivos para llevar a cabo una investigación genealógica o territorial.

EU5: Informática en inglés (60)

Competencias previstas: Capacidad para recibir e informar a un cliente extranjero de habla inglesa y certificado de nivel 1 de informática e Internet.

UE6: Proyecto tutorizado (60)

Competencias previstas: Proyecto relacionado con la opción elegida en UE4.

UE7: Prácticas de 12 semanas, que pueden dividirse (60)

Competencias previstas: Prácticas en una notaría o en una firma de genealogía sucesoria.

Por otra parte, la Université de la Polynésie Française (Punaauia, Polinesia Francesa) impartió en 2019-2020 un curso universitario de formación continua titulado «Diplôme d'Université de Généalogiste Successoral 2019-2020»[32] —Diploma universitario en genealogista sucesorio—. Constaba de 9 unidades con una duración total de 160 horas:

UE 1: Derecho de filiación: establecimiento y litigio (24 horas)

UE 2: Investigación genealógica: registros del estado civil (14 horas)

UE 3: Investigación de la tierra (28 horas)

UE 3.1: El catastro en la Polinesia Francesa (8 horas)

UE 3.2: El servicio de archivos de la Polinesia Francesa (10 horas)

UE 3.3: Ejercicios prácticos de búsqueda de títulos de propiedad (10 horas)

UE 4: Derecho de sucesiones (20 horas)

UE 5: Derecho de donaciones y regímenes matrimoniales (20 horas)

UE 6: Establecimiento de una genealogía (22 horas)

UE 6.1: Historia de la genealogía en la Polinesia Francesa (10 horas)

---

32 Dicho plan puede conocerse en <https://www.upf.pf/sites/default/files/2019-11/DU%20G%C3%A9n%C3%A9alogiste%20successoral%20 2019-2020.pdf>.

UE 6.2: Investigación e historia de los documentos del estado civil (12 horas)

UE 7: Reglas esenciales del procedimiento judicial y administrativo en materia territorial (20 horas)

UE 7.1: Introducción a la organización judicial de la Polinesia Francesa (10 horas)

UE 7.2: Estudio de los diferentes procedimientos en materia de tierras (salida de copropiedad, reivindicación de derechos de propiedad) (10 horas)

EU 8: Deontología de la profesión genealógica (2 horas)

UE 9: Realización práctica y redacción de una genealogía (10 horas)

Para nuestra disciplina, una propuesta de plan de estudios incluiría las ramas de conocimiento a las que pertenece (Ciencias Jurídicas/Humanidades), la distribución del plan por tipo de materia en créditos (asignaturas obligatorias y optativas, prácticas externas y trabajo de fin de curso; el número de créditos dependerá del nivel de estudios de postgrado elegido) y la estructura del plan en diferentes módulos. Es de esperar que, en un corto período de tiempo, todos los profesionales dedicados a la genealogía sucesoria se unan para luchar por el reconocimiento de esta profesión en España.

3. PERFIL DEL INVESTIGADOR EN GENEALOGÍA SUCESORIA

Heredero Gascueña (2022: 4m 59s) hace una distinción entre los profesionales de la genealogía sucesoria en Francia y en España. Así, mientras en Francia suelen ser abogados y juristas del mundo del notariado, en España ese perfil jurista se complementa con otros investigadores tales como historiadores, documentalistas y archiveros. Este mismo autor explica esta diferencia por la forma en la que surgió esta disciplina y profesión en Francia en el siglo XIX. Desde sus orígenes, los primeros gabinetes fueron creando unas bases propias de datos genealógicos, a partir de los registros eclesiásticos y civiles y de otras fuentes. Además, estos juristas se dedican a la investigación genealógica, a la tramitación notarial y a la liquidación de la herencia.

En España, debido a su reciente aparición, los despachos de abogados no cuentan con bases de datos propias, sino que hay que recurrir a fuentes externas públicas oficiales no centralizadas y de entidades privadas, la mayoría de ellas de acceso libre, aunque también de acceso restringido, gratuitas o de pago. Además, la propia historia política reciente de este país (dictadura), que hacía que la Administración fuera opaca y estuviera restringido el acceso a los archivos, ha hecho que el perfil profesional del genealogista sucesorio esté más ligado a otras disciplinas ajenas al derecho. Asimismo, la destrucción de documentos y archivos durante las guerras civiles de los siglos XIX y XX y otras vicisitudes han mermado nuestro patrimonio documental, escasamente valorado. Por eso, tradicionalmente, el perfil del investigador en genealogía ha estado representado por historiadores y archiveros, quienes tenían los conocimientos necesarios para localizar esas fuentes de información fragmentadas y restringidas.

En la actualidad, además de genealogistas, historiadores, archiveros, bibliotecarios, documentalistas y abogados, se están uniendo a la investigación genealógica sucesoria agentes inmobiliarios, detectives privados, criminólogos y periodistas. Dada la importancia en alza de esta profesión, es en el sector privado (despachos de abogados, inmobiliarias, detectives privados, etc.) donde se está reclutando a estos profesionales. Y en un futuro, el sector público, la docencia y la formación podrían ser otros campos donde ejercitarse.

4. HABILIDADES Y CONOCIMIENTOS

Cofre León (2021) resalta varias características que debe tener un profesional de la genealogía: actitud científica, tolerancia a la frustración, paciencia, orden y comunicación.

- Actitud científica: es la aplicación del método científico. «En definitiva, si la genealogía es ciencia, tú debes ser un científico» (Cofre León, 2021).
- Tolerancia a la frustración: «Te vas a frustrar, no es una amenaza ni quiero asustarte, es un hecho. Habrá momentos en que no encontrarás lo que buscas, muchísimos en que encontrarás cosas incompletas. Entonces, respira hondo, sal a caminar, piensa en otra familia, lee un libro... Y luego vuelve con nuevas ideas» (Cofre León, 2021).
- Paciencia: el grueso del trabajo en la investigación de herencias yacentes lo hace el genealogista sucesorio, por lo que hay que ser muy perseverantes, incluso cuando nos encontramos limitaciones, sobre todo en las fuentes de información. En el caso de documentos que no estén indexados, como, por ejemplo, los padrones de población, habrá que ir revisando, una a una, todas sus páginas (o imágenes) hasta encontrar el dato buscado. Y lo mismo en el escrutinio de fuentes alternativas a las oficiales cuando estas no son accesibles porque están destruidas o son de acceso restringido. El tiempo es valioso, pero la paciencia lo es mucho más.
- Orden: en todas las actuaciones y documentos encontrados, hay que señalar siempre las fuentes utilizadas; de lo contrario, transcurridos apenas tres meses no se recordará el proceso seguido.
- Comunicación: nadie nace sabiendo, por lo que, si hay algo que no se sepa hacer, es preciso preguntar para resolverlo.

En cuanto a los conocimientos, se puede hacer una relación de los propios del genealogista familiar, que también es extrapolable al genealogista sucesorio:

- Archivística: para saber cómo se crearon y organizaron los archivos y sus fondos documentales.
- Bibliografía: consulta de libros, manuales y artículos sobre el tema.
- Cronología: relacionada con la línea del tiempo del árbol genealógico sucesorio, que ayuda a visualizar las filiaciones entre los individuos y reducir los errores de fechas.
- Derecho de sucesiones: en el caso de genealogistas que no tengan formación en derecho, deben dominar ciertos conceptos jurídicos (causante, herencia yacente, orden sucesorio, etc.) para poder reconstruir el árbol genealógico del titular de los bienes y localizar a sus herederos.
- Genealogía: para identificar las principales fuentes de información genealógicas y aplicar su método científico en la investigación.
- Geografía: para tener en cuenta las divisiones territoriales, administrativas y políticas actuales y las jurisdicciones antiguas para la búsqueda de documentos.
- Gestión documental: para una óptima organización y localización de los documentos.
- Historia: sobre todo, la historia local, para poder localizar las fuentes de información.
- Historia de las instituciones: para conocer en qué archivos se custodia la documentación producida por ellas (archivos de instituciones públicas y privadas).
- Investigación: para aplicar el método científico.
- Onomástica: para la correcta identificación de las personas a través de los nombres propios.

- Tecnologías de la información y comunicación.

Hay que tener en consideración que el autoaprendizaje y la actualización de conocimientos resultan imprescindibles para hacer un buen trabajo, aunque luego el tiempo y el esfuerzo empleados no sean visibles tras el éxito de la investigación. Los cazadores de herencias, cazaherederos o cazatesoros son populares por contactar con personas que desconocen ser los herederos legítimos de un patrimonio sin reclamar. Pero esto es solo la parte final y más visible del iceberg. Detrás de este primer contacto se encuentra todo un arduo trabajo de investigación a la sombra llevado a cabo por el genealogista sucesorio (figura 3).

Figura 3: El iceberg del éxito en el trabajo genealógico

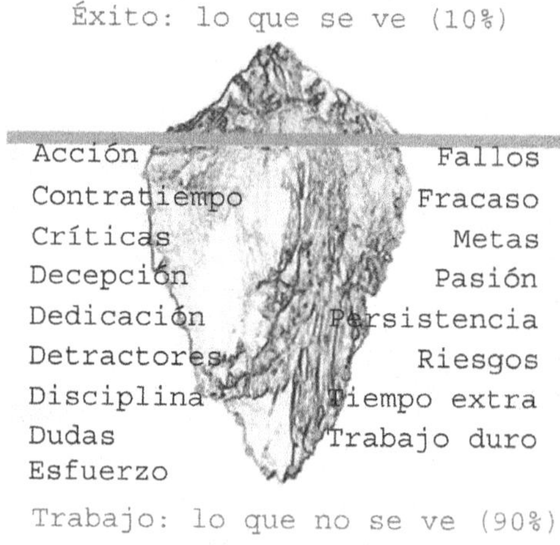

Fuente imagen: elaboración propia.

5. CARTA DEONTOLÓGICA DEL GENEALOGISTA SUCESORIO

En este apartado se describen los códigos de conducta profesional establecidos por dos instituciones, Généalogistes de

France[33], asociación con sede en París (Francia, 2004), y The International Association of Professional Probate Researchers, Genealogists & Heir Hunters (IAPPR), asociación internacional con sede en Londres (Reino Unido, 2015)[34].

Généalogistes de France dispone de una carta deontológica del genealogista sucesorio formada por 27 artículos, por medio de la cual se rige esta actividad. Está compuesta por varias cartas relativas a las responsabilidades con los clientes, los herederos, los prescriptores, otros colegas y los servicios de archivos públicos y privados.

En la presentación de esta carta se especifican los compromisos del genealogista profesional centrados, sobre todo, en el esfuerzo por presentar la mejor imagen de la profesión y representarla honorablemente. La misión de interés general que desarrollan permite a los ciudadanos hacer valer sus derechos. El cumplimiento de esta carta refleja el fortalecimiento de la profesión y la imagen proyectada en la sociedad. Se distinguen dos tipos de genealogistas: los sucesorios y familiares.

La carta deontológica referida a los clientes establece las obligaciones y deberes por parte del genealogista profesional relacionadas con:

a) Dar información precontractual al cocontratante, de forma que este, antes de cualquier compromiso por su parte, esté informado sobre el contenido del contrato y la identidad del profesional.

b) Ofrecer contratos que respeten las disposiciones del Código del Consumo, en particular las relativas al derecho de desistimiento dentro del plazo legal y al derecho de contactar con el mediador en materia de consumo.

---

33 Carta deontológica de Généalogistes de France <https://genealogistes-france.org/charte-de-deontologie/>.

34 IAPPR <https://iappr.org/conduct-code/>.

c) Cumplir el secreto profesional y el respeto de la vida privada, así como aplicar las leyes de protección de datos.

d) Especificar cómo es el presupuesto y contrato presentado al cliente en la búsqueda de familiares, previo consentimiento por escrito del cliente.

e) Proporcionar referencias a sus fuentes y copias de los documentos que respaldan su investigación y conclusiones, así como informar a su cliente de cualquier laguna en los archivos que pueda impedir o limitar la investigación.

f) Establecer y justificar el estado de los beneficiarios (herederos) que ha identificado o cuyos derechos confirma.

g) Comprometerse frente a ellos, por medio de un mandato de representación, a la defensa de sus intereses, a informarles de las operaciones de inventario y liquidación del patrimonio como de las gestiones que realice en la venta y liquidación de la herencia.

h) Tener un seguro de responsabilidad profesional.

En la carta deontológica concerniente a los prescriptores, el genealogista sucesorio se compromete a presentar y entregar los resultados del trabajo genealógico respetando la legislación vigente (sobre todo, la protección de datos personales), a la persona que haya emitido el mandato de investigación o al notario encargado de liquidar la herencia. Y, también, a poseer temporalmente fondos por cuenta de terceros, cumplir con la protección de estos fondos y contar, por tanto, con un contrato de garantía financiera, así como con un seguro de responsabilidad profesional.

Por medio de la carta deontológica de interlocutores públicos y privados, el genealogista profesional se compromete a acreditar su identidad por medio de su tarjeta profesional, a respetar estrictamente la legislación sobre archivos, a solicitar las exenciones necesarias para consultar y obtener copias de actas de nacimiento y matrimonio de conformidad con los textos aplicables sobre archivos, a cumplir con las disposiciones regulatorias sobre el uso de licencias de uso de datos públicos, a respetar las normas de las salas de lectura donde se consultan los archivos y a cuidar las fuentes de archivo que consulten.

Al celebrar un contrato de subcontratación, el genealogista profesional pide a su subcontratista que se comprometa a respetar las normas éticas impuestas tanto por esta carta como por aquella a la que se adhiere el subcontratista en cuestión. Y garantiza que los contratos celebrados con sus subcontratistas, cuya sede se encuentre en Francia o en la Unión Europea, definan con precisión las condiciones y los medios de ejecución de los servicios y respeten las disposiciones del Reglamento General de Protección de Datos Personales. Para los subcontratistas establecidos fuera de la Unión Europea, se les pide que respeten la legislación de los países afectados. El genealogista profesional podrá ocasionalmente solicitar los servicios de agentes de investigación privados para localizar herederos.

Por último, por medio de la carta deontológica relativa a sus compañeros de profesión se garantiza el respeto a la competencia leal, a establecer contactos con sus colegas para favorecer los intercambios y mantener relaciones basadas en el respeto mutuo y la hermandad, así como buscar soluciones amistosas de cualquier disputa entre colegas antes de recurrir a la comisión de conciliación para la resolución de conflictos.

El genealogista profesional tiene prohibido intervenir con un beneficiario ya vinculado por un acuerdo previo propuesto por un colega. Del mismo modo, no actúa con el único fin de hacer revocar el poder previamente otorgado por el heredero a uno de sus colegas y tiene prohibido firmar un poder con el heredero interesado.

Cuando en la liquidación de una misma herencia intervengan varios genealogistas profesionales y, cuando cada uno de ellos represente a uno o más herederos, se comprometen a actuar conjuntamente en interés de la herencia y en el respeto de las buenas costumbres.

El genealogista profesional puede, en cualquier momento, trabajar con un colega extranjero siempre que este respete las normas éticas impuestas por la carta deontológica y que no contravenga los textos normativos que se le imponen en su país de práctica.

En resumen, en esta carta deontológica se establecen los estándares mínimos en la calidad del trabajo de estos profesionales, quienes tienen la obligación de velar por los intereses generales de la profesión y, en particular, por su reconocimiento público, y no desacreditar ni denigrar la profesión, ni a sus pares, ni la carta deontológica o los acuerdos y garantías establecidos por la asociación.

Por otro lado, se analiza el código de conducta profesional y ético de la asociación profesional internacional IAPPR, por el cual todas las empresas miembros se comprometen a respetar estos códigos en todo momento y cualquiera que los infrinja podrá ser excluido de la asociación. Las empresas pueden disponer también de sus propios códigos vigentes. Y puede ser motivo de exclusión o denegación de la afiliación tener antecedentes penales o condena en cualquier momento o haber sido declarado en quiebra. Los miembros deben declarar su situación en el momento de solicitar su afiliación.

En cuanto al código de conducta profesional, sus asociados deben comportarse con integridad y sensibilidad cuando traten con miembros del público, especialmente si son clientes potencialmente vulnerables, en particular con respecto a su capacidad mental y evaluar adecuadamente si un cliente está capacitado, buscando asesoramiento de terceros y/o remitiéndose a cualquier ley pertinente en cada jurisdicción. También garantizar que todos los beneficiarios, clientes o sus representantes y miembros del público reciban siempre un trato justo, cortés y respetuoso, independientemente de su raza, sexo, color, credo, edad u orientación sexual.

Por otro lado, deben asegurarse de que las tarifas y honorarios son claras para el cliente o consumidor desde el principio, presentar todos los informes de forma clara y concisa y que todos los logotipos o testimonios utilizados en la página web de la empresa o en su publicidad son auténticos y se utilizan únicamente con el permiso de los interesados. Por último, identificar y denunciar a cualquier otro miembro que infrinja el presente código, no utilizar ninguna información en beneficio propio y revelar si hay conflicto de intereses.

En cuanto a su código ético, los miembros de la IAPPR deben aplicar una política medioambiental, patrocinar o donar a una organización benéfica registrada al menos una vez al año, garantizar que el personal reciba formación y conozca las normas éticas y códigos de conducta de la asociación y no permitir ninguna forma de acoso o intimidación de otros profesionales o miembros del público.

Creo que estos dos códigos de estas dos asociaciones pueden servir de ejemplo para cuando en España se organice una asociación profesional.

6. LA GENEALOGÍA SUCESORIA FUERA DE ESPAÑA

Nacida durante el siglo XIX como una actividad vinculada a la expansión de la burguesía y al aumento de la movilidad de las personas por diferentes causas como las revoluciones, las crisis económicas, las epidemias como el cólera morbo o el desarrollo industrial, no fue hasta la segunda mitad de siglo XX cuando la búsqueda de herederos vivió un auge repentino, sobre todo tras la finalización de la Segunda Guerra Mundial. Las circunstancias de la guerra en Europa, con todo el desplazamiento, desapariciones y muerte de personas y el abandono forzoso de sus pertenencias, casas o negocios hizo que muchos de estos patrimonios se quedaran sin gestionar al desconocerse quiénes eran los herederos de estos bienes no reclamados.

En la actualidad, el papel de los llamados genealogistas sucesorios o cazadores de herederos es el mismo en los diferentes países, sin embargo, se pueden encontrar diferencias significativas entorno a los marcos legales y sus normativas de desarrollo, el acceso a la información pública y en acceso abierto de bases de datos y registros, los métodos operativos que siguen, las consideraciones éticas y la percepción pública que se tiene de ellos (Emmerson, 2024).

Uno de los problemas que nos encontramos es la falta de regularización, ya que cada país cuenta con sus propias leyes sobre sucesiones intestadas. En Estados Unidos, por ejemplo, cada estado se rige por sus propias normas, por lo que afecta en la forma en la que actúan estos profesionales.

El marco legal y su normativa no están bien definidos en la mayoría de los países. Francia cuenta con organismos y certificaciones profesionales al ser una actividad regulada por el Estado. En Estados Unidos solo dos estados (California y Nueva York) tienen leyes que abordan la caza de herederos. Tanto en el Reino Unido como en Estados Unidos se ha utilizado la doctrina *champerty*, de origen antiguo y medieval, para regular esta práctica contemporánea, como se explicará más adelante. La autorregulación de las propias empresas por medio de la creación de asociaciones profesionales y organismos que las acreditan y aglutinan es la tónica en la mayoría de los países.

El acceso a los registros genealógicos y sucesorios y bases de datos se encuentra centralizado y digitalizado tanto en Francia como en el Reino Unido, mientras que en Estados Unidos suelen estar descentralizados y cada estado mantiene sus propias bases. En otros países pueden tener un acceso restringido, lo que dificulta la localización de herederos. Asimismo, las leyes de protección de datos pueden ser más laxas o restrictivas, repercutiendo en la investigación.

Otra característica que diferencia a los cazadores de herederos es la forma en la que operan. Mientras algunas empresas adoptan una posición más pasiva en la búsqueda de las herencias no reclamadas —búsquedas reactivas, según Emmerson (2024)— y responden a las solicitudes de firmas legales, albaceas de sucesiones o miembros de la familia, otras, sin embargo, adoptan una búsqueda más activa —o proactivas, según este mismo autor—. Las empresas pueden actuar de forma independiente o establecer convenios de colaboración con otros profesionales o el sector público.

En la mayoría de los casos trabajan con honorarios de contingencia, no recibiendo así ningún pago por adelantado y solo un porcentaje al final si se ha logrado el éxito del expediente. Este es uno de los rasgos que los diferencian de otros profesionales. Mientras que los abogados tienen honorarios fijos, pierdan o ganen un caso, los cazaherederos solo facturan si el expediente se resuelve de forma positiva. Profesionales de dudosa reputación pueden exigir los cobros de honorarios por adelantado o persuadir a los herederos para que acepten contratos con honorarios exorbitantes, de ahí la importancia de la regularización de esta profesión para evitar las estafas y las malas prácticas.

Las asociaciones profesionales creadas en cada país y de forma internacional juegan un papel importante en la supervisión de las conductas éticas de estas empresas, y son la garantía de que trabajan con transparencia, logrando así una percepción pública positiva en la sociedad.

Horton y Weisbord (2021: 44-46) destacan el valor social de la caza de herederos al considerar que brindan un servicio valioso, a pesar de tener un interés propio en la creación de negocio, y promueven el bien público de dos maneras: «En primer lugar, tienen una asombrosa capacidad para detectar peticiones de cartas administrativas que omiten fraudulenta o accidentalmente a los herederos» y, en segundo lugar, «los cazadores de herederos son maestros en la resolución de misterios genealógicos». De esta manera, evitan que las herencias se queden en un limbo. Entre las desventajas se destaca la carencia de profesionalidad por algunas empresas, que ven en las herencias vacantes una oportunidad de enriquecimiento y provocan litigios con sus intervenciones.

A continuación, se pasa a explicar el origen de la genealogía sucesoria en varios países europeos como son Francia, Alemania y el Reino Unido, para pasar luego a Estados Unidos y acabar con dos asociaciones internacionales.

Francia

En este país esta práctica profesional tiene casi dos siglos de antigüedad. La genealogía sucesoria nació con la creación de Archives Généalogiques Andriveau[35] en París en 1830, con la finalidad de auxiliar el trabajo notarial; se constituyó así como el gabinete genealógico más antiguo del mundo. En la actualidad, esta profesión está enmarcada por la Loi n.° 2006-728 du 23 juin 2006 portant réforme des successions et des libéralités (*Journal Officiel de la République Française*-JORF-, n.° 0145, de 24 de junio de 2006, con entrada en vigor el 1 de enero de 2007[36]), relativa a la reforma de herencias y donaciones, que regula la actividad de la genealogía sucesoria en su artículo 36[37].

Excepto en el caso de sucesiones sujetas al régimen de vacancia o cesación, este artículo impone la obligación a quienes realizan investigaciones genealógicas de ser portadores de un mandato otorgado al efecto por cualquier persona que tenga un interés directo y legítimo en la identificación de los herederos o en la liquidación de la sucesión.

---

35 Archives Généalogiques Andriveau <https://www.andriveau.fr/>.

36 Legifrance <https://www.legifrance.gouv.fr/jorf/id/JORFTEXT000000637158>.

37 «Article 36: Hormis le cas des successions soumises au régime de la vacance ou de la déshérence, nul ne peut se livrer ou prêter son concours à la recherche d'héritier dans une succession ouverte ou dont un actif a été omis lors du règlement de la succession s'il n'est porteur d'un mandat donné à cette fin. Le mandat peut être donné par toute personne qui a un intérêt direct et légitime à l'identification des héritiers ou au règlement de la succession.
Aucune rémunération, sous quelque forme que ce soit, et aucun remboursement de frais n'est dû aux personnes qui ont entrepris ou se sont prêtées aux opérations susvisées sans avoir été préalablement mandatées à cette fin dans les conditions du premier alinéa».

Los genealogistas sucesorios se encuentran adscritos al nuevo acuerdo de colaboración firmado el 25 de septiembre de 2024[38], con una duración renovable de tres años y que sustituye al del 19 de mayo de 2015[39], entre el Conseil Supérieur du Notariat y Généalogistes de France. Este sindicato, anteriormente denominado Union des Syndicats de Généalogistes Professionnels (USGP, 2004), está formado por los siguientes miembros:

- La Chambre Nationale des Généalogistes (CNG).
- La Chambre des Généalogistes Professionnels (CGP)[40], que engloba tanto a los «généalogistes familiaux» como a los «généalogistes successoraux».
- El syndicat des Généalogistes de France (SYGENE).
- La Compagnie Européenne des Généalogistes Successoraux (CEGS, 2006)[41].
- La Chambre des Généalogistes Successoraux de France (CGSF, 1947)[42] que, históricamente, es la primera institución profesional que reagrupa a los actores de la genealogía de sucesiones.
- La Chambre Internationale des Généalogistes Professionnels (CIGP).

---

38 Conseil Supérieur du Notariate (2024, septiembre 25): «Nouvelle convention de partenariat entre le Conseil supérieur du notariat et Généalogistes de France» <https://presse.notaires.fr/nouvelle-convention-de-partenariat-entre-le-conseil-superieur-du-notariat-et-genealogistes-de-france/>.

39 Se ha hecho el análisis siguiendo el acuerdo de colaboración de 19 de mayo de 2015, que canceló y reemplazó el del 4 de junio de 2008, ya que cuando se elaboró este apartado aún se encontraba vigente.

40 Chambre des Généalogistes Professionnels <https://www.cgpro.org/>.

41 CEGS <https://www.cegs.eu/>.

42 Chambre des Généalogistes Successoraux de France <https://www.chambre-genealogistes.com>.

En este «convention de partenariat» (Conseil Supérieur du Notariat y Généalogistes de France, 2015) se establece el marco de las relaciones entre notarios-genealogistas y sus obligaciones recíprocas, y define las modalidades de colaboración entre las dos profesiones y sus respectivas obligaciones.

Según se especifica en el acuerdo de colaboración, los principales objetivos de la reforma de la Ley de 23 junio de 2006 son acelerar la liquidación de las herencias, simplificar los procedimientos mediante la cooperación de los notarios, incrementar la seguridad de los herederos y ver reconocido el papel de los genealogistas en este proceso. Para regular mejor su actividad esta ley crea el «mandato de búsqueda de herederos» (artículo 36). Aunque este artículo no contenga la expresión «genealogista sucesorio», constituye sin embargo una verdadera consagración de la profesión[43].

En este acuerdo se establecen las obligaciones de los notarios y se señala que estos podrán considerar tener un interés directo y legítimo en los siguientes casos:

- Ser el notario habitual del causante.
- Poseer el testamento de la persona fallecida.
- Estar a cargo de la herencia porque fue embargada por un heredero o un agente para la protección de mayores de edad.
- Ser notificado del fallecimiento por un acreedor, por el alcalde del municipio donde se produjo el fallecimiento o incluso por el propietario de la vivienda del fallecido o su vecino.

Asimismo, las circunstancias en las que el notario valora la necesidad de recurrir a los servicios de un genealogista patrimonial son:

- Desconocimiento de los herederos.

---

43 «Même si cet article ne contient pas l'expression "généalogiste successoral", il s'agit néanmoins d'une véritable consécration de la profession» (Conseil Supérieur du Notariat y Généalogistes de France, 2015: 3).

- Resultados infructuosos en sus investigaciones para identificar o localizar a los herederos.
- Imposibilidad de establecer de forma exhaustiva la devolución de la herencia.
- Duda legítima sobre los derechos respecto de las informaciones o documentos que los propios herederos le han transmitido.

En la parte correspondiente a las obligaciones del genealogista sucesorio, se hace una definición de esta profesión:

> La profesión del genealogista sucesorio consiste en buscar herederos de herencias cuya sucesión es desconocida, incompleta o incierta. El genealogista aporta pruebas de la situación hereditaria de los beneficiarios y establece la devolución de la herencia (Conseil Supérieur du Notariat y Généalogistes de France, 2015: 5)[44].

Los objetivos del acuerdo son varios (Groupe Terquem Généalogie, s. f. a):

- Especificar las situaciones en las que el notario recurre a un genealogista.
- Garantizar que el genealogista acepta los expedientes presentados por el notario, cualquiera que sea el importe de los bienes del causante o las dificultades de la investigación.
- Reafirmar la necesidad de proteger a los herederos garantizando la seguridad jurídica de sus bienes.

En Francia, las empresas dedicadas a la genealogía sucesoria están adheridas a la carta deontológica de la profesión, son signatarias del código deontológico del Conseil Supérieur du Notariat y están acreditadas por este Consejo y por el Ministerio de Justicia.

---

44 «La profession de généalogiste successoral consiste notamment à rechercher des héritiers dans les successions dont la dévolution est inconnue, incomplète ou incertaine. Le généalogiste justifie des qualités héréditaires des ayants droit et établit les dévolutions successorales».

En este país, los estudios de cualificación profesional en genealogía sucesoria mediante un máster anual —«Licence Professionnelle Droit, Activités Juridiques, mention généalogiste successoral»— estaban homologados por la Università di Corsica Pasquale Paoli[45]. Tras la finalización de esta licencia profesional en 2017, y en sustitución del único título universitario que existía, la escuela de educación superior privada IEFGP Sup de Droit (Narbona) creó un «Bachelor Européen (BAC + 3) Droit, Attachés Juridiques, métiers du notariat, de la généalogie, de la gestion de patrimoine et du conseil financier». El grado está acreditado por E.A.B.H.E.S. (European Acreditations Board of Higher Education Schools), y permite la obtención de 180 créditos ECTS y el reconocimiento de este título a nivel europeo. Recientemente, también permite obtener un título reconocido por el Estado (RNCP 38109) que le otorga un reconocimiento nacional adicional. A su vez, otras universidades (Le Mans Université) ofrecen títulos propios relacionados con esta cualificación[46].

---

45 Università di Corsica Pasquale Paoli <https://www.universita.corsica/fr/>.

46 Información obtenida de:
Le Mans Université <https://www.univ-lemans.fr/fr/formation/catalogue-des-formations/diplome-d-universite-DUN/arts-lettres-langues-0003/du-professionnalisation-a-la-genealogie-KISK8V7R.html>.
CGP-Chambre des Généalogistes Professionnels <https://cgpro.org/formations/>.
Ecole d'Enseignement Supérieur <https://supdedroit.fr/>.
Diplomeo <https://diplomeo.com/etablissement-sup_de_droit-11835>.
Stéphane Cosson Généalogie Blog <https://www.cosson-genealogieblog.fr/2018/09/25/une-licence-professionnelle-de-genealogie-successorale-a-auch/>.
«La revue française de Généalogie» <https://www.rfgenealogie.com/infos/l-universite-du-mans-lance-pro-gen-une-nouvelle-formation-a-la-genealogie-professionnelle>.
«Licence professionnelle Généalogiste successoral» <https://hal-hceres.archives-ouvertes.fr/hceres-02028248/document>.

La asociación Généalogistes de France, creada en 2004, aúna al 95 % de los profesionales dedicados a la genealogía por medio de dos especializaciones: hereditaria y familiar. Las tarjetas profesionales emitidas por esta organización[47] permiten al personal de los archivos públicos y de las administraciones francesas identificar a los genealogistas profesionales que acuden a ellos para investigar. De esta forma, también proporcionan a los herederos contactados la garantía del correcto cumplimiento por parte de los genealogistas de las normas y la carta deontológica de la profesión. Se emiten anualmente y todas las tarjetas válidas se enumeran, de manera que son consultables en su web.

Los genealogistas sucesorios, pues, son titulares de un carné profesional y se benefician de autorizaciones específicas expedidas conjuntamente entre el Ministerio de Cultura y el Servicio Interministerial de Archivos de Francia. Así, previa autorización del Ministerio de Cultura, el genealogista profesional tiene acceso a las actas y registros del estado civil con una antigüedad inferior a setenta y cinco años, según se indica en la «Circulaire relative à la procédure d'accès aux actes et registres de l'etat civil datant de moins de soixante-quinze ans par les généalogistes professionnels» (Portail National des Archives–France Archives, 2023a y 2023b).

El reconocimiento de la genealogía sucesoria como una profesión en Francia repercute de un modo muy positivo en el salario bruto anual de estos profesionales, como puede verse en las ofertas vigentes para este sector («généalogiste chercheur»; «généalogiste successoral», etc.) en el Portal de Empleo francés[48]. En España, sin embargo, el salario medio se acerca más al sueldo mínimo interprofesional, a pesar de la alta cualificación de quienes practican esta actividad.

---

47 «Les titulaires de cartes professionnelles» <https://genealogistes-france.org/qui-sommes-nous/les-titulaires-des-cartes-professionnelles/>.

48 Pôle Emploi (France Travail) <https://www.francetravail.fr/accueil/>.

Para acabar, queda mencionar la publicación en Francia de varios libros que hablan sobre esta profesión y de la experiencia como genealogistas sucesorios, como el de Maurice Coutot, *Ces héritiers que je cherche* [*Estos herederos que busco*] (1974, Ediciones Robert Laffont); el de Jean-Marie Andriveau y Francis Andriveau titulado *Recherche Héritiers* [*Búsqueda de herederos*] (1994, Le Cherche-Midi); *Petites histoires de généalogistes* [*Pequeñas historias de genealogistas*], de Jean-Marie Andriveau, Matthieu Andriveau y Cécile Andriveau (2011, Le Cherche-Midi); o el de Caroline Nogueras, *Chasseurs d'héritiers : Histoires vraies de généalogistes* [*Cazadores de herederos: historias reales de genealogistas*] (2018, Hachette).

Alemania

Una de las empresas más antiguas de genealogistas o investigadores familiares («genealogen»/«familienforscher») o buscadores de herederos («erbenermittler») se remonta al año 1849, con la creación del Hoerner Bank, banco privado fundado en su origen como la Auswanderer-Beförderungs-Anstalt des Johann Christoph «Carl» Stählen —Agencia de Transporte de Emigrantes de Johann Christoph «Carl» Stählen— en la ciudad alemana de Heilbronn para la emigración a los Estados Unidos. También para la prestación de servicios bancarios internacionales, ya que a partir de 1852 asumió el control de transacciones monetarias y de cambio a ese país. Los primeros acuerdos de emigración se ofrecieron, principalmente, al estado estadounidense de Texas. En 1934 se convirtió en el Eugen Hoerner GmbH Spezialbankgeschäft zur Erhebung von Erbschaften in Amerika —Eugen Hoerner GmbH Negocio Bancario especializado en el Cobro de Herencias en América—. El Hoerner Bank AG, con su modelo de negocio, perdura hasta la actualidad como banco privado y como empresa dedicada a la investigación de herederos de Alemania, sobre todo en la gestión de asuntos patrimoniales internacionales (Hoerner Bank AG, 2024; s. f. a; s. f. b).

En sus comienzos, por lo tanto, la búsqueda de herederos desconocidos se retrotrae a los emigrantes que fallecían en el extranjero y cuyos herederos debían ser buscados en sus países de origen. En el siglo XX, y tras la finalización de la Segunda Guerra Mundial, se produjo una proliferación de empresas con la finalidad de buscar a los familiares emigrados, desaparecidos o expulsados durante el conflicto, sobre todo en los antiguos territorios orientales alemanes (Verband Deutscher Erbenermittler, s. f.).

En diciembre de 2010 se fundó en Berlín, por nueve empresas de búsqueda de herederos de toda Alemania, la primera asociación profesional de investigadores de herederos alemanes, la Verband Deutscher Erbenermittler (VDEE). En su esfuerzo por regular esta profesión recopilan la jurisprudencia existente sobre diversos asuntos que afectan a estos profesionales, sobre todo la relacionada con la retribución por los trabajos de identificación de herederos, la inspección de los expedientes en los tribunales locales o el derecho a copia y al acceso a la información de los expedientes (Verband Deutscher Erbenermittler, s. f. a).

El derecho alemán es infinito en lo que se refiere a la sucesión hereditaria legal, solo limitado por los obstáculos que se puedan encontrar a la hora de localizar los documentos del estado civil o del registro eclesiástico para establecer las filiaciones, que son la prueba documental de los derechos sucesorios. Desde la creación del Bürgerliches Gesetzbuch (BGB) —Código Civil alemán—, la búsqueda de herederos es una de las funciones y responsabilidades del tribunal sucesorio en materia de sucesiones. Para ello, el tribunal sucesorio suele nombrar un curador de la herencia (artículo 1960 del BGB). Si no avanza en la investigación, el curador del patrimonio, generalmente, busca la ayuda de un investigador de herederos comercial. Los clientes de estos profesionales pueden ser los propios tribunales sucesorios, curadores de herencias, abogados, notarios o comunidades de herederos.

Los buscadores de herederos garantizan el derecho a la propiedad y el derecho sucesorio del artículo 14 de la Ley Constitucional alemana, por lo que cumplen una función social. En muchos casos, sus actividades son la base que permite a los ciudadanos ejercer estas leyes básicas (Erbenermittlung Dr. Hans-J. Noczenski, s. f.).

La mayoría de los investigadores familiares tienen títulos universitarios y han trabajado en archivos, como abogados o historiadores. Pero dado que esta actividad no es una profesión regulada por el Estado y tampoco existe un título profesional, en la Asamblea General de 2014 de la Verband Deutscher Erbenermittler, tras conversaciones preliminares con las escuelas de formación profesional y el Bundesinstitut für Berufsbildung —Instituto Federal de Formación Profesional—, se decidió que la formación en Fachangestellten für Medien-und Informationsdienste (FamI) —Especialista en Medios y Servicios de Información—, en el campo de la Información y Documentación, cumplía los requisitos para que los alumnos se convirtieran en investigadores de herederos (Verband Deutscher Erbenermittler, s. f. b).

Reino Unido

Conocidos como «heir hunters», «probate genealogists», «probate researchers», «genealogical researcher» o «tracing agent», los cazadores de herederos surgieron en la segunda mitad del siglo XIX en la Inglaterra victoriana. Estos genealogistas se llamaban a sí mismos «next of kin agents» —agentes de parientes cercanos— y rastreaban herencias en las que nadie había intentado heredar los bienes del difunto. Era un nuevo tipo de empresario que empezó a poner a prueba los límites de la doctrina *champerty*[49],

[49] La doctrina *champerty* tiene sus orígenes en la Antigüedad y en la época medieval, junto a la *maintenance* (manutención). La *champerty* es la financiación o el apoyo directo a un proceso en el que no se tiene un interés legítimo, con el fin de obtener una parte de los beneficios. Antes se consideraba inapropiado obtener beneficios a costa de la reivindicación de los derechos de otra persona. Tanto el *maintenance*

por la cual los tribunales invalidaban los contratos en los que un tercero interfería en el procedimiento legal de otra persona. La *champerty* impedía que los cazadores de herederos causaran dos tipos diferentes de daños: incitar a los litigios sucesorios e interferir con el deber del administrador de encontrar a los herederos.

Estos incipientes negocios plantearon cuestiones jurídicas novedosas ya que estos agentes eran expertos en la doctrina *champerty* por lo que recurrían a artimañas para mantenerse a una distancia del procedimiento sucesorio y sostenían que sus transacciones debían estar exentas de *champerty* ya que no fomentaban el litigio, tal y como se entiende comúnmente este término (Horton y Weisbord, 2021: 11-12).

Una de las empresas más antiguas que perdura hasta la actualidad es Fraser & Fraser, fundada en 1923 en Londres por Gertrude Christensen, quien creó su propia firma para apoyar a los abogados en sus investigaciones genealógicas (Fraser & Fraser, s. f.)

En Inglaterra y Gales, la Bona Vacantia Division (BVD)[50] del Government Legal Department —Departamento Jurídico del Gobierno, conocido antes como Treasury Solicitor's Department— es responsable de tratar los bienes vacantes o *bona vacantia* de las personas que mueren sin testamento, excepto en

como el *champerty* se consideraban un grave abuso del proceso y se clasificaban como delitos y agravios en el derecho consuetudinario *(common law)*, hasta su abolición por las secciones 13 y 14 de la Ley de Derecho Penal de 1967. En la actualidad es común que un tercero proporcione fondos para litigios cuando un demandante no puede permitirse presentar una reclamación meritoria. En el contexto de un litigio, la *maintenance* (manutención) es la asistencia de un tercero que no tiene interés directo en el resultado del caso. Se percibía como una intromisión y que probablemente fomentaría litigios frívolos (Incorporated Council of Law Reporting for England and Wales, s. f.).

50 BVD <https://www.gov.uk/government/organisations/bona-vacantia>.

los ducados de Lancaster y Cornualles, que pasan a la Corona como propiedad sin dueño (Emmerson, 2024).

Estos registros de sucesiones no reclamadas o bienes vacantes son una importante fuente de información en acceso abierto para las investigaciones que los cazadores de herederos suelen utilizar para identificar a los posibles herederos. También se encuentra la base de datos Unclaimed Estates[51] para los bienes no reclamados de personas nacidas en Irlanda que han fallecido en Inglaterra o Gales desde 1997.

En cuanto a la regularización y supervisión de esta actividad, en junio de 2016 se formó en Londres la Association of Probate Researchers (APR)[52]. Hasta el nacimiento de esta asociación no existía ningún control de calidad en las actividades de estos profesionales ni de protección al público. Su creación fue una reacción al éxito del programa de televisión de la BBC1 *Heir Hunters* —Cazadores de Herederos—, pues tras su debut en 2007 trajo como resultado la aparición de muchas empresas cuyos miembros, en ocasiones, no tenían formación jurídica, con genealogistas aficionados y cuyas acciones se materializaban, a veces, en estafas a los herederos.

La asociación proporciona un marco de normas éticas y conducta profesional, garantizando que los cazadores de herederos cumplan un código de prácticas. Entre sus objetivos se encuentran:

1. Proteger al consumidor (beneficiarios) de empresas o individuos de investigación sucesoria no regulados.
2. Garantizar que los servicios prestados por sus miembros se presten de manera profesional, competente y conforme a las normas.
3. Promover el avance de los estándares éticos en la investigación sucesoria a través de la educación.

---

51 Unclaimed Estates <https://www.unclaimedestates.ie/>.

52 APR <https://www.a-p-r.org/>.

Otras asociaciones profesionales que brindan acreditación genealógica son la Association of Genealogists and Researchers in Archives (AGRA)[53], para Inglaterra y Gales; la Association of Scottish Genealogists and Researchers in Archives (ASGRA)[54], para Escocia o la Accredited Genealogists Ireland (AGI)[55], para Irlanda. Existen muchas otras organizaciones a las que los investigadores pueden unirse, como la Association of Professional Genealogists (APG)[56] y la Society of Genealogists (SOG)[57].

Tanto estas asociaciones como otros organismos profesionales hacen hincapié en las normas éticas, garantizando que los cazadores de herederos trabajen con transparencia y equidad. Esto ayuda a mantener la confianza pública en la profesión. Debido a esta regulación y supervisión profesional, la percepción pública de los cazadores de herederos en el Reino Unido tiende a ser más positiva. Se los considera profesionales que brindan un servicio valioso (Emmerson, 2024). En este país se ubican, además, los premios de la industria testamentaria, The Probate Industry Awards, desde 2019[58].

En cuanto al acceso a la información, en el Reino Unido hay registros de nacimientos, matrimonios, defunciones y sucesiones y bases de datos centralizados y digitalizados. Destacan la General Register Office (GRO)[59] —Oficina General del Registro Civil— o la ya mencionada lista de Bona Vacantia (Emmerson, 2024). A menudo utilizan, también, la Freedom of Information Act 2000

---

53 AGRA <https://www.agra.org.uk/>.

54 ASGRA <https://www.asgra.co.uk/>.

55 AGI <https://accreditedgenealogists.ie/>.

56 APG <https://www.apgen.org/cpages/home>.

57 SOG <https://www.sog.org.uk/>.

58 Según web comercial británica Finders International <https://www.findersinternational.co.uk/es/awards/>; Premios de investigación testamentaria <https://www.probateindustryawards.com/>.

59 GRO <https://www.gov.uk/general-register-office>.

(FOI)[60] —Ley de Libertad de Información— para solicitar información que los ayude a localizar a los beneficiarios desaparecidos.

Según Emmerson (2024), los cazadores de herederos del Reino Unido suelen adoptar un enfoque proactivo y controlan periódicamente la lista Bona Vacantia y otros recursos para identificar nuevos casos. Por lo general, trabajan con acuerdos de honorarios de contingencia y solo cobran una tarifa si logran localizar a un heredero. A menudo colaboran con abogados, administradores de patrimonio y genealogistas para garantizar una investigación exhaustiva y precisa.

Estados Unidos

La genealogía sucesoria en este país se conoce como «forensic genealogy» —genealogía forense— y es un método de investigación analítica que se utiliza para establecer el parentesco con fines legales (Heir Search, s. f.). Su historia está íntimamente ligada a la historia del sistema judicial sucesorio en América del Norte (Heir Search, s. f. a).

Los orígenes remotos de los tribunales testamentarios hay que buscarlos en dos sistemas judiciales distintos creados en Inglaterra tras la invasión normanda (año 1066): los Ecclesiastical Courts, que en su origen administraban los bienes del difunto para garantizar el pago de los servicios espirituales, y la Common Law; más tarde, también, en los Chancery Courts para asuntos relacionados con la distribución del patrimonio. Con el desarrollo de las colonias fueron formándose los Probate or Orphans' Courts, a menudo con jurisdicciones superpuestas con los sistemas judiciales existentes. En la actualidad, la mayoría de los estados han integrado sus tribunales sucesorios separados en sistemas judiciales más amplios, con

---

60 FOI <https://www.legislation.gov.uk/ukpga/2000/36/contents>.

jueces especializados que manejan los asuntos sucesorios dentro de estos tribunales unificados (Heir Search, s. f. a).

La aparición de los *heir hunters* —cazadores de herederos— en la época contemporánea hunde sus raíces en el sistema sucesorio angloamericano, con la evolución de estos profesionales de la Inglaterra victoriana. Desde la década de 1850 empezaron a aparecer los *next-of-kin agents* —agentes de parientes cercanos— en Estados Unidos (Horton y Weisbord, 2021: 7, 13), quienes actuaban a la sombra del sistema legal para localizar a familiares desaparecidos o desconocidos de difuntos por lo que adquirieron fama de ejercitar prácticas deshonestas. Se les considera los precursores de los actuales porque realizaban investigaciones genealógicas a los potenciales herederos sobre sus derechos de herencia, pero los acuerdos que establecían con estos herederos eran abusivos, ya que estaban obligados a otorgarles una gran parte de los bienes (Heir Search, s. f. a).

A menudo se dirigían a la gran población de inmigrantes fallecidos para buscar a sus parientes lejanos en sus países de origen y tan pronto como averiguaban el nombre de un posible beneficiario de una herencia enviaban un telegrama a sus corresponsales en Inglaterra, Alemania, Italia, Francia, Irlanda u otro país para que estos se pusieran inmediatamente en contacto con el beneficiario y llegar a un acuerdo para representarlo sobre la base de un porcentaje (Horton y Weisbord, 2021: 14). Aún, así, estos primeros cazadores de herederos desempeñaron un papel crucial en la configuración de las metodologías de la genealogía forense moderna (Heir Search, s. f. a).

Con el tiempo fueron surgiendo empresas de búsqueda de herederos en todo el país. Por ejemplo, en 1913, Walter C. Cox fundó WC Cox & Company en Chicago. En 1925, Joseph Woerndle y Henry Gordon formaron la Transatlantic Estates & Credit Company en Nueva York. En 1935 se creó la American Research Bureau (ARB) en la ciudad de Los Ángeles (Horton y Weisbord, 2021: 7-14).

Los honorarios abusivos que aplicaban, a veces hasta el 50 % del valor de los bienes, hizo que algunos tribunales siguieran el planteamiento inglés y sostuvieran que los contratos de búsqueda de herederos no cumplían la doctrina *champerty* debido al aumento de los litigios al competir con los tribunales de herencias establecidos. Otros, como los de California, Florida, Luisiana, Nueva Jersey o Nueva York, mantenían que los cazadores de herederos ejercían la abogacía sin autorización. Finalmente, las legislaturas de California y Nueva York establecieron leyes que regularon la búsqueda de herederos. En 1939, los legisladores del estado de California aprobaron lo que ahora es la sección 11604 del Código de Sucesiones —Probate Code section 11604—. Asimismo, por el artículo 13.2-3 de la Ley de Sucesiones, Poderes y Fideicomisos de Nueva York —New York Estates, Powers and Trust Law section 13.2-3— se permite a los tribunales testamentarios decidir si la remuneración de los cazadores de herederos es razonable (Horton y Weisbord, 2021: 14-17).

Durante más de un siglo, las jurisdicciones prohibieron o regularon fuertemente la caza de herederos. A mediados del siglo XX hubo una división en la percepción del trabajo llevado a cabo por estos profesionales, pues mientras que, por un lado, durante las décadas de 1950 y 1960 comenzaron a formarse empresas especializadas que ofrecían sus servicios a los tribunales, por otro, aumentaban los litigios con los *heir hunters* por el cobro de tarifas exorbitantes o por conflictos de intereses. Debido a esto empezaron a realizarse una serie de reformas para maximizar los beneficios de esta práctica y minimizar sus efectos adversos, pues se reconocía el valor social que los cazadores de herederos proporcionaban.

A partir de la segunda mitad del siglo XX los tribunales empezaron a retirar la doctrina *champerty* dando lugar a una fase de explosión de esta actividad (Horton y Weisbord, 2021: 17-18, 23). Se incrementó su papel en los tribunales, al igual que el número de empresas de búsqueda y caza de herederos independientes, dando lugar a profesionales de excelente calidad y reputación, como otros de dudosa (Heir Search, s. f. a).

Un gran paso para esta disciplina y profesión fue poder dotarla de un método científico con el establecimiento, sin lugar a dudas, del linaje dentro de la genealogía forense con la identificación de la hélice del ADN por parte de los científicos en la década de 1950. Con las pruebas de ADN se podían establecer conexiones familiares con alta precisión. Su campo de acción ha prosperado gracias a los servicios de pruebas genealógicas ofrecidas de forma comercial al consumidor y con el acceso a bases de datos de ADN. Como ejemplos, ha permitido el arresto y la captura de asesinos después de que un expediente se cerrara en décadas anteriores. En la actualidad, continúa desempeñando un papel crucial en los casos de sucesiones en todo el país (Heir Search, s. f. a).

Los procesos sucesorios en Estados Unidos varían según el estado, pero siempre están supervisados por un tribunal. El genealogista forense comienza su investigación sobre el difunto de acuerdo con la ley estatal y la aprobación del tribunal. Así, el proceso testamentario de Florida se supervisa en el Circuit Court, mientras que en Pensilvania es necesario presentar el proceso testamentario en la Orphans' Court. Los de Nueva York apelan ante la Surrogate Court (Heir Search, s. f. b). Los «court records» —registros judiciales— pueden consultarse en línea y en los tribunales sucesorios de todo el Estado (Heir Search, s. f. c). Para una mayor organización de la profesión, los distintos estados regulan las tarifas de búsqueda de herederos. Un ejemplo es la propuesta legislativa del Colegio de Abogados del Estado de Oregón (Heir Search, s. f. d).

Los investigadores profesionales se adhieren a la Genealogical Proof Standard —Estándar de Prueba Genealógica— emitida por la Board for Certification of Genealogists (BCG)[61]. Constituida en 1964, es un organismo de certificación independiente reconocido a nivel nacional e internacional. Promueve la ética y los estándares mediante su programa de certificación y sus publicaciones. Cuenta con dos tipos de acreditación: «Certified Genealogist» (CG) y «Certified Genealogical Lecturer» (CGL)[62].

---

61 BCG <https://bcgcertification.org/>.

62 Acreditaciones de BCG <https://bcgcertification.org/product/genealogy-standards-2d-edition/>.

También se encuentra la International Commission for the Accreditation of Professional Genealogists (ICAPGen)[63], organización de acreditación profesional dedicada a evaluar la competencia de un individuo en investigación genealógica. Los exámenes generalmente se realizan en la Biblioteca de Historia Familiar de Salt Lake City, Utah, centro auspiciado por FamilySearch (The Church of Jesus Christ of Latter-day Saints —Iglesia de Jesucristo de los Santos de los Últimos Días—).

Se señalan otras asociaciones profesionales como la National Genealogical Society (NGS)[64], fundada en 1903, que fue la primera organización genealógica nacional en Estados Unidos; la American Society of Genealogists (ASG)[65], fundada en 1940; o la Association of Professional Genealogists (APG)[66], fundada en 1979, que es la asociación de genealogistas profesionales más grande del mundo y representa a más de dos mil miembros en cuarenta países de todo el mundo. Estas entidades participan de forma activa en The Records Preservation & Access Coalition para mantener los registros genealógicos abiertos y accesibles.

El Council for the Advancement of Forensic Genealogy (CAFG)[67] es una liga empresarial profesional dedicada a la promoción y comprensión de esta actividad en la sociedad, mediante el mantenimiento de altos estándares de conducta y ética profesional. Además, es un organismo de acreditación de estos profesionales y cuenta con un instituto para la formación, el Forensic Genealogy Institute (FGI).

---

63 ICAPGen <https://www.icapgen.org/>.

64 NGS <https://www.ngsgenealogy.org/>.

65 ASG <https://fasg.org/>.

66 APG <https://www.apgen.org/>.

67 CAFG <https://www.forensicgenealogists.org/>.

Association du Réseau Européen des Registres Testamentaires (ARERT)[68]

Es una asociación internacional sin ánimo de lucro de derecho belga, creada en 2005 por notarios belgas, franceses y eslovenos para las industrias profesionales de investigación testamentaria, genealogía, rastreo de activos o propiedades no reclamadas y caza de herederos para proporcionar claridad en el seguimiento y asesoramiento de esta industria no regulada.

La organización que solicite membresía en la ARERT deberá cumplir con una de las siguientes condiciones: a) ser un notario de la Unión Europea; b) ser notario en un país que tenga la condición de país candidato a la Unión Europea; c) ser designado por la autoridad competente como administrador(es) del registro de testamentos o, en ausencia de designación, cumplir con los criterios de la asociación; o d) ser candidato para la creación de dicho registro y cumplir con los criterios de la asociación.

The International Association of Professional Probate Researchers, Genealogists & Heir Hunters (IAPPR)

Debido a que la genealogía sucesoria no es una industria regulada, se ha creado esta asociación internacional por parte de varias de estas empresas para su regulación voluntaria con el objetivo de promover estándares profesionales y éticos y ser un foro para el asesoramiento de la industria. De esta manera, se promueven los intereses de los investigadores testamentarios, genealogistas y cazadores de herederos cualificados. La primera asamblea general anual tuvo lugar el 21 de septiembre de 2017, celebrada por los miembros fundadores en Hoxton (Londres).

---

68 ARERT <https://www.arert.eu/>.

A fecha de diciembre de 2024, entre sus miembros solo se encuentra una empresa española y otras pertenecientes a Alemania, Australia, Bélgica, Francia, Estados Unidos, Irlanda, Países Bajos, Polonia, Reino Unido y República Checa[69]. Según se indica en su web institucional, con la formación de la IAPPR se quiere establecer un control de calidad para los profesionales de este sector, un asesoramiento orientado a proteger al público en general de las malas prácticas de cazadores de herederos fraudulentos y deshonestos y hacer frente a otros problemas, como la calidad de trabajo deficiente en empresas ya establecidas.

---

69 IAPPR <https://www.iappr.org/our-members/>.

IV. Fuentes HUMINT: inteligencia de fuentes humanas

1. DEFINICIÓN

Por su modo de transmisión, las fuentes de información pueden ser orales o escritas. En este sentido, la inteligencia HUMINT —del acrónimo en inglés *human intelligence*— es la que proviene de la información obtenida y facilitada por fuentes humanas. Como afirma Jiménez Villalonga (2019) «es la que se elabora a partir de información recogida o suministrada directamente por personas», y es lo que Villaseñor Rodríguez denomina «fuentes personales».

> Las fuentes de información personales son personas o grupos de personas entre las que existe una relación generalmente profesional, que ofrecen información de interés y lo hacen, originariamente, de forma oral, aunque después, en un estadio posterior, pueda transformarse en documento. Por eso ofrecen dificultad en su acceso y esto genera insatisfacción a la hora de cubrir una necesidad informativa. Se caracterizan también por su informalidad al no ofrecer la información como las documentales, de forma estructurada; también por no garantizar la exhaustividad, por su inmediatez y actualidad, y por permitir el conocimiento de trabajos inéditos, en curso de elaboración o de publicación. De cualquier forma su importancia y utilidad es manifiesta, sobre todo para investigadores y profesionales de una determinada actividad (Villaseñor Rodríguez, 2020: 109).

Las fuentes HUMINT aplicadas a la investigación de las herencias yacentes se definen como las personas ajenas a la organización que proporcionan información, de modo consciente, y de forma ocasional o regular y que, a veces, pueden recibir algún tipo de contraprestación. Para Jiménez Villalonga (2019: 104), «la información obtenida a partir de fuentes humanas es muy útil porque puede proporcionar datos imposibles de obtener por otros medios».

Estas fuentes de información humana suelen ser, la mayoría de las veces, administradores de fincas —muchos de los despachos dedicados a la genealogía sucesoria han realizado convenios de colaboración con los colegios de administradores de fincas—. Pero, como veremos a continuación, pueden ser muy variadas: desde particulares con interés legítimo en la herencia que necesitan encontrar a los otros herederos «desaparecidos» hasta un presidente de una comunidad de vecinos que informa sobre un piso que lleva vacío desde hace muchos años cuyo titular ha fallecido y que está generando deudas a la comunidad, por lo que se necesita resolver esta situación. Otras fuentes se encuentran porque hay activos, porque se quiere hacer una compraventa de proindivisos y se necesita localizar a los otros titulares, por una compra de derechos hereditarios, porque hay un juicio monitorio de reclamación de cantidad de las comunidades de propietarios contra la herencia yacente o herederos desconocidos de la parte demandada, por un juicio declarativo, por usucapión, recobros de deudas, por saldos y depósitos abandonados, etc. Estos contactos, informadores, colaboradores, prescriptores o clientes reales son las fuentes HUMINT (figura 4).

Figura 4: Porcentajes de informadores principales (fuentes HUMINT)

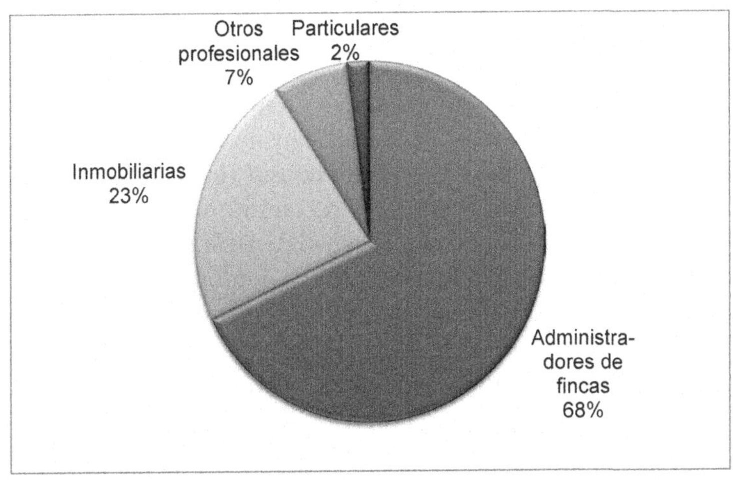

Fuente gráfico: elaboración propia. Dado que no hay fuentes estadísticas oficiales sobre la tipología de fuentes HUMINT utilizadas para la búsqueda de herencias yacentes se han consultado varias empresas dedicadas a la genealogía sucesoria para conocer los porcentajes de informadores principales.

Consultando las webs comerciales de estos bufetes[70] se destacan los servicios que ofrecen a diversas personas, entidades o administraciones en calidad de fuentes de información o como clientes. A continuación, vamos a identificar a estos clientes reales-potenciales.

---

70 Archives Généalogiques Andriveau <https://www.andriveau.fr/es/>; Coutot-Roehrig en España <https://coutot-roehrig.es/>; Finders International <https://www.findersinternational.co.uk/>; G&S Abogados <www.gysabogados.es>; Genus Legal <https://www.genuslegal.com/>; Gestión Integral de Herencias <https://giherencias.com/>; Groupe Terquem Généalogie <https://www.groupeterquem.fr/>; Grupo Hereda <https://grupohereda.com/>; Grupo Herta <https://grupoherta.com/>; Guénifey Étude Généalogique <https://www.etudeguenifey.com/?lang=es>; Legadia <https://www.legadia.es/>; Navarro y Navarro <https://www.navarroynavarro.es/>; RLA Asociados <https://rlaasociados.com/>.

2. CLIENTES REALES-POTENCIALES

Administraciones públicas

Según el «Censo de población y viviendas 2021» del Instituto Nacional de Estadística (INE, 2023), hay más de tres millones de viviendas vacías. A diferencia de los censos realizados en España desde el siglo XIX, que se construían con información recopilada con entrevistas a hogares, con el censo de 2021 se ha introducido una nueva tecnología para medir las viviendas vacías existentes mediante la combinación de decenas de registros administrativos y los datos del consumo eléctrico por año completo. El resultado es un 14,4 % de viviendas catalogadas como vacías (figura 5).

A los efectos de este censo 2021, se distinguen cuatro tipos de viviendas clasificadas por tramos de consumo según un umbral fijo para todos los municipios, establecido en 250 kWh que, «de media y de forma aproximada, correspondería al consumo de una vivienda que estuviera ocupada durante un mes en el año» (INE, 2023):

a) Vivienda vacía: aquella que no dispone de contrato de suministro eléctrico o cuyo consumo total registrado en el año precedente ha sido menor al que una vivienda media de ese mismo municipio tendría si se ocupara durante 15 días en todo el año. Este tipo de viviendas se encuentran con mucha mayor proporción en municipios pequeños y representan un 14,4 % del total.

b) Viviendas con muy bajo consumo: por debajo de este umbral (3,5 %).

c) Viviendas de uso esporádico: con un consumo entre 251 kWh y 750 kWh y un uso de la vivienda durante un período de uno a tres meses en todo el año. Se sitúan, fundamentalmente, en la costa y en municipios del interior como destinos de vacaciones estivales (9,4 %).

d) Resto de viviendas (72,7 %).

Figura 5: Viviendas según consumo eléctrico a 1 de enero de 2021

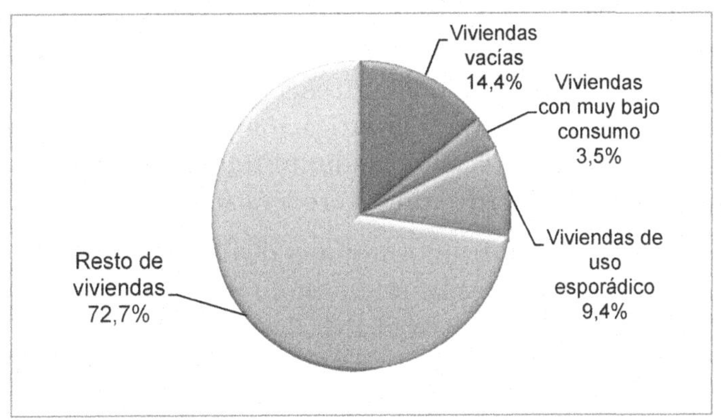

Fuente gráfico: elaboración propia. Reproducción del gráfico extraído del sitio web del INE (2023: 7) (CC BY 4.0) <https://www.ine.es/>.

Para las viviendas vacías, en los municipios pequeños «de menos de 10 000 habitantes, en los que residía el 20,3 % de la población total, se registraron el 45,0 % del parque de viviendas vacías. Por el contrario, las ciudades de más de 250 000 habitantes, donde residía el 23,8 % de la población, solo contenían el 10,5 % del total de viviendas vacías» (INE, 2023: 8).

Los tres municipios mayores de 10 000 habitantes con mayor porcentaje de viviendas vacías fueron Tías (Las Palmas), con un 48,0 %; Mos (Pontevedra), con un 46,5 %; y Monforte de Lemos (Lugo), con un 40,0 %. Y entre los tres municipios con más de 200 000 habitantes, los mayores porcentajes se dieron en Santa Cruz de Tenerife (17,3 %), Vigo (15,1 %) y A Coruña (14,7 %), (INE, 2023: 8-9).

Las herencias yacentes compuestas por inmuebles abandonados forman parte de este porcentaje de viviendas vacías en España. El desbloqueo de estos inmuebles beneficiaría enormemente a las Administraciones públicas al reducirse las deudas que estos generan y contribuir al pago de impuestos, así como a la revalorización de los municipios. Asimismo, la Ley 33/2003, de 3 de noviembre, del Patrimonio de las Administraciones Públicas (TOL315.498) establece en su artículo 17[71] que pertenecen a la Administración General del Estado los bienes conocidos antiguamente como «mostrencos»[72] como son los bienes inmuebles vacantes, previa investigación y una vez finalizado el procedimiento de declaración administrativa de la Administración General del Estado como heredera abintestato.

En la «Estadística de transmisiones de derechos de la propiedad: viviendas transmitidas según título de adquisición»[73] para el año 2023 publicada por el INE, las viviendas transmitidas mediante herencia se colocan en un segundo lugar (20,49 %),

---

71 «Artículo 17. Inmuebles vacantes.
1. Pertenecen a la Administración General del Estado los inmuebles que carecieren de dueño.
2. La adquisición de estos bienes se producirá por ministerio de la ley, sin necesidad de que medie acto o declaración alguna por parte de la Administración General del Estado. No obstante, de esta atribución no se derivarán obligaciones tributarias o responsabilidades para la Administración General del Estado por razón de la propiedad de estos bienes, en tanto no se produzca la efectiva incorporación de los mismos al patrimonio de aquella a través de los trámites prevenidos en el párrafo d) del artículo 47 de esta ley.
3. La Administración General del Estado podrá tomar posesión de los bienes así adquiridos en vía administrativa, siempre que no estuvieren siendo poseídos por nadie a título de dueño, y sin perjuicio de los derechos de tercero.
4. Si existiese un poseedor en concepto de dueño, la Administración General del Estado habrá de entablar la acción que corresponda ante los órganos del orden jurisdiccional civil».

72 Ley sobre adquisiciones a nombre del Estado, de 16 de mayo de 1835 [Disposición derogada] (*Gaceta de Madrid, n.º 142*, de 22 de mayo de 1835) <https://www.boe.es/buscar/doc.php?id=BOE-A-1835-946>; Decreto 1022/1964, de 15 de abril, por el que se aprueba el texto articulado de la Ley de Bases del Patrimonio del Estado [Disposición derogada] (TOL254.969).

73 INE (2023a) <https://www.ine.es/jaxiT3/Tabla.htm?t=6154&L=0>.

después de la compraventa (60,21 %), dejando en tercer puesto a otros modos de adquisición (17,14 %), seguido de la donación con un 2,04 % y la permuta, con apenas un 0,13 %.

Comunidad de bienes, condominio o copropiedad: proindivisos

El proindiviso es la propiedad compartida entre varias personas sobre un mismo bien o derecho. Es conocido también como condominio, copropiedad o comunidad de bienes, y los propietarios son copropietarios, comuneros, codueños, copartícipes o cotitulares. La desaparición o muerte de uno de ellos puede causar problemas para el conjunto de copropietarios, sobre todo los relacionados con la adquisición por usucapión de una parte o la totalidad del bien hereditario, que puede perjudicar a la propia masa o la adquisición de bienes más allá de su cuota.

La *usucapión* se define como la «adquisición de una propiedad o de un derecho real mediante su ejercicio en las condiciones y durante el tiempo previsto por la ley» (DRAE, 2024). En el Código Civil (TOL220.310) se especifican los requisitos de la usucapión, y se distingue entre ordinaria y extraordinaria[74].

---

[74] CC.
«Artículo 1940. Para la prescripción ordinaria del dominio y demás derechos reales se necesita poseer las cosas con buena fe y justo título por el tiempo determinado en la ley.
Artículo 1941. La posesión ha de ser en concepto de dueño, pública, pacífica y no interrumpida.
Artículo 1955. El dominio de los bienes muebles se prescribe por la posesión no interrumpida de tres años con buena fe. También se prescribe el dominio de las cosas muebles por la posesión no interrumpida de seis años, sin necesidad de ninguna otra condición.
Artículo 1959. Se prescriben también el dominio y demás derechos reales sobre los bienes inmuebles por su posesión no interrumpida durante treinta años, sin necesidad de título ni de buena fe, y sin

Alventosa del Río (2021, TOL4.319.500) señala las posibilidades que se pueden dar en relación con la usucapión en este ámbito: a) a favor de la comunidad de bienes por un comunero o por el conjunto de los comuneros, b) en contra de esta realizada por un comunero o por un tercero y c) la usucapión de cuota de comunero.

Tanto los herederos como terceros no herederos podrán adquirir por usucapión, ordinaria o extraordinaria, los bienes muebles e inmuebles pertenecientes a una herencia yacente —es decir, antes de la aceptación, partición y adjudicación— si los poseen en concepto de dueño, de forma pública, pacífica y no interrumpida pudiendo mediar buena fe y justo título, o careciendo de ella (García Herrera, 2008: 143).

En la usucapión en contra de la comunidad de bienes de la herencia yacente, el usucapiente puede ser alguno de los cotitulares, copropietarios o comuneros cuando posee en nombre propio los bienes y no para la herencia (Díaz Martínez, 2021, TOL8.715.091). Esto puede producirse en el caso de que se desconozca la existencia del resto de los herederos forzosos, o cuando no comunique a los coherederos el fallecimiento del causante. Cuando el usucapiente es una persona ajena al proindiviso tiene lugar la adquisición de los bienes hereditarios por parte de un tercero no heredero.

---

distinción entre presentes y ausentes, salvo la excepción determinada en el artículo 539.

Artículo 1960. En la computación del tiempo necesario para la prescripción se observarán las reglas siguientes:

1.ª El poseedor actual puede completar el tiempo necesario para la prescripción, uniendo al suyo el de su causante.

2.ª Se presume que el poseedor actual, que lo hubiera sido en época anterior, ha continuado siéndolo durante el tiempo intermedio, salvo prueba en contrario.

3.ª El día en que comienza a contarse el tiempo se tiene por entero; pero el último debe cumplirse en su totalidad».

La usucapión tiene lugar por la pasividad o inactividad de los herederos a la hora de reclamar su parte de la herencia, o por el propio desconocimiento de ser herederos en el caso de las herencias yacentes.

Entidades aseguradoras y bancarias

Dentro de la herencia yacente se pueden encontrar bienes inmuebles (viviendas, terrenos o locales) y bienes muebles, como saldos o depósitos. Las compañías de seguros y las entidades bancarias son otras dos instituciones que saldrían muy beneficiadas de la contratación de un servicio de genealogía sucesoria para la búsqueda de titulares y herederos, búsqueda de beneficiarios de pólizas de seguros de vida por parte de las compañías de seguros o la localización de herederos de derechohabientes de cuentas bancarias abandonadas o de cajas fuertes inactivas por parte de los bancos.

De acuerdo con el Portal del Cliente Bancario del Banco de España (2023), las cuentas bancarias se declaran en presunción de abandono si durante veinte años no se ha producido ningún movimiento. Pasado ese tiempo, los saldos, si los hubiera, van directamente a las arcas del Estado. En 2021, Hacienda ingresó alrededor de 29 millones de euros procedentes, la mayoría, de las cuentas abandonadas en los bancos y, en menor medida, de sociedades de valores, establecimientos de crédito y otras entidades financieras.

En el supuesto de presunción de abandono de una cuenta, el banco debe informar a los titulares como paso previo a la comunicación al Ministerio de Hacienda y Función Pública. Además de comprobar y garantizar que no se ha realizado ninguna gestión en dicha cuenta durante el plazo de veinte años, el banco deberá también notificar la situación de esta al Banco de España, y facilitar certificación de que el dinero se ha entregado a la Administración General del Estado, con indicación expresa de la fecha de su declaración y de la delegación de Economía y Hacienda ante la que se ha presentado. El órgano encargado de dictar la declaración de un saldo en presunción de abandono es la Dirección General del Patrimonio del Estado.

La Ley 33/2003, de 3 de noviembre, del Patrimonio de las Administraciones Públicas (TOL315.498) atribuye a la Administración General del Estado en su artículo 18[75] la titularidad de valores, dinero y demás bienes muebles en los que concurran las condiciones legales para su calificación como bienes incursos en abandono.

---

75 «Artículo 18. Saldos y depósitos abandonados.
1. Corresponden a la Administración General del Estado los valores, dinero y demás bienes muebles depositados en la Caja General de Depósitos y en entidades de crédito, sociedades o agencias de valores o cualesquiera otras entidades financieras, así como los saldos de cuentas corrientes, libretas de ahorro u otros instrumentos similares abiertos en estos establecimientos, respecto de los cuales no se haya practicado gestión alguna por los interesados que implique el ejercicio de su derecho de propiedad en el plazo de veinte años.
2. El efectivo y los saldos de las cuentas y libretas a que se refiere el apartado anterior se destinarán a financiar programas dirigidos a promover la mejora de las condiciones educativas de las personas con discapacidad, así como a extender la accesibilidad universal de los entornos, bienes, servicios y procesos, en la forma prevista en la disposición adicional vigésima sexta.
3. La gestión, administración y explotación de los restantes bienes que se encuentren en la situación prevenida en el apartado 1 de este artículo corresponderá a la Dirección General del Patrimonio del Estado, la cual podrá enajenarlos por el procedimiento que, en función de la naturaleza del bien o derecho, estime más adecuado, previa justificación razonada en el respectivo expediente.
4. Las entidades depositarias estarán obligadas a comunicar al Ministerio de Hacienda la existencia de tales depósitos y saldos en la forma que se determine por orden del ministro titular de este Departamento.
5. En los informes de auditoría que se emitan en relación con las cuentas de estas entidades se hará constar, en su caso, la existencia de saldos y depósitos incursos en abandono conforme a lo dispuesto en el apartado 1 de este artículo».

En la «Sección V. Anuncios» del *Boletín Oficial del Estado* se publican los anuncios por parte de las entidades bancarias sobre cuentas y depósitos en situación de presunción de abandono. Todos aquellos bienes muebles depositados en la Caja General de Depósitos que no hayan sido reclamados o gestionados en un período de veinte años perderán su propiedad.

Herederos

Cualquier persona que quiera comprobar sus derechos hereditarios, buscar a un miembro de la familia cuyo paradero se desconoce para gestionar la herencia, etc., puede beneficiarse de estos servicios.

Con la entrada en vigor de la Ley 15/2015, de 2 de julio, de la Jurisdicción Voluntaria (TOL5.189.143)[76] se atribuye a los notarios y a otros operadores jurídicos la capacidad para actuar en numerosos actos de jurisdicción voluntaria que hasta enton-

---

76 «Capítulo III: De los expedientes en materia de sucesiones
Sección 1.ª De la declaración de herederos abintestato
Artículo 55.
1. Quienes se consideren con derecho a suceder abintestato a una persona fallecida y sean sus descendientes, ascendientes, cónyuge o persona unida por análoga relación de afectividad a la conyugal, o sus parientes colaterales, podrán instar la declaración de herederos abintestato. Esta se tramitará en acta de notoriedad autorizada por notario competente para actuar en el lugar en que hubiera tenido el causante su último domicilio o residencia habitual, o donde estuviere la mayor parte de su patrimonio, o en el lugar en que hubiera fallecido, siempre que estuvieran en España, a elección del solicitante. También podrá elegir a un notario de un distrito colindante a los anteriores. En defecto de todos ellos, será competente el notario del lugar del domicilio del requirente.
2. El acta se iniciará a requerimiento de cualquier persona con interés legítimo, a juicio del notario, y su tramitación se efectuará con arreglo a lo previsto en la presente Ley y a la normativa notarial».

ces se encomendaban a los jueces. Con la desjudicialización de asuntos que antes se resolvían en los juzgados, los ciudadanos pueden encontrar solución a sus demandas con la misma seguridad jurídica y mayor agilidad. Así, entre las nuevas funciones que asumieron los notarios se encuentra todo lo referente a las sucesiones (Consejo General del Notariado, [2015]).

Hasta la fecha de entrada en vigor de esta ley, los notarios solo tenían competencia para declarar como herederos abintestato a ascendientes, descendientes o al cónyuge del fallecido. El resto de los parientes colaterales (hermanos, sobrinos, tíos, primos…) tenían que acudir a un juzgado de primera instancia, lo que conllevaba, en la mayoría de los casos, la intervención de abogados y procuradores en el proceso. Con esta ley se amplían las competencias de los notarios en las declaraciones de herederos abintestato a parientes colaterales, y se les atribuye la competencia exclusiva de realizar cualquier declaración de herederos, incluso las de las parejas de hecho cuando tengan derechos sucesorios conforme a la ley. Esta ley ha permitido desbloquear la tramitación de herencias yacentes por parientes colaterales (Consejo General del Notariado [2015]).

Otros profesionales

Los administradores de fincas son una de las fuentes de información más importantes a la hora de localizar herencias yacentes. Por las notas de prensa pueden conocerse los convenios de colaboración entre los despachos de abogados y el Consejo General de Colegios de Administradores de Fincas (CGCAFE), que integra a los treinta y ocho colegios territoriales de la profesión distribuidos por todo el territorio nacional y a los consejos autonómicos de colegios. Los servicios de genealogía sucesoria que ofrecen a colegiados y Administraciones públicas son completamente gratuitos.

Con estos acuerdos se persigue desbloquear la gestión de todas las masas hereditarias sin reclamar por falta de herederos designados y que están ocasionando diversos problemas a este colectivo profesional derivados de la defunción de un propietario: morosidad por impagos, imposibilidad de vender un inmueble a un comprador potencial, problemas de ocupación indebida del inmueble, insalubridad, etc. (Colegio de Administradores de Fincas de Madrid, 2016) (CGCAFE, 2017).

Por otro lado, dentro de este apartado se encuentran también los notarios. A diferencia de lo que pasa en Francia —nuevo acuerdo de colaboración firmado el 25 de septiembre de 2024, que sustituye al del 19 de mayo de 2015, entre el Conseil Supérieur du Notariat y Généalogistes de France—, en España no existe ningún convenio entre el notariado y los genealogistas sucesorios. La colaboración entre ambos profesionales beneficiaría a ambas partes y no se vulneraría el secreto de protocolo por parte del notario ni tampoco el secreto profesional por parte del genealogista.

Puesto que en España el notario no investiga ni busca a los herederos, el genealogista sucesorio podría servir de gran ayuda para la localización de los herederos testamentarios o abintestato en caso de testamento nulo. Según las webs comerciales francesas, el notario también podría resolver dudas sobre los derechos de los herederos respecto de las informaciones o documentos que le han transmitido, verificar la ausencia de herederos forzosos cuando existen disposiciones testamentarias, rastrear legatarios o sus derechohabientes, desconocidos por el notario, buscar al/los propietario/s de una tierra o de un inmueble con vistas a ser adquiridos por una tercera persona, etc.

También son múltiples los motivos por los que puede darse la colaboración con otros despachos para determinar los derechos de su cliente o el de su adversario, como con abogados especialistas en derecho de la copropiedad, en derecho de familia o en derecho inmobiliario. También con administradores judiciales para identificar a los herederos, a los cotitulares o a sus derechohabientes; así como con fideicomisarios, mandatarios judiciales, peritos sucesorios, gestorías, promotores inmobiliarios o arquitectos tasadores para encontrar la titularidad de ciertas propiedades. Sin olvidar la colaboración con otros profesionales como médicos forenses, hospitales, residencias de ancianos, empresas dedicadas a la compraventa de proindivisos o de derechos hereditarios, consulados, etc.

Particulares

Una persona con un interés directo y legítimo también puede solicitar los servicios de los genealogistas sucesorios para la identificación de los herederos o la resolución de la sucesión, como, por ejemplo, un acreedor del difunto. Por el Real Decreto 1373/2009, de 28 de agosto, por el que se aprueba el Reglamento General de la Ley 33/2003, de 3 de noviembre, del Patrimonio de las Administraciones Públicas (TOL1.583.497)[77] se contempla la posibilidad de que cualquier particular pueda denunciar una herencia yacente que carezca de herederos llevándose como premio el 10 % del valor final de la herencia, una vez que haya

---

77 «Artículo 7. Denuncia.
1. Todo particular no comprendido en el artículo anterior, podrá denunciar el fallecimiento intestado de una persona que carezca de herederos legítimos mediante escrito dirigido a la delegación de Economía y Hacienda de la provincia en que, según su información, el causante hubiera tenido su último domicilio.
Acompañará a dicho escrito cuantos datos posea sobre aquel y, concretamente, la justificación del fallecimiento del causante, el domicilio del mismo en tal momento, la procedencia de la sucesión intestada por concurrir alguno de los supuestos previstos en el artículo 912 del Código Civil, la relación de sus bienes y derechos, e información sobre las personas que en su caso los estuviesen disfrutando o administrando.
2. Los denunciantes a que se refiere el apartado anterior tendrán derecho a percibir, en concepto de premio, el diez por ciento de la parte que proporcionalmente corresponda, en el caudal líquido resultante, a los bienes relacionados en su denuncia, computando los bienes que en su caso se exceptúen de venta.
3. Las comunicaciones de otras Administraciones Públicas no devengarán el derecho a premio regulado en la Ley».

finalizado el procedimiento de declaración administrativa de la Administración General del Estado como heredera abintestato.

Por último, las comunidades de propietarios o de vecinos pueden ponerse en contacto con genealogistas sucesorios para resolver problemas relacionados con casas vacías, ocupaciones, problemas de salubridad, interés por comprar un piso cuyo propietario ha fallecido, etc.

V. Fuentes OSINT: inteligencia de fuentes abiertas

1. DEFINICIÓN

La inteligencia de fuentes abiertas u OSINT —del acrónimo en inglés *open source intelligence*— «es la que se elabora a partir de la información de recursos informativos de carácter público» (Jiménez Villalonga, 2019: 105).

> Por fuente abierta se entiende todo documento con cualquier tipo de contenido, fijado en cualquier clase de soporte que se transmite por diversos medios y al que se puede acceder en modo digital o no, puesto a disposición pública, con independencia de que esté comercializado, se difunda por canales restringidos o sea gratuito (Jiménez Villalonga, 2019: 105).

La información OSINT se contrapone a la información confidencial, privada o clasificada de distribución o acceso público limitado (Gonzalo, 2022). Asimismo, la singularidad, su obtención rápida, su fácil actualización, su bajo coste y su adquisición sin correr riesgos caracterizan a la información transmitida por las fuentes abiertas (Jiménez Villalonga, 2019: 105). Para este autor, «es un axioma que no se debería recoger información pública mediante medios clandestinos, complejos, arriesgados y costosos en términos económicos y políticos».

De acuerdo con esta definición, en la actualidad existen multitud de fuentes abiertas a partir de las cuales podemos extraer información relevante, ya que «designa a esa gran cantidad de recursos disponibles *online* y *offline* para quienes quieran investigar» (Gonzalo, 2022). El volumen de datos en disposición es prácticamente inabordable, por lo que se deben identificar y concretar las fuentes oportunas con el fin de optimizar el proceso de consecución de información.

La inteligencia de fuentes abiertas no es solo el conocimiento recopilado a partir de fuentes de acceso público, sino que incluye también «la búsqueda, selección y adquisición de la información, así como un posterior procesado y análisis de la misma con el fin de obtener conocimiento útil y aplicable en distintos ámbitos» (Martínez Retenaga, 2014).

La metodología OSINT se diferencia de la investigación tradicional, pues se recolecta y analiza información «para producir conocimiento aplicable, con un propósito» (Gonzalo, 2022). Para este autor, *disponible* no siempre quiere decir *fácilmente accesible*: «El desafío que implica es saber cómo encontrar esas fuentes, cómo documentarlas y cómo darle un sentido a toda esa información para crear una historia o escenario para los objetivos que tenga esa investigación».

De esta forma, la metodología OSINT, aplicada a la genealogía sucesoria, sirve para identificar las fuentes de información más relevantes para la localización de herencias yacentes y de herederos, optimizar los recursos para recopilar datos y conseguir la documentación necesaria para probar las filiaciones. Así, encontrar información sobre herencias yacentes «con tantos datos esparcidos por la web y el acceso a contenido en abierto es considerado OSINT» (Gonzalo, 2022).

2. TIPOLOGÍA DE FUENTES

Se puede hacer una categorización de fuentes OSINT aplicando las clasificaciones clásicas sobre fuentes de información en el ámbito de la biblioteconomía y documentación según los medios de transmisión (documentales y bibliográficas), su soporte (impresas o electrónicas), su accesibilidad (inmediatas,

mediatas y grises) y el nivel de información (primarias, secundarias, terciarias y de referencia) (López-Carreño, 2017: 27).

> En la actualidad, se observa una redefinición no solo del concepto de fuentes de información sino también una actualización de las clasificaciones tradicionales atendiendo a las exigencias informativas de todas las esferas sociales y aplicables a cualquier temática, disciplina o área de conocimiento (López-Carreño, 2017: 29).

Dentro de todas estas clasificaciones hechas por esta autora, nos vamos a detener en la clasificación de fuentes según el nivel de información.

Fuentes primarias

Son aquellas que contienen información original y «no han recibido ningún tipo de tratamiento» (Jiménez Villalonga, 2019: 105) o «sufrido ningún proceso de transformación o cambio» (López-Carreño, 2017: 27). Se distinguen las fuentes bibliográficas (escritas publicadas); las fuentes documentales de archivos (escritas no publicadas) y los sitios webs, portales o páginas webs de las Administraciones públicas.

a) Fuentes bibliográficas (fuentes escritas publicadas):

Dentro de este grupo, Jiménez Villalonga (2019: 105) diferencia dos tipos: por un lado, las *fuentes de información primarias editadas*, es decir, aquellas que «forman parte de los circuitos habituales de publicación y distribución y cuya existencia queda verificada por procedimientos legales (ISSN, ISBN, NIPO), entre las que destacan los libros, las revistas, las películas o los discos»; y por otro lado, las *fuentes de información primarias inéditas*, conocidas como *literatura gris*, con una visibilidad menor y más difíciles de encontrar.

La literatura gris es aquella literatura no convencional, literatura semipublicada o literatura invisible; toda información que no circula por los cauces ordinarios comerciales y, por lo tanto, plantea problemas de acceso a ella. Tradicionalmente, esta literatura gris se encontraba diseminada por Internet, pero con el desarrollo de las nuevas tecnologías han salido a la luz en forma de repositorios, que ya se encuentran indizados en bases de datos. En tal sentido, Martínez-Méndez y López-Carreño (2011) afirman que debido al desarrollo de las TIC (tecnologías de la información y de la comunicación) y en el contexto de la evolución de la Web, el concepto de literatura gris no parece justificarse y en la actualidad no tiene sentido hablar de ella.

Sin embargo, a mi entender, este concepto creo que sí se podría ajustar al objeto de nuestro estudio —la investigación y delimitación de fuentes sobre herencias yacentes—. Desde este punto de vista, serían todas aquellas fuentes de información OSINT institucionales que aportan datos sobre localización de herencias yacentes tales como actas, boletines, circulares, convenios urbanísticos, cuadernos de trabajo, informes técnicos y de investigación, memorias, normas, proyectos, publicaciones oficiales y otra documentación especializada, dirigida también a un público especializado, y que es más difícil de hallar en la Web, ya que no está indizada en bases de datos ni agrupada en repositorios específicos, aunque su acceso se vea facilitado por los portales de transparencia y de datos abiertos de las instituciones.

b) Fuentes documentales de archivos (fuentes escritas no publicadas):

Para la investigación en genealogía sucesoria, estas fuentes primarias son prioritarias y se corresponden con todos los documentos oficiales elaborados por entidades públicas y privadas que registran ciertos hechos y dan fe de ellos, como nacimientos, bautismos, matrimonios, defunciones o testamentos, que se custodian en archivos y que, generalmente, fueron creados en el momento del hecho.

c) Sitios webs, portales o páginas webs de las Administraciones públicas:

A esta división clásica dentro de las fuentes primarias hay que añadir los que son, junto a las fuentes archivísticas, otra de las fuentes más importantes para nuestras investigaciones, los sitios webs institucionales.

Fuentes secundarias

Las fuentes de información secundaria «son los resultantes del tratamiento documental de las fuentes de información primaria y proceden de la aplicación de técnicas documentales que proporcionan valor añadido» (Jiménez Villalonga, 2019: 106). Son las bases de datos, directorios, catálogos y repertorios bibliográficos y legislativos (López-Carreño, 2017: 28; Jiménez Villalonga, 2019: 106).

Fuentes terciarias

Por otro lado, las fuentes de información terciaria son aquellas «que someten a revisión los materiales primarios y secundarios» (Cordón García y otros en López-Carreño, 2017: 28), como revisiones, estados de la cuestión, índices bibliográficos, bibliografía de bibliografías, etc.

Obras de referencia

Las obras de referencia «son las que fueron ideadas para la consulta puntual de algunas de sus entradas», entre ellas destacan las enciclopedias, diccionarios, anuarios, glosarios, las FAQ o ficheros de preguntas frecuentes (Jiménez Villalonga, 2019: 106).

López-Carreño (2017: 29-31) hace esta otra clasificación de fuentes según la necesidad de información:

- Bibliográficas: revistas, libros, actas de congreso, tesis, bibliografías.
- Terminológicas: diccionarios, enciclopedias, listas de encabezamientos, tesauros, taxonomías, clasificaciones.
- Institucionales: boletines oficiales, memorias, informes, actas.
- Estadísticas: anuarios, datos/cifras, censos.
- Sociales: medios de comunicación, redes, observatorios, estudios, barómetros.
- Normativas: normas, legislación, jurisprudencia.
- Técnicas: marcas, patentes, diseños.
- Históricas: crónicas, cronologías, biografías.
- Geográficas: atlas, cartografías, itinerarios, localizaciones.
- Comerciales: registros, ferias/festivales, catálogos.

Asimismo, Jiménez Villalonga (2019: 106-107) apunta que, aparte de esta clasificación académica, se fijan otras tipologías para clasificar las fuentes OSINT en:

- Institucionales.
- Económicas.
- Geopolíticas.
- Sociológicas.
- Seguridad y defensa.
- Bibliográficas.
- Prensa.
- Redes sociales y páginas webs.
- Archivísticas.

López-Carreño (2017: 31) hace otra clasificación de fuentes de información, según el contenedor de los datos, que distingue:

- Bases de datos.
- Directorios.
- Índices.
- Bibliotecas virtuales.
- Hemerotecas virtuales.
- Archivos virtuales.
- Repositorios.
- Portales.
- Motores/buscadores.
- Wikis.
- Blogs.
- Bancos: de datos, de sonidos, de imágenes.

La última clasificación de esta autora (2017: 29) se realiza de acuerdo con el modo de acceso a los datos contenidos, y diferencia entre acceso abierto, restringido o híbrido, y según su accesibilidad (inmediata, mediata y gris).

Toda esta tipología de fuentes se va a utilizar en algún momento en las distintas fases de la investigación genealógica. A continuación, se enumeran algunas de las fuentes OSINT institucionales más empleadas en la búsqueda de herencias yacentes.

3. FUENTES DE INFORMACIÓN INSTITUCIONALES

Dentro de la clasificación de fuentes primarias que se acaba de hacer se encuentran los sitios webs, portales o páginas webs de las Administraciones públicas, que, junto a las fuentes archivísticas, son una de las fuentes más importantes para la investigación genealógica sucesoria. López-Carreño (2017: 77) recoge una definición de esta tipología:

> Son las que emanan de una institución pública o privada de reconocida valía. En este grupo se identifican numerosos tipos de fuentes de información de carácter administrativo, legislativo y jurídico. En este tipo de fuentes es primordial el conocimiento pleno de la institución para identificar sus procesos, trámites y tipos documentales para localizarlas y realizar un uso óptimo de las mismas (López-Carreño, 2017: 77).

Conforme a esta definición, estas fuentes de información son muy variadas (administrativas, estadísticas, legislativas, jurídicas, etc.). Dentro de este conocimiento de la institución se engloba su organización territorial (administración estatal, autonómica, local y europea) y su organización no territorial (corporaciones, instituciones o administraciones independientes).

El abanico de fuentes institucionales que abarcan es muy amplio pero concentrado, principalmente, en portales institucionales, publicaciones oficiales, editoriales jurídicas y boletines oficiales; estos últimos son «los vehículos de publicación de las disposiciones de las distintas administraciones públicas» (López-Carreño, 2017: 79).

Portales institucionales

Hay dos leyes que han favorecido los datos abiertos *(open data)* y la información del sector público: Ley 19/2013, de 9 de diciembre, de Transparencia, Acceso a la Información Pública y Buen Gobierno (TOL4.029.419) y la Ley 18/2015, de 9 de julio, por la que se modifica la Ley 37/2007, de 16 de noviembre, sobre reutilización de la información del Sector Público (TOL5.197.046). Por lo que, como señala López-Carreño (2017: 82-83), «las sedes web de las distintas administraciones también se constituyen como portales institucionales de datos abiertos accesibles y reutilizables para cumplir mejor con los preceptos legales de información al ciudadano». Este marco legal permite que ciudadanos y empresas puedan acceder a la información mediante formatos libres, abiertos, accesibles y reutilizables. Y sirve como modelo de negocio de valor añadido para las empresas[78].

Portales de transparencia y de datos abiertos

Son tanto de la Administración General del Estado, de las comunidades autónomas y las entidades que integran la administración local como de instituciones, organismos, entidades, sociedades, fundaciones, asociaciones públicas, etc. Algunos ejemplos son:

- Portal de la Transparencia de la Administración General del Estado

  <https://transparencia.gob.es/>.
- Datos.gob.es. Portal de Datos Abiertos del Gobierno de España

  <https://datos.gob.es/es>.
- Portal de Transparencia de Castilla-La Mancha

  <https://transparencia.castillalamancha.es/>.
- Portal de Transparencia de la Diputación de Lugo

  <https://portaltransparencia.deputacionlugo.org/inicio>.
- Portal de Transparencia del Ayuntamiento de Bilbao

  <https://www.bilbao.eus/cs/Satellite/transparencia/es/inicio>.
- Portal de Transparencia José Luis Terrero Chacón del Consejo General del Poder Judicial

  <https://www.poderjudicial.es/cgpj/es/Temas/Transparencia/>.

---

78 Datos.gob.es. (2015, mayo 22). «Reutiliza la información pública». [Video Youtube] <https://www.youtube.com/watch?v=XYsKBpXcp1s>.

Boletines oficiales

La web de la Agencia Estatal Boletín Oficial del Estado <https://www.boe.es/> ofrece variada información sobre los diferentes tipos de boletines:

a) Boletines oficiales supranacionales: *Diario Oficial de la Unión Europea* (DOUE).

b) Boletines nacionales o estatales: *Boletín Oficial del Estado* (BOE).

c) Boletines autonómicos: cada comunidad autónoma tiene el suyo propio, por lo que hay tantos como entidades territoriales; diecisiete corresponden a las comunidades autónomas y dos a las ciudades autónomas de Ceuta y Melilla.

1. Andalucía: *Boletín Oficial de la Junta de Andalucía* (BOJA).
2. Aragón: *Boletín Oficial de Aragón* (BOA).
3. Asturias: *Boletín Oficial del Principado de Asturias* (BOPA).
4. Cantabria: *Boletín Oficial de Cantabria* (BOC).
5. Castilla-La Mancha: *Diario Oficial de Castilla-La Mancha* (DOCM).
6. Castilla y León: *Boletín Oficial de Castilla y León* (BOCYL).
7. Cataluña: *Diari Oficial de la Generalitat de Catalunya* (DOGC).
8. Ceuta: *Boletín Oficial de la Ciudad de Ceuta* (BOCCE).
9. Comunidad Valenciana: *Diari Oficial de la Generalitat Valenciana* (DOGV).
10. Extremadura: *Diario Oficial de Extremadura* (DOE).
11. Galicia: *Diario Oficial de Galicia* (DOG).
12. Islas Baleares: *Boletín Oficial de Islas Baleares* (BOIB).
13. Islas Canarias: *Boletín Oficial de Canarias* (BOC).

14. La Rioja: *Boletín Oficial de La Rioja* (BOR).
15. Madrid: *Boletín Oficial de la Comunidad de Madrid* (BOCM).
16. Melilla: *Boletín Oficial de la Ciudad Autónoma de Melilla* (BOME).
17. Murcia: *Boletín Oficial de la Región de Murcia* (BORM).
18. Navarra: *Boletín Oficial de Navarra* (BON).
19. País Vasco: *Boletín Oficial del País Vasco* (BOPV).

d) Boletines provinciales: representan el siguiente nivel de concreción y existen tantos boletines oficiales como provincias (BOP).

e) Boletines municipales: corresponden a los ayuntamientos.

Tablón Edictal Judicial Único de la Agencia Estatal BOE (TEJU)

El objetivo del TEJU[79] es acabar con la dispersión en tablones de anuncios y en los distintos boletines oficiales de la publicación y consulta de resoluciones, comunicaciones y edictos para simplificar este trámite y reforzar las garantías de las partes.

La información que se ofrece en el suplemento del Tablón Edictal Judicial Único <https://www.boe.es/edictos_judiciales/> está libremente accesible en la Sede Electrónica de la Agencia Estatal BOE durante un plazo de cuatro meses desde su publicación; transcurrido el cual, es necesario contar con el código

79 Sede Judicial Electrónica. Tablón Edictal Judicial Único: «Es el medio de publicación y consulta de resoluciones, comunicaciones y edictos que por disposición legal deban fijarse en el tablón de anuncios y para la publicación de los actos de comunicación procesal que deban ser objeto de inserción en el *Boletín Oficial del Estado*, en el de la comunidad autónoma o en el de la provincia respectiva» <https://sedejudicial.justicia.es/-/teju-tablon-de-edictos-judiciales-electronicos>.

de verificación del correspondiente anuncio para acceder a su contenido. En el buscador de edictos judiciales se encuentra información sobre herencias yacentes.

4. PROCEDIMIENTOS DE DECLARACIÓN ADMINISTRATIVA DE HEREDEROS ABINTESTATO DE LAS ADMINISTRACIONES PÚBLICAS

En la web del Ministerio de Hacienda[80] pueden conocerse las investigaciones en curso sobre bienes inmuebles y los procedimientos de investigación sobre la presunta propiedad patrimonial de la Administración General del Estado como heredera abintestato, según el artículo 17 de la Ley 33/2003, de 3 de noviembre, del Patrimonio de las Administraciones Públicas (TOL315.498), que atribuye a la Administración General del Estado la titularidad de los inmuebles que carecieren de dueño.

El artículo 46 de la misma Ley otorga a las Administraciones la facultad de investigar la situación de los bienes y derechos que presumiblemente forman parte de su patrimonio, a fin de determinar su titularidad cuando esta no le conste de modo cierto. De esta manera, se recogen los procedimientos que actualmente se están tramitando para la investigación de determinados bienes inmuebles, de acuerdo con lo dispuesto en el artículo 47 de la citada Ley 33/2003 (TOL315.498) y los artículos 54 y siguientes

---

80 Ministerio de Hacienda: Investigación en curso sobre bienes inmuebles [Inicio>Áreas temáticas>Patrimonio del Estado>Gestión patrimonial del Estado>Investigaciones en curso sobre bienes inmuebles]. El buscador de procedimientos de investigación permite realizar búsquedas múltiples de expedientes abiertos en una o más provincias; y dentro de estas últimas en uno o más municipios. <https://www.hacienda.gob.es/es-ES/Areas%20Tematicas/Patrimonio%20del%20Estado/Gestion%20Patrimonial%20del%20Estado/Paginas/Investigacion/Investigacionesencursosobrebienesinmuebles.aspx>.

de su Reglamento, aprobado por Real Decreto 1373/2009, de 28 de agosto (TOL1.583.497).

Asimismo, se informa al ciudadano que, si tiene «conocimiento de alguna circunstancia que pueda contribuir a dilucidar la titularidad de alguno de los inmuebles afectados por estos procedimientos, puede dirigirse a la unidad de patrimonio de la delegación de Economía y Hacienda donde radique el bien para aportar la información de que disponga».

El procedimiento lo puede iniciar de oficio la propia Administración, por orden superior de otros órganos o por la denuncia de un particular. Se incluyen los testimonios de personas que conocían a los causantes (por ejemplo, vecinos), así como otro tipo de informaciones.

Se distinguen dos tipos de anuncios en el BOE: a) anuncio sobre acuerdo de incoación de expediente abintestato de las delegaciones de Economía y Hacienda; b) anuncio de notificación en procedimiento de declaración administrativa de herencia abintestato a favor de la Administración General del Estado.

Se deduce en estas investigaciones que, si el causante hizo testamento, es nulo; de ahí, su publicación en el BOE para la búsqueda de herederos. El testamento es nulo cuando no puede cumplirse, bien por premoriencia del heredero testamentario, bien porque este heredero haya renunciado, porque no haya figura de sustitución, etc. Se establece un plazo máximo de un año para resolver si la herencia, sin herederos aparentes, termina adjudicándose al Estado. Las comunidades autónomas también disponen de buscadores similares.

5. EXPROPIACIONES FORZOSAS URBANÍSTICAS: PLANEAMIENTOS URBANÍSTICOS

La Constitución española (TOL173.304), de acuerdo con lo establecido en el artículo 33.3[81], autoriza a la Administración a expropiar por razón de utilidad pública o de interés social. López Porto (2021) menciona que la expropiación por razón de urbanismo «es uno de los ámbitos de actuación de la expropiación forzosa». La facultad expropiatoria exige la valoración justa de los bienes y derechos que expropiar y el pago de la cantidad establecida. La persona expropiada tiene derecho a recibir una indemnización.

> La expropiación forzosa por razón de urbanismo se suele llevar a cabo para poder ejecutar los Planes de Ordenación Urbana de un municipio. Un procedimiento que radica en que la declaración de utilidad pública de un terreno y su necesidad de ocupación atienden a diversos instrumentos urbanísticos. [...] La administración pública territorial, en ejercicio de sus competencias, puede requerir la adquisición de bienes o derechos por causa de utilidad pública o interés social. Ante esto, el expropiado tiene derecho a recibir una indemnización (López Porto, 2021).

El proyecto de expropiación sigue las siguientes fases:

a) Acuerdo de aprobación del proyecto de expropiación por la Administración.

b) Sometimiento a información pública de la relación de los bienes y derechos afectados por la ejecución del proyecto, relación de sujetos expropiados (titulares) y justiprecio (fijación de la indemnización al expropiado), dentro de un plazo tras su publicación del anuncio en el BOE, boletín

---

81 «Artículo 33.3: Nadie podrá ser privado de sus bienes y derechos sino por causa justificada de utilidad pública o interés social, mediante la correspondiente indemnización y de conformidad con lo dispuesto por las leyes».

de la comunidad autónoma y tablón de anuncios y portal de transparencia alojado en la web municipal, y anuncios en medios de comunicación (por ejemplo, periódicos).

c) Acuerdo notificado a los propietarios de los terrenos que expropiar (período de alegaciones).

d) En caso de propietarios fallecidos y cuando se desconoce la identidad de los posibles representantes de las herencias yacentes, el acuerdo se notifica al Ministerio Fiscal, a los efectos prevenidos en el artículo 5.1[82] de la Ley de 16 de diciembre de 1954 de Expropiación Forzosa (TOL137.638).

Se puede conocer un «informe jurídico sobre la posibilidad de expropiar a una herencia yacente, con motivo de la ampliación del cementerio municipal y trámites del expediente de expropiación» emitido por el área responsable de Asesoramiento Jurídico y Urbanístico a Municipios y Arquitectura (SAJUMA), de la Diputación Provincial de Burgos destinado a ayuntamientos de fecha de 29 de abril de 2020[83] por el cual se llega a la conclusión de que sí es posible expropiar una herencia yacente.

El expediente de expropiación va dirigido al propietario del bien expropiado, es decir, quien «aparezca como tal en los registros públicos que, como el de la Propiedad, producen presunción de titularidad únicamente destruible mediando intervención judicial (artículo 38 de la Ley Hipotecaria)». Y en su defecto, «con las personas a las que los registros fiscales y ad-

---

82 «Artículo 5.1: Se entenderán las diligencias con el Ministerio Fiscal cuando, efectuada la publicación a que se refiere el artículo dieciocho, no comparecieren en el expediente los propietarios o titulares, o estuvieren incapacitados y sin tutor o persona que les represente, o fuere la propiedad litigiosa».

83 SAJUMA (2020) <https://www.burgos.es/sites/default/files/file/documento/signed/b_expropiacion_herencia_yacente.pdf>.

ministrativos atribuyan esa condición o, en último término, con las que lo sean pública y notoriamente» (SAJUMA, 2020: 3)[84].

En el caso de una herencia yacente, aunque los bienes expropiados pertenezcan a varios titulares, «lo que se expropia es la finca con independencia de las titularidades en la condición de expropiados», por lo que el «expediente será único en los casos en que el objeto de la expropiación pertenezca en comunidad a varias personas, o cuando varios bienes constituyan una unidad económica». También es único el justiprecio para toda la finca, «justiprecio que debe ser repartido entre los comuneros en proporción a sus respectivas cuotas» (SAJUMA, 2020: 4).

Mientras que la herencia se encuentre yacente, el cumplimiento de las obligaciones del causante corresponderá a su representante. Cuando no se haya designado representante para actuar ante la administración tributaria (los albaceas nombrados por el testador), podrá considerarse como tal a quien asuma la gestión o dirección (el administrador), sin que ello suponga que acepte la herencia y asuma la cualidad de heredero; y, en su defecto, cualquiera de sus miembros o partícipes (SAJUMA, 2020: 5).

La información sobre planeamientos urbanísticos se recoge en las áreas de urbanismo de los ayuntamientos, comunidades y Ministerio. Los planes generales de ordenación urbana existentes se encuentran en período de información pública, incluyen información referida a su anuncio publicado en los boletines oficiales, el acceso a la documentación del expediente, el trámite para las alegaciones y la localización del plan en el visualizador urbanístico.

---

84 «El Registro de la Propiedad es un registro público que produce presunción de titularidad y que el Catastro es un registro fiscal, es claro que, a efectos de determinar la persona con quien debe seguirse el procedimiento expropiatorio, solo cabe acudir a la información catastral cuando la registral sea inexistente o insuficiente» (SAJUMA, 2020: 3).

Los visualizadores urbanísticos son bases de datos donde se representan los planeamientos urbanísticos sobre las parcelas afectadas de cada localidad, y permiten la ubicación geohistórica y física actual de los bienes expropiados, así como su valoración económica. El Ministerio de Vivienda y Agenda Urbana ofrece una serie de enlaces a estas bases por comunidades autónomas[85]. Asimismo, este Ministerio, en colaboración con las comunidades autónomas, ha desarrollado el Sistema de Información Urbana (SIU)[86] con el principal objetivo de promover la transparencia en materia de suelo y urbanismo en España.

6. OTRAS FUENTES DE INFORMACIÓN EN ACCESO ABIERTO PARA LA BÚSQUEDA DE HERENCIAS YACENTES

Consignaciones y depósitos judiciales

Como ya se indicó anteriormente, las herencias yacentes no se componen únicamente por bienes inmuebles como viviendas, locales o terrenos. También puede haber otro tipo de bienes no inmuebles como dinero en metálico. Según la información obtenida del Ministerio de Justicia[87], «un depósito judicial es

---

85 Ministerio de Vivienda y Agenda Urbana. Enlaces de interés en materia de urbanismo por comunidades autónomas <https://www.mivau.gob.es/urbanismo-y-suelo/sistema-de-informacion-urbana/enlaces-relacionados/comunidades-autonomas>. Algunos ejemplos son: Andalucía (SiDiGG-EC); Aragón (SIUA); Asturias (SITPA); Cantabria (AUCAN y SIUCAN); Castilla y León (SIUCyL y PLAU); Ceuta (PGOU); Extremadura (IDE y SITEx); Galicia (SIOTUGA); Islas Baleares (MUIB); La Rioja (SIU); Madrid (SIT); Melilla (UrbiGIS); Murcia (SitMURCIA); Navarra (SIUN); País Vasco (UDALPLAN).

86 Visor SIU <https://mapas.fomento.gob.es/VisorSIU/>.

87 Ministerio de Justicia. Sede Judicial Electrónica <https://sedejudicial.justicia.es/-/cuentas-de-depositos-y-consignaciones-judiciales>.

aquel ingreso que se realiza en las Cuentas de Depósitos y Consignaciones Judiciales (CDCJ) en cumplimiento de una resolución judicial». De todos los supuestos que hay para que se constituya un depósito judicial, el «ingreso como consecuencia de embargos de bienes y de la práctica de diligencias judiciales» es uno de los que más pueden afectar a las herencias yacentes.

Asimismo, una consignación judicial es «aquel ingreso que se realiza en ejecución voluntaria o forzosa de títulos que lleven aparejada ejecución, o que se realicen con finalidad liberatoria por el obligado al pago de una cantidad, o en otros supuestos legalmente establecidos»; por ejemplo, aquellas personas o entidades que reciban una orden de embargo o, en su caso, de retención y posterior puesta a disposición por orden de un órgano judicial, y, en general, cualquiera que reciba una comunicación judicial de poner a disposición del órgano judicial una determinada cantidad. Los depósitos y consignaciones judiciales se realizan mediante ingreso en una Cuenta de Depósitos y Consignaciones de un órgano judicial.

Demandas dirigidas contra la herencia yacente

En algunas ocasiones, hay situaciones en las que los bienes de la herencia yacente pueden verse envueltos en un litigio[88]. Los procedimientos civiles frente a la herencia yacente son variados: ejecución hipotecaria, demanda por juicio cambiario, jura de cuentas, etc. O el procedimiento monitorio especial instado por comunidades de propietarios contra la herencia yacente e ignorados herederos del titular para la reclamación del pago pendiente de cuotas comunitarias adeudadas que se han ido devengando

[88] «La herencia yacente carece de personalidad jurídica, pero ostenta capacidad procesal para ser parte en los procedimientos civiles [...]. La herencia yacente tiene legitimación activa o pasiva, existe numerosa jurisprudencia en ambos sentidos» (SAJUMA, 2020: 4).

tras su fallecimiento. Como afirma Cabrejas Guijarro (2013), «el procedimiento monitorio se constituye en la práctica como la vía procesal más rápida y efectiva para el cobro por las comunidades de propietarios sometidas a la Ley de Propiedad Horizontal (LPH)».

Subastas y remanentes judiciales de subastas

En las demandas dirigidas contra la herencia yacente puede darse el supuesto de que el inmueble del titular (causante) sea subastado públicamente para pagar una deuda (de la comunidad de vecinos, de la hipoteca, etc.). Una vez reclamada y saldada la deuda contra la herencia yacente e ignorados herederos del titular, el dinero sobrante que resulte se queda en depósito hasta que es solicitado por el heredero. Hay diversos buscadores de subastas públicas dentro de las fuentes OSINT como, por ejemplo, el Portal de Subastas del BOE[89], o el Portal de Subastas de Bienes Embargados del Ministerio de Inclusión, Seguridad Social y Migraciones[90].

---

89 Portal de subastas del BOE <https://subastas.boe.es/>.

90 Portal de subastas de bienes embargados de la Seguridad Social <https://w6.seg-social.es/subastas/>.

VI. La investigación patrimonial: estudio de la viabilidad económica

Existen dos fases en la investigación y averiguación patrimonial. La primera se realiza antes de la investigación genealógica, cuando los informadores —administradores de fincas, otros profesionales, particulares, clientes, etc.— solicitan los servicios de la empresa. Se inicia así la fase de entrada del expediente en el despacho, donde se hace una primera estimación de los bienes del causante para valorar su viabilidad económica. El cliente suele proporcionar información sobre el activo-pasivo del causante, y es con la valoración de esta información con la que se inicia o no el expediente. En este capítulo nos vamos a centrar en la valoración de bienes inmuebles (fincas rústicas y urbanas).

La segunda fase correspondería justo antes de la tramitación de la herencia, cuando ya se ha localizado a los herederos y han firmado el contrato de revelación de herencia. Esta etapa se centra más en la averiguación de todos los activos y pasivos del causante que se desconocían al iniciarse la investigación para realizar su inventario de bienes, derechos, obligaciones y deudas.

En cuanto a los activos y pasivos del causante, hay que tener en cuenta que los herederos, en caso de aceptación de la herencia, quedan obligados a pagar las deudas de esta. El pago de la deuda puede hacerse con dinero propio o con la misma herencia —aceptándola a beneficio de inventario—. En el caso en que los pasivos superaran a los activos, la otra posibilidad sería la renuncia a la herencia.

1. BIENES INMUEBLES INSCRITOS EN EL REGISTRO DE LA PROPIEDAD

Bien inmueble-finca registral

El artículo 26 del Real Decreto Legislativo 7/2015, de 30 de octubre, por el que se aprueba el texto refundido de la Ley de Suelo y Rehabilitación Urbana (TOL5.534.477) da una definición de finca registral:

> Finca: la unidad de suelo o de edificación atribuida exclusiva y excluyentemente a un propietario o varios en proindiviso, que puede situarse en la rasante, en el vuelo o en el subsuelo. Cuando, conforme a la legislación hipotecaria, pueda abrir folio en el Registro de la Propiedad, tiene la consideración de finca registral.

El término «bien inmueble» se utiliza como sinónimo de «finca registral» en el ámbito profesional (Arquitasa Sociedad de Tasación, 2022a).

El Registro de la Propiedad y sus registradores y notarios dependen de la Dirección General de los Registros y del Notariado (Ministerio de Justicia). En el Registro de la Propiedad se inscriben los actos que afectan a la propiedad o a los derechos reales sobre bienes inmuebles, ya sean estos de titularidad pública o privada. Pueden también inscribirse determinadas concesiones administrativas y bienes de dominio público. El Registro de la Propiedad proporciona seguridad jurídica a los derechos inscritos[91].

El objetivo es «llevar una relación de quiénes son los propietarios de los bienes inmuebles o fincas registrales en España» y en qué situación se encuentran en cuanto al derecho inmobiliario, «si tienen usufructos, nudas propiedades, servidumbres de paso o usucapión, deudas o hipotecas» (Arquitasa Sociedad de Tasación, 2022b).

---

91 Ministerio de Justicia: Registro de la Propiedad <https://www.mjusticia.gob.es/ca/ciudadania/registros/propiedad-mercantiles/registro-propiedad>.

La inscripción de una finca en este registro es voluntaria y recoge información sobre su titularidad, propiedad, derechos, deudas o hipotecas y cargas. Tiene una validez jurídica y un uso judicial.

Hay diferencias entre el Registro de la Propiedad y el Catastro. Entre otras cosas, el Catastro inmobiliario es un registro administrativo que depende del Ministerio de Hacienda y en el que se describen los bienes inmuebles rústicos, urbanos y de características especiales. Su inscripción es obligatoria y gratuita (a diferencia del Registro de la Propiedad). La finalidad originaria del catastro es de carácter tributario, tiene un uso fiscal (pago de una serie de impuestos) y cumple una función relacionada con el desarrollo de planes urbanísticos [92].

Ante situaciones de discrepancia entre ambos registros, siempre prevalece la escritura pública inscrita en el Registro de la Propiedad, que es el organismo que también predomina a efectos judiciales y de compraventa de la propiedad. Estos dos registros inmobiliarios han estado completamente separados, pero con la Ley 13/2015, de 24 de junio, de Reforma de la Ley Hipotecaria aprobada por Decreto de 8 de febrero de 1946 y del texto refundido de la Ley de Catastro Inmobiliario, aprobado por Real Decreto Legislativo 1/2004, de 5 de marzo (TOL5.175.939), tuvo lugar una iniciativa legislativa para su coordinación.

En cuanto a la investigación de la herencia yacente, para hacer la comprobación real de los bienes inmuebles pertenecientes al causante, de los cuales es titular, se necesitan dos documentos: la nota de localización y la nota simple.

---

92 Ministerio de Hacienda. Catastro <https://www.catastro.hacienda.gob.es/esp/usos_utilidades.asp>.

Nota de localización

> Es una documentación de carácter informativo que determina el lugar en el que una persona física o jurídica tiene inscripciones relativas a propiedades, obtenida a través del Índice General Informatizado de fincas y derechos y proporcionado, en todo caso, a través de un registrador. La información comprende no solo el dominio, sino todos los derechos que pueden estar inscritos a favor de una persona, cualquiera que sea su naturaleza (Registradores de España, s. f.).

> La nota de localización proporciona información meramente instrumental que tiene como objeto facilitar la localización del registro, provincia y municipio donde una determinada persona física o jurídica tiene bienes o derechos inscritos (Registradores de España, s. f. a).

Se puede solicitar de forma presencial o electrónica accediendo al Registro de la Propiedad desde la Sede Electrónica de los Registradores de España[93]. La expedición de la nota tiene una tasa, es necesario expresar el interés que motiva la consulta para que la solicitud sea tramitada y hay que aportar los datos del titular sobre el que se quiere obtener la información (nombre o denominación social). Si se desconoce el campo NIF/NIE/pasaporte/*identity card* puede haber problemas de homonimias entre los titulares y aparecer múltiples registros con igual nombre y apellidos. En este caso, habrá que averiguar cuál de todos los resultados es el que nos interesa. Una vez expedida se remitirá a la dirección de correo electrónico indicada un mensaje que incluirá un enlace a una página web donde se podrá descargar la nota de localización en formato PDF.

La Sede nos da la opción de seleccionar tanto las titularidades vigentes como no vigentes del titular, y de marcar en qué territorio queremos que nos den la información —por ejemplo, «todo el territorio nacional»—. Recibiremos un informe con un listado de

---

93 Registro de la Propiedad <https://www.registradores.org/el-colegio/registro-de-la-propiedad>.

titularidades vigentes y no vigentes de registros de la propiedad de distintas localidades, en caso de que existan titulares a favor del sujeto sobre el que se hace la solicitud (nuestro causante); o, negativo, si no las hay (figura 6). No significa que únicamente exista una finca, puede haber varias inscritas en cada registro. Para conocer con detalle las fincas que figuran en la nota de localización hay que solicitar nota simple de cada una de ellas.

Figura 6: Ejemplo de nota de localización negativa de titularidades vigentes y no vigentes

CONSULTA DE LOCALIZACIÓN DE REGISTROS

Titular/es sobre el que se realiza la consulta
XXXX XXXX XXXX
Consultado el Índice Central, NO aparecen titularidades vigentes a su favor
en
Todo el territorio Nacional

Consultado el Índice Central, NO aparecen titularidades NO vigentes a su favor en
Todo el territorio Nacional

Fuente: elaboración propia. Transcripción de una nota de localización negativa del Registro de la Propiedad donde aparece información de las titularidades vigentes y no vigentes de un titular.

Nota simple

> La nota simple informativa tiene valor puramente informativo y no da fe del contenido de los asientos. Proporciona información sobre los asientos vigentes relativos a la finca objeto de manifestación, donde conste, al menos, su identificación con indicación del Código Registral Único, (CRU), la identidad del titular o titulares de derechos inscritos sobre la misma y la extensión, naturaleza y limitaciones de estos. Asimismo, se harán constar, en todo caso, las prohibiciones o restricciones que afecten a los titulares o a los derechos inscritos (Registradores de España, s. f. b).

La nota simple es el documento registral donde se plasma el contenido del folio del Registro de la Propiedad donde está inscrito un bien inmueble y aporta información pública sobre su titularidad, su descripción o sus cargas. En ella se incluye, además, la referencia catastral que permite identificar la finca en el Catastro —en el caso de que se haya informado al Registro de la Propiedad sobre la correspondencia del inmueble en el Catastro—. Es un documento público, se solicita en la Sede Electrónica de los Registradores de España u oficinas presenciales del Registro de la Propiedad, hay que pagar una tasa por su expedición y señalar el motivo de su solicitud.

Es muy importante saber el registro al que pertenece el municipio donde se ubica el bien inmueble para dirigir la petición. Si se desconoce, puede consultarse en el localizador de registros del Geoportal Registradores[94], donde se encuentra toda la información geográfica accesible de los registros de la propiedad y las herramientas para su búsqueda y análisis. Los datos que hay que incluir al hacer la solicitud, para que el Registro de la Propiedad nos proporcione una nota simple, son:

1. Datos registrales (provincia, municipio, registro y número de finca).
2. Nombre y apellidos del titular registral (causante).
3. Número del DNI del propietario (si se tiene, para evitar homonimias).
4. Ubicación exacta del inmueble de cuya escritura se quiere obtener una copia (dirección postal).

Si el titular seleccionado tiene alguna titularidad, se recibirán las notas correspondientes a cada uno de sus derechos inscritos, con el máximo número de fincas que hayamos introducido al hacer la solicitud. En ella se contiene lo siguiente:

1. Datos identificativos del Registro de la Propiedad que emite la nota simple y los datos del solicitante y el interés legítimo alegado.

---

94 Geoportal de Registradores <https://geoportal.registradores.org/>.

2. Datos de la finca: municipio, número de finca, tipo de vía, etc.
3. IDUFIR: es el identificador único de finca registral.
4. Descripción de la finca registral: donde se refleja su naturaleza (si es urbana o rústica), su extensión y lindes.
5. Titulares: identificación de los titulares de derechos sobre la finca y su participación (porcentaje de propiedad sobre el bien inmueble):
   a) Dominio: pleno dominio de la totalidad/mitad/porcentaje de la finca; nuda propiedad, gravada con el usufructo. En este caso, cuando se extingue el usufructo, la nuda propiedad se convierte en pleno dominio. El pleno dominio se consolida cuando la propiedad y el uso y disfrute (nuda propiedad y usufructo) se reúnen en un mismo titular o persona. El nudo propietario podrá consolidar el dominio por la compra del usufructo o por su extinción.
   b) Carácter: privativo, gananciales, etc.
   c) Título: por liquidación de sociedad conyugal; por herencia; por compraventa; por confesión; por consolidación, etc.
6. Autorizante: aparece el notario que dio fe del acto y la fecha en que se produjo la inscripción registral.
7. Cargas de la finca: en el supuesto de que el inmueble esté gravado con cargas como hipotecas, servidumbres, usufructos, etc. Puede haber notas marginales. Hay que tener cuidado si en la nota simple se expresa alguna limitación en la inmatriculación de una finca, según lo establecido en el artículo 207[95]

---

95 «Artículo 207: Si la inmatriculación de la finca se hubiera practicado con arreglo a lo establecido en los números 1.°, 2.°, 3.° y 4.° del artículo 204, el artículo 205 y el artículo 206, los efectos protectores dispensados por el artículo 34 de esta Ley no se producirán hasta transcurridos dos años desde su fecha. Esta limitación se hará constar

del Decreto de 8 de febrero de 1946, por el que se aprueba el Texto Refundido de la Ley Hipotecaria (TOL314.711).

8. Fecha de emisión.

Aparte de contener datos que ayudan a la valoración económica de los bienes inmuebles, las notas simples también pueden incluir otros que nos facilitarán la investigación genealógica posterior, por lo que es muy conveniente analizarlas bien. Por ejemplo, si en el certificado de defunción del causante pone que era viudo, pero no sabemos el nombre del cónyuge, la nota simple puede darnos ese dato; si figuran más titulares, además de nuestro causante, que compartan apellidos, tendremos pistas sobre otros familiares, etc.

2. VALORACIÓN ECONÓMICA DE BIENES INMUEBLES

El valor de los bienes inmuebles (rústicos y urbanos) se puede conocer mediante el recibo del IBI (impuesto sobre bienes inmuebles), tasa municipal que se calcula a partir del valor catastral. Es posible consultarlo en la Sede Electrónica del Catastro y en el ayuntamiento donde el inmueble se ubique[96]. A continuación, se pasa a detallar otras formas de valoración de fincas, tanto urbanas como rústicas.

Valoración de fincas urbanas

Localizada la finca urbana gracias a la nota simple proporcionada por el Registro de la Propiedad, el siguiente paso sería identificarla también en el Catastro para comprobar la exactitud de los datos disponibles en ambos registros.

---

expresamente en el acta de inscripción, y en toda forma de publicidad registral durante la vigencia de dicha limitación».

96 Por ejemplo, el «Servicio *on-line* de valoración de bienes rústicos» de la Junta de Castilla y León <https://tributos.jcyl.es/web/es/servicios-valoracion/valoracion-online-bienes-rusticos.html>.

El Catastro sirve como fuente de información para la geolocalización de cualquier inmueble en el mapa y para acceder a datos catastrales públicos como dirección, referencia catastral y superficie. Para ello hay que entrar en la Sede Electrónica del Catastro y acceder al buscador de inmuebles y visor cartográfico[97]. Igualmente, en la misma Sede se publican los valores de referencia de los inmuebles urbanos y rústicos por ejercicio (año natural)[98].

Para la valoración de suelos urbanos expropiados, tal y como se describió en el capítulo anterior sobre fuentes OSINT (expropiaciones forzosas urbanísticas: planeamientos urbanísticos), pueden utilizarse los diferentes programas de información territorial urbanístico de cada comunidad autónoma.

En el artículo 4 de la Orden ECO/805/2003, de 27 de marzo, sobre normas de valoración de bienes inmuebles y de determinados derechos para ciertas finalidades financieras (TOL3.238.789) se prevén varios métodos de valoración de inmuebles: «valor por comparación, valor por actualización, valor residual. Es el valor obtenido mediante la aplicación de los métodos técnicos de comparación, actualización de rentas y residual respectivamente».

El método comparativo consiste en comparar nuestro inmueble con otras propiedades de características similares cuyo precio se conoce para establecer el del nuestro (Ferrando Corell, 2023: 47). Para esta valoración existen portales webs dedicados a publicar anuncios sobre la venta o alquiler de inmuebles, que también suelen ofrecer simuladores de tasación o servicios de certificación energética. Así, la empresa Idealista[99], según el Portal de Datos

---

97 Buscador de inmuebles de la Sede Electrónica del Catastro <https://www1.sedecatastro.gob.es/Cartografia/mapa.aspx?buscar=S>.

98 Catastro. Valores de referencia de los inmuebles urbanos y rústicos por ejercicio <https://www1.sedecatastro.gob.es/Accesos/SECAccvr.aspx>.

99 Idealista <https://www.idealista.com/>.

Abiertos del Gobierno de España[100], es un ejemplo de reutilización de datos públicos, ya que los utilizados por esta empresa proceden tanto de datos de fuentes públicas (catálogo de datos.gob.es, Catastro, IGN e INE) como de fuentes privadas (las propias del portal Idealista.com). En este sentido, Goolzoom[101] es otra herramienta utilizada para la valoración de bienes inmuebles[102].

Es importante efectuar las valoraciones económicas hacia la baja —precio del metro cuadrado más barato en la misma zona que la de nuestro inmueble—; es decir, hay que evitar inflar los precios del inmueble de forma artificial para no llevarse sorpresas desagradables. Con este fin, conviene prestar atención a varios datos, como los metros cuadrados de la vivienda —información dada en la nota simple—, e ir filtrando por las diferentes opciones que ofrece el portal: comprar piso, tipo de inmueble (vivienda), tamaño (metros cuadrados), estado (para reformar), etc. Al resultado final habrá que descontarle otros porcentajes correspondientes a la agencia inmobiliaria, a la negociación, a un margen de contingencia y a las deudas —en caso de que las tenga—, para obtener un precio más realista de su verdadero valor.

El método de capitalización de rendimientos o de actualización de rentas nos sirve para hacer una valoración inmobiliaria cuando en la zona en la que se encuentra el inmueble en cuestión no hay ningún otro que cumpla con las mismas condiciones para realizar una valoración por el método comparativo. Se

---

100 Portal de Datos Abiertos del Gobierno de España, caso Idealista <https://datos.gob.es/es/casos-exito/idealista>.

101 Goolzoom <https://www.goolzoom.com/>.

102 Portal de Datos Abiertos del Gobierno de España, caso Goolzoom: «es un sistema de información geográfica desarrollado con Google Maps y que integra distintas fuentes de datos de información geográfica. El propósito es simplificar el acceso a todo tipo de datos geográficos de dominio público, como la cartografía de catastro, ortofotografías, planeamientos urbanos, topografía, registro de la propiedad, etc.» <https://datos.gob.es/es/aplicaciones/goolzoom>.

puede averiguar su valor en el mercado si se conoce la renta neta que produciría si se sometiera a explotación (Ferrando Corell, 2023: 65). Se aplica para «calcular el valor de un bien que pueda generar ingresos de manera mensual, trimestral, semestral e incluso anual» (Arquitasa, 2024).

Con este fin, hay que calcular la renta de alquiler, es decir, el importe neto que quedaría tras descontar a los ingresos, los gastos: a la renta mensual (multiplicada por doce meses), los impuestos (IBI) y gastos periódicos de conservación y mantenimiento (seguros, comunidad, etc.). Si se quiere calcular el valor de compra habría que tener en consideración todos los gastos (registros, notaría) e impuestos aplicables, como el impuesto de transmisiones patrimoniales (ITP), para calcular el precio final.

Por su parte, el método del valor residual del suelo o cálculo del valor como residuo se aplica a terrenos urbanos o urbanizables cuyo valor del solar dependerá de lo que se pueda construir encima. Para encontrar el valor del suelo aplicando este método hay que tener en cuenta los siguientes aspectos (Ferrando Corell, 2023: 101-107), pero el valor final dependerá de si es una rehabilitación, una nueva construcción o simple reforma:

a) Valor del edificio óptimo: aquel que permite obtener del suelo la mayor rentabilidad, derivado del uso, la edificabilidad permitida en el Plan de Ordenación vigente y la demanda del mercado.

b) Valor de repercusión en el suelo de todos los usos: que incide en el valor de venta del metro cuadrado construido (valor en euros por metro cuadrado edificable). Se contempla tanto el beneficio de lo edificado bajo rasante (garajes) como sobre rasante. El valor unitario del suelo (euros por metro cuadrado) se deriva de este valor de repercusión y se utiliza cuando no se puede aplicar dicho valor por tratarse de suelo destinado a usos deportivos, sanitarios, religiosos, etc.

c) Margen o beneficio neto del promotor inversor.

Entre los servicios que ofrece la web del Ministerio de Transportes y Movilidad Sostenible, se encuentra uno sobre el «Valor tasado de la vivienda»[103]. Asimismo, el Ministerio de Vivienda y Agenda Urbana ofrece el «Sistema estatal de referencia de precios de alquiler de vivienda»[104].

Valoración de fincas rústicas

Al igual que ocurre con las fincas urbanas, una vez identificadas las fincas rústicas en el Registro de la Propiedad mediante notas simples de cada una de ellas, hay que hacer su valoración económica. La valoración de fincas rústicas depende de muchos matices: uso al que estén destinadas —por ejemplo, si tienen un uso agrario principalmente, labradío o forestal; este último, el de menor valor—; si llevan aparejada alguna construcción, inclinación del suelo, si es de regadío —con mayor valor que el secano—, etc.

Pueden consultarse varios recursos OSINT para la valoración de fincas rústicas. El Ministerio de Agricultura, Pesca y Alimentación facilita información sobre «Precios medios anuales de las tierras de uso agrario»[105] y dispone de una base de datos gráfica de todas las parcelas de cultivo digitalizadas: el «Sistema de información geográfica de parcelas agrícolas» (SIGPAC)[106].

---

103 «Valor tasado de la vivienda» <https://apps.fomento.gob.es/BoletinOnline2/?nivel=2&orden=35000000>.

104 «Sistema estatal de referencia de precios de alquiler de vivienda» <https://serpavi.mivau.gob.es/>.

105 «Precios medios anuales de las tierras de uso agrario» <https://www.mapa.gob.es/es/estadistica/temas/estadisticas-agrarias/economia/encuesta-precios-tierra/>.

106 SIGPAC <https://www.mapa.gob.es/es/agricultura/temas/sistema-de-informacion-geografica-de-parcelas-agricolas-sigpac-/default.aspx>.

VII. La investigación sucesoria

1. SUCESIÓN *MORTIS CAUSA*

España presenta siete sistemas legales distintos en derecho de sucesiones. Las comunidades autónomas de Aragón, Cataluña, Baleares, Navarra, País Vasco y Galicia tienen sus propios regímenes de derecho sucesorio. En el resto de España se aplican las normas contenidas en el Código Civil. El lugar de la última residencia del causante determinará los efectos de aplicación de cada régimen sucesorio. Para los españoles habrá que acudir al criterio de la vecindad civil, según las reglas para su determinación recogidas en el Código Civil (Portal Europeo de e-Justicia, 2024). En la investigación sucesoria hay que tener presentes dos conceptos: vecindad civil y título sucesorio.

Vecindad civil

La vecindad puede ser de origen (por nacimiento, por filiación) o derivada (por opción, por matrimonio, por residencia continuada, por adquisición o recuperación de la nacionalidad española). Se distinguen las siguientes vecindades (Linacero de la Fuente, 2013: 391-395):

1. Vecindad civil común, que supone el sometimiento al derecho común (la aplicación del Código Civil), y se aplica en las comunidades autónomas de Andalucía, Asturias, Cantabria, Castilla y León, Castilla-La Mancha, Canarias, Comunidad Valenciana, La Rioja, Madrid, Murcia y ciudades autónomas de Ceuta y Melilla.

2. Vecindad civil especial o foral, que implica la sujeción a un determinado derecho civil especial o foral y que se corresponde con las comunidades autónomas que tienen derecho civil propio: Aragón, Baleares, Cataluña, Galicia, Navarra y País Vasco[107]. El Fuero del Baylío es el último reducto del derecho foral en Extremadura y rige en 19 localidades de la región[108].

Título sucesorio

El heredero puede ser testamentario en función de si el fallecido ha hecho testamento y ha sido nombrado como tal —en este caso habrá que interpretar y aplicar la voluntad del testador y las posibles limitaciones que se hayan establecido—; o, por el contrario, ser heredero intestado cuando a falta del testamento ha sido la ley la que ha determinado quién sucede al fallecido (declaración de herederos abintestato).

2. EL ORDEN SUCESORIO EN EL CÓDIGO CIVIL

El Código Civil, de 24 de julio de 1889 (TOL220.310), regula el orden de llamamientos en la sucesión (tabla 4 y figura 7), y es diferente en las legislaciones forales. Según se especifica, la herencia ha de ser repartida en tres partes iguales: el tercio de la legítima, el

---

107 País Vasco, con vecindad civil vasca aplicable a todo el territorio y compatible con las vecindades locales (fuero civil de Vizcaya, de la Tierra de Ayala, de Guipúzcoa).

108 Fuero del Baylío en Extremadura: Alburquerque, La Codosera, Burguillos del Cerro, Fuentes de León, Valverde de Burguillos, Atalaya, Valencia del Ventoso, Jerez de los Caballeros, Oliva de la Frontera, Valencia del Mombuey, Valle de Matamoros, Valle de Santa Ana, Zahínos, Olivenza, Alconchel, Cheles, Higuera de Vargas, Táliga y Villanueva del Fresno (Biblioteca de la Facultad de Derecho de Cáceres, s. f.).

tercio de la mejora y el tercio de libre disposición. El tercio de legítima queda reservado por ley a los herederos forzosos (artículo 807):

1. Los hijos y descendientes respecto de sus padres y ascendientes.
2. A falta de los anteriores, los padres y ascendientes respecto de sus hijos y descendientes.
3. El viudo o viuda en la forma y medida que establece este Código.

Tabla 4: Orden general de llamamientos en la sucesión intestada según el Código Civil

Primero	Descendientes naturales o por adopción (art. 108), en total igualdad (art. 931).
Segundo	Ascendientes (art. 935).
Tercero	Cónyuge supérstite (art. 944).
Cuarto	Colaterales: Hermanos y sobrinos (art. 946). Parientes colaterales hasta el cuarto grado (art. 954).
Quinto	El Estado (art. 956).

Fuente tabla: elaboración propia.

3. ORDEN DE LLAMAMIENTO DE LOS HEREDEROS FORZOSOS

Primer orden: línea recta descendente[109]

Son los descendientes del causante, tanto naturales (no matrimoniales, matrimoniales o extramatrimoniales) como por

[109] CC.
«Artículo 108. La filiación puede tener lugar por naturaleza y por adopción. La filiación por naturaleza puede ser matrimonial y no matrimonial. Es matrimonial cuando los progenitores están casados entre sí.

adopción, en total igualdad, sin distinción de sexo, edad o filiación. Excluye a todos los demás parientes y corresponde a:

a) Hijos: por derecho propio y por cabezas.

b) Nietos/descendientes de ulterior grado: por derecho de representación y por estirpe[110] (es decir, los nietos, hijos de un hijo premuerto, ocupan el lugar de su padre, hijo del causante, en la sucesión). Cada grupo de descendientes recibe lo que hubiera correspondido a su progenitor fallecido. Dentro de cada estirpe, se reparte por cabezas (Ochoa Marco, Sebastián Chena y García Ramírez, 2014: 104).

La filiación matrimonial y la no matrimonial, así como la adoptiva, surten los mismos efectos, conforme a las disposiciones de este Código.
»Capítulo IV. Del orden de suceder según la diversidad de líneas
Sección 1.ª De la línea recta descendente
Artículo 930. La sucesión corresponde en primer lugar a la línea recta descendente.
Artículo 931. Los hijos y sus descendientes suceden a sus padres y demás ascendientes sin distinción de sexo, edad o filiación.
Artículo 932. Los hijos del difunto le heredarán siempre por su derecho propio, dividiendo la herencia en partes iguales.
Artículo 933. Los nietos y demás descendientes heredarán por derecho de representación, y, si alguno hubiese fallecido dejando varios herederos, la porción que le corresponda se dividirá entre estos por partes iguales.
Artículo 934. Si quedaren hijos y descendientes de otros hijos que hubiesen fallecido, los primeros heredarán por derecho propio, y los segundos, por derecho de representación».

110 Estirpe: «En una sucesión hereditaria, conjunto formado por la descendencia de un sujeto a quien ella representa y cuyo lugar toma» (DRAE, 2024).

Segundo orden: línea recta ascendente[111]

En defecto de la línea recta descendente, los ascendientes: padre y madre. Excluyen a los colaterales. El ascendiente más próximo en grado excluye siempre al más remoto de cualquier línea:

1. Padres:
   a) Padre y madre, si ambos están vivos, por partes iguales.
   b) Si sobrevive uno solo, heredará todo.
2. A falta de padre y madre, ascendientes más próximos en grado:
   a) Si son todos de una sola línea (paterna o materna), suceden por cabezas.
   b) Si son de distinta línea, la mitad va a cada línea (paterna y materna), y, dentro de cada línea, por cabezas.

La parte del que repudia acrece a los ascendientes de la misma línea; y repudiando todos de la misma línea, acrece a los de la otra (Ochoa Marco, Sebastián Chena y García Ramírez, 2014: 104).

---

111 CC.
«Sección 2.ª De la línea recta ascendente
Artículo 935. A falta de hijos y descendientes del difunto le heredarán sus ascendientes.
Artículo 936. El padre y la madre heredarán por partes iguales.
Artículo 937. En el caso de que sobreviva uno solo de los padres, este sucederá al hijo en toda su herencia.
Artículo 938. A falta de padre y de madre sucederán los ascendientes más próximos en grado.
Artículo 939. Si hubiere varios ascendientes de igual grado pertenecientes a la misma línea, dividirán la herencia por cabezas.
Artículo 940. Si los ascendientes fueren de líneas diferentes, pero de igual grado, la mitad corresponderá a los ascendientes paternos y la otra mitad a los maternos.
Artículo 941. En cada línea la división se hará por cabezas.
Artículo 942. Lo dispuesto en esta Sección se entiende sin perjuicio de lo ordenado en los artículos 811 y 812, que es aplicable a la sucesión intestada y a la testamentaria».

Tercer orden: cónyuge supérstite[112]

A falta de los anteriores, sucede el cónyuge viudo, siempre que no esté separado por sentencia firme; o separado de hecho por mutuo acuerdo que conste fehacientemente. Se pueden dar varias situaciones (Ochoa Marco, Sebastián Chena y García Ramírez, 2014: 105):

a) Inexistencia de descendientes y ascendientes del causante: heredará todo antes que los colaterales.

b) Existencia de descendientes o ascendientes del causante: concurriendo con descendientes, el cónyuge viudo tendrá

---

112 CC.
«Artículo 834. El cónyuge que al morir su consorte no se hallase separado de este legalmente o de hecho, si concurre a la herencia con hijos o descendientes, tendrá derecho al usufructo del tercio destinado a mejora.
Artículo 835. Si entre los cónyuges separados hubiera mediado reconciliación notificada al juzgado que conoció de la separación o al notario que otorgó la escritura pública de separación de conformidad con el artículo 84 de este Código, el sobreviviente conservará sus derechos.
Artículo 837. No existiendo descendientes, pero sí ascendientes, el cónyuge sobreviviente tendrá derecho al usufructo de la mitad de la herencia.
Artículo 838. No existiendo descendientes ni ascendientes el cónyuge sobreviviente tendrá derecho al usufructo de los dos tercios de la herencia.
Artículo 839. Los herederos podrán satisfacer al cónyuge su parte de usufructo, asignándole una renta vitalicia, los productos de determinados bienes, o un capital en efectivo, procediendo de mutuo acuerdo y, en su defecto, por virtud de mandato judicial.
Mientras esto no se realice, estarán afectos todos los bienes de la herencia al pago de la parte de usufructo que corresponda al cónyuge.
Artículo 840. Cuando el cónyuge viudo concurra con hijos solo del causante, podrá exigir que su derecho de usufructo le sea satisfecho, a elección de los hijos, asignándole un capital en dinero o un lote de bienes hereditarios.
Artículo 944. En defecto de ascendientes y descendientes, y antes que los colaterales, sucederá en todos los bienes del difunto el cónyuge sobreviviente.
Artículo 945. No tendrá lugar el llamamiento a que se refiere el artículo anterior si el cónyuge estuviere separado legalmente o de hecho».

derecho al usufructo de un tercio de la herencia (conocido como tercio de mejora); concurriendo con ascendientes, al derecho del usufructo de la mitad de la herencia.

4. ORDEN DE LLAMAMIENTO DE LOS HEREDEROS NO FORZOSOS

Cuarto orden: colaterales

1. Hermanos e hijos de hermanos[113].

A falta de los anteriores, los colaterales: primero los hermanos (segundo grado) e hijos de hermanos premuertos (tercer grado, sobrinos). Según esquema de Ochoa Marco, Sebastián Chena y García Ramírez (2014: 105), pueden darse varias situaciones:

a) Solo hermanos (segundo grado): por cabezas.

---

113 CC.
«Artículo 920. Llámase doble vínculo al parentesco por parte del padre y de la madre conjuntamente.
Artículo 946. Los hermanos e hijos de hermanos suceden con preferencia a los demás colaterales.
Artículo 947. Si no existieran más que hermanos de doble vínculo, estos heredarán por partes iguales.
Artículo 948. Si concurrieren hermanos con sobrinos, hijos de hermanos de doble vínculo, los primeros heredarán por cabezas y los segundos por estirpes.
Artículo 949. Si concurrieren hermanos de padre y madre con medio hermanos, aquellos tomarán doble porción que estos en la herencia.
Artículo 950. En el caso de no existir sino medio hermanos, unos por parte de padre y otros por la de la madre, heredarán todos por partes iguales, sin ninguna distinción de bienes.
Artículo 951. Los hijos de los medio hermanos sucederán por cabezas o por estirpes, según las reglas establecidas para los hermanos de doble vínculo».

- Doble vínculo: por partes iguales.
- Vínculo sencillo: por partes iguales.
- Ambos vínculos: los de doble vínculo tomarán doble porción que los de vínculo sencillo.

b) Solo sobrinos (tercer grado):

- Doble vínculo: por cabezas.
- Vínculo sencillo: por cabezas.
- Ambos vínculos (hijos de hermanos de doble vínculo con hijos de hermanos de vínculo sencillo): los primeros tomarán doble porción que los segundos.

c) Hermanos con sobrinos: los primeros por cabezas y los segundos por estirpe:

- Doble vínculo: hermanos por cabezas/sobrinos por estirpes.
- Vínculo sencillo: hermanos por cabezas/sobrinos por estirpes.
- Ambos vínculos: hermanos de doble vínculo con sobrinos de vínculo sencillo, los primeros doble porción que los segundos. Dentro de cada estirpe, por cabezas.
- Ambos vínculos: hermanos de vínculo sencillo con los hijos de hermanos de doble vínculo, los segundos tomarán doble porción que los primeros. Dentro de la estirpe, por cabezas.

2. Colaterales hasta el cuarto grado[114].

---

[114] CC.
«Artículo 921. En las herencias, el pariente más próximo en grado excluye al más remoto, salvo el derecho de representación en los casos en que deba tener lugar.
Los parientes que se hallaren en el mismo grado heredarán por partes iguales, salvo lo que se dispone en el artículo 949 sobre el doble vínculo.

A falta de hermanos e hijos de hermanos, suceden los demás colaterales sin distinción de líneas ni preferencias por razón del doble vínculo o sencillo (excluyendo, eso sí, los de grado más próximo a los de más remoto). Es la investigación tanto de la línea paterna como de la materna de los tíos carnales (tercer grado) y primos hermanos (cuarto grado), pero teniendo en cuenta que, si todos los tíos han fallecido antes del causante, heredan los primos hermanos, pero si hay algún tío carnal vivo o que haya fallecido después del causante, solo heredaría este o sus herederos.

Según esquema de Ochoa Marco, Sebastián Chena y García Ramírez (2014: 105), serían los siguientes parientes:

- Hermanos del padre/madre: tíos carnales (3.er grado).
- Primos (hijos de hermanos del padre/madre): primos hermanos (4.º grado).
- Hermanos del abuelo/abuela: tíos segundos (4.º grado).
- Nietos de hermano: sobrinos segundos (4.º grado).

5. EL ESTADO

Quinto orden: el Estado.

Por último, a falta de los anteriores, sucede el Estado[115]. Siguiendo a Ochoa Marco, Sebastián Chena y García Ramírez

---

Artículo 954. No habiendo cónyuge supérstite, ni hermanos ni hijos de hermanos, sucederán en la herencia del difunto los demás parientes del mismo en línea colateral hasta el cuarto grado, más allá del cual no se extiende el derecho de heredar abintestato.

Artículo 955. La sucesión de estos colaterales se verificará sin distinción de líneas ni preferencia entre ellos por razón del doble vínculo».

115 CC.

«Sección 4ª De la sucesión del Estado

(2014: 106), es una adquisición *ipso iure* sin posibilidad de repudiar la herencia, a beneficio de inventario y exige declaración judicial de heredero. Queda repartida así:

- Un tercio para instituciones municipales del domicilio del difunto de beneficencia, instrucción, acción social y profesionales de carácter público o privado.
- Un tercio para instituciones provinciales de la provincia del difunto de beneficencia, instrucción, acción social y profesionales de carácter público o privado.

En estos dos casos, con preferencia de aquellas instituciones a las que el causante haya pertenecido por su profesión o haya consagrado su máxima actividad.

- Un tercio para la Caja de Amortización de la Deuda Pública (Tesoro Público).

Artículo 956. A falta de personas que tengan derecho a heredar conforme a lo dispuesto en las precedentes Secciones, heredará el Estado quien, realizada la liquidación del caudal hereditario, ingresará la cantidad resultante en el Tesoro Público, salvo que, por la naturaleza de los bienes heredados, el Consejo de Ministros acuerde darles, total o parcialmente, otra aplicación. Dos terceras partes del valor de ese caudal relicto será destinado a fines de interés social, añadiéndose a la asignación tributaria que para estos fines se realice en los Presupuestos Generales del Estado.
Artículo 957. Los derechos y obligaciones del Estado serán los mismos que los de los demás herederos, pero se entenderá siempre aceptada la herencia a beneficio de inventario, sin necesidad de declaración alguna sobre ello, a los efectos que enumera el artículo 1023.
Artículo 958. Para que el Estado pueda tomar posesión de los bienes y derechos hereditarios habrá de preceder declaración administrativa de heredero, adjudicándose los bienes por falta de herederos legítimos».

Figura 7: Herederos forzosos y no forzosos en el Código Civil

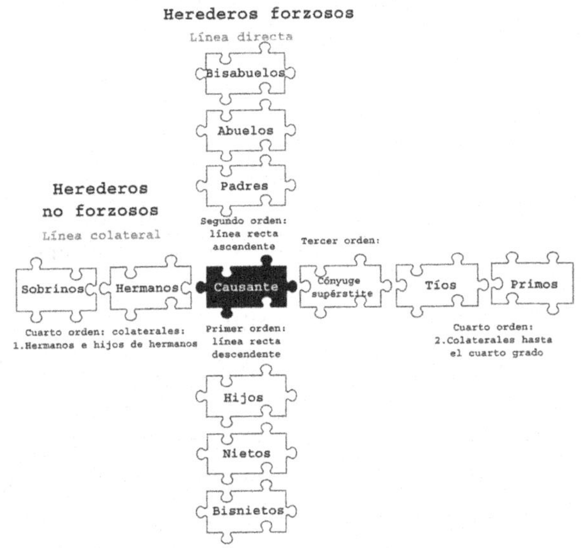

Fuente imagen: elaboración propia.

6. ARTÍCULO 1006 DEL CÓDIGO CIVIL

El artículo 1006 del CC establece la sucesión *ius transmisionis* o por derecho de transmisión: «Por muerte del heredero sin aceptar ni repudiar la herencia pasará a los suyos el mismo derecho que él tenía».

Cuando se produce una postmoriencia del heredero respecto del causante antes de aceptar o repudiar la herencia, antes de fallecer «transmite entonces a sus herederos el *ius adeundi vel repudiandi* que no ejercitó en vida, derecho que como uno más integra la masa hereditaria de la persona a quien se sucede» (Iglesia Prados, 2012: 135).

Hay dos diferentes sucesiones *mortis causa*, la sucesión en el *ius delatonis* y la sucesión posterior en la herencia del primer causante. El mecanismo de este modo, explicado por este autor (Iglesia Prados, 2012: 135), consiste en que:

a) Un primer causante fallece, causando el llamamiento de sus sucesores a heredar.

b) Su posible heredero testamentario o intestado, titular del *ius delationis,* antes de aceptar o repudiar la herencia del anterior muere, formando parte de su patrimonio aquel *ius delationis,* que se trasmite con todo lo demás a sus herederos testamentarios o intestados. Se convierte así en un segundo causante o transmitente.

c) Si estos, a su vez, aceptan la herencia de su causante (segundo causante) adquieren formando parte del patrimonio de este, el derecho a aceptar o repudiar la herencia del primero. A estos herederos se les conoce como transmisarios.

El derecho de transmisión sirve para ampliar el derecho de heredar, limitado hasta el cuarto grado en la sucesión intestada en la línea colateral. De esta forma, el artículo 1006 del CC suele aplicarse, por ejemplo, cuando los herederos del causante son sus primos hermanos (transmitente, cuarto grado) y estos posmueren al causante original sin haber aceptado o repudiado su herencia, con lo que pueden heredar los herederos de estos primos (transmisarios).

Dentro de la genealogía sucesoria el artículo 1006 es utilizado con frecuencia ya que ayuda a la búsqueda de un heredero legítimo y, además, «es un gran desconocido dentro del mundo de las sucesiones, inclusive para los propios abogados y notarios» (Grupo Hereda, 2016).

7. EL ÁRBOL GENEALÓGICO SUCESORIO

En la investigación genealógica sucesoria se distinguen dos etapas: la primera, relacionada con el análisis de las fuentes para la recolección de la información; y la segunda, donde se plasman todos los datos en un árbol genealógico.

El árbol genealógico es la representación gráfica de las relaciones entre los miembros de una familia, es decir, de los ascendientes, descendientes y colaterales de una persona. En genealogía sucesoria permite comprender las filiaciones entre el causante y sus herederos sin tener que leer todos los certificados del Registro Civil, aunque estos sean de suma importancia para poder tramitar la herencia. Tanto el árbol genealógico como toda la documentación se presentan ante el notario.

Son variados los tipos de representaciones gráficas que se usan: ascendencia, descendencia, horizontal, con o sin representación heráldica, en forma de árbol, de planta, de castillo, de fuente, de cadena, de pirámide o un simple esquema. Para la genealogía sucesoria bastará con un árbol lo más simple posible y visual para poder conocer las filiaciones de la manera más clara.

En el mercado existen diferentes aplicaciones informáticas que permiten realizar árboles genealógicos utilizando plantillas ya preestablecidas, tanto gratuitas como de pago. Entre estas herramientas en línea podemos destacar las webs de varias organizaciones que, como veremos en los siguientes capítulos, vamos a utilizarlas también como fuentes de información para nuestras investigaciones:

- Family Tree Builder <https://www.myheritage.es/family-tree-builder>: herramienta gratuita de MyHeritage, permite crear y guardar árboles genealógicos *online* (con o sin sincronización con la web), y acceder a registros históricos y pruebas de ADN.
- FamilySearch <https://www.familysearch.org/es/>: web operada por la Iglesia de Jesucristo de los Santos de los Últimos Días.
- Geni <https://www.geni.com/>: tiene como finalidad invitar al mundo a construir el árbol genealógico definitivo en línea. En noviembre de 2012, Geni fue adquirida por MyHeritage.

VIII. Fuentes OSINT en la investigación genealógica

1. FUENTES DOCUMENTALES DE ARCHIVOS

En el capítulo sobre clasificación de fuentes de información OSINT se describieron las fuentes primarias como aquellas que contienen información original y «no han recibido ningún tipo de tratamiento» (Jiménez Villalonga, 2019: 105) o «sufrido ningún proceso de transformación o cambio» (López-Carreño, 2017: 27). Entre ellas se distinguen las fuentes escritas no publicadas, es decir, las fuentes documentales de archivos.

Para la investigación en genealogía sucesoria, estas fuentes primarias son prioritarias y se corresponden con todos los documentos oficiales que se encuentran custodiados en archivos, que han sido elaborados por entidades públicas y privadas que registran ciertos hechos —relacionados con los nacimientos, bautismos, matrimonios, defunciones, testamentos, etc.— y que, generalmente, fueron creados en el momento del hecho. El Registro Civil es la fuente primaria principal para obtener los certificados que nos va a solicitar el notario para poder tramitar la herencia. Cuando por ciertos problemas no tenemos datos exactos de fechas y lugares y el Registro Civil no localiza estos asientos, hay que echar mano de otros archivos que nos ayuden a encontrar con más precisión esta información para poder conseguirlos.

Según el *Diccionario de terminología archivística* de la Subdirección General de los Archivos Estatales (1995), el concepto *archivo* tiene tres acepciones: (1) Conjunto orgánico de documentos producidos y/o recibidos en el ejercicio de sus funciones por las personas físicas o jurídicas, públicas y privadas. (2) La institución cultural donde se reúnen, conservan, ordenan y difunden los conjuntos orgánicos de documentos para la gestión administrativa, la información, la investigación y la cultura. (3) El local donde se conservan y consultan los conjuntos orgánicos de documentos.

En este *Diccionario* se recoge también la tipología de archivos existente en función del organismo productor, el ámbito geográfico de sus fondos, la personalidad o titularidad jurídica de la institución productora y el ciclo vital de los documentos[116]. Para nuestras investigaciones se van a utilizar todo tipo de archivos (públicos y privados) dentro de esta diversa clasificación, que albergan diferentes tipos de documentación: civil, militar, eclesiástica, notarial, etc. En este sentido, el *Diccionario* define archivo público y privado de esta manera:

> Archivo público: conjunto orgánico de documentos producidos y/o recibidos en el ejercicio de sus funciones por las personas físicas o jurídicas en el transcurso de actividades administrativas regidas por el derecho público. Desde el punto de vista de la consulta es aquel cuyos fondos son accesibles de acuerdo con la reglamentación establecida.
>
> Archivo privado: conjunto orgánico de documentos producidos y/o recibidos en el ejercicio de sus funciones por las personas físicas o jurídicas en el transcurso de actividades no regidas por el derecho público.

---

[116] Tipos de archivos según a) organismo productor, los archivos pueden ser de la Administración central, periférica, autonómica, local, municipal, judicial, militar, eclesiástica, etc.; b) ámbito geográfico de sus fondos: nacionales, provinciales, de distrito, municipales, regionales o autonómicos, supranacionales, etc.; c) personalidad o titularidad jurídica de la institución productora: archivos públicos y privados, según el tipo de derecho al que se adscribe el organismo productor de los fondos documentales —derecho público o derecho privado—. Los archivos se dividen en públicos o privados, de acuerdo con su órgano productor, ámbito de sus fondos y personalidad jurídica; d) ciclo vital de los documentos: pueden ser archivos de oficina o de gestión, centrales, intermedios o históricos.

En función del organismo productor, los archivos públicos serían todos los correspondientes a las diferentes Administraciones públicas españolas:

- Archivos de titularidad estatal: Administración central y periférica.
- Archivos de titularidad autonómica: Administración autonómica.
- Archivos de titularidad local: Administración local.

Dentro de los archivos privados, los eclesiásticos son los que más vamos a frecuentar, sobre todo aquellos que reúnen los fondos documentales producidos por los órganos de la Iglesia católica, específicamente los archivos del clero secular: archivos diocesanos y catedralicios o capitulares (cabildo) en el ámbito supraprovincial; archivos parroquiales, en el ámbito local. En cuanto a archivos privados civiles, a veces es necesario también acudir a los fondos de algunas entidades y asociaciones de carácter sindical o de partidos políticos.

Cabe destacar también los archivos de protocolos, que es imprescindible tenerlos controlados, sobre todo cuando el causante ha otorgado testamento. El *Diccionario* los describe así:

> Archivo de protocolos: conjunto orgánico de documentos producidos por la actividad de uno o varios notarios de un mismo distrito y que se mantienen en este archivo bajo la custodia del notario-archivero hasta que transcurre un período de cien años, fecha en que se transfieren al archivo histórico provincial correspondiente.

Por lo tanto, es diversa la tipología de archivos que se encuentran. Para orientarse sobre el contenido de sus fondos documentales los instrumentos de control y descripción reflejan el cuadro de clasificación, el fondo, la serie y la unidad documental. En la actualidad, muchos de estos archivos tienen a disposición la consulta en línea de su patrimonio documental y pueden conocerse por medio del *Censo-guía de archivos de España e Iberoamérica*, del Ministerio de Cultura[117].

2. REGISTRO CIVIL

A la hora de empezar nuestra investigación para elaborar el árbol genealógico sucesorio, la primera fuente documental a la que se debe acudir es al Registro Civil, que se configura como una de las fuentes contemporáneas más fiables. Tras la expulsión de la reina Isabel II surge por ley en 1870[118], con la separación oficial de la Iglesia y del Estado, aunque ya en algunos municipios venía funcionando desde antes un prerregistro civil[119].

117 *Censo-guía de archivos de España e Iberoamérica* <http://censoarchivos.mcu.es/CensoGuia/portada.htm>.

118 Ley Provisional 2/1870, de 17 de junio, del Registro Civil (*Gaceta de Madrid*, n.º 171, de 20 de junio de 1870) <https://www.boe.es/gazeta/dias/1870/06/20/pdfs/GMD-1870-171.pdf>;
Reglamento para la ejecución de las leyes de matrimonio y Registro Civil (*Gaceta de Madrid*, n.º 348, de 14 de diciembre de 1870) <https://www.boe.es/buscar/doc.php?id=BOE-A-1870-9848>.

119 Espín Cánovas (1969: 119-120): «Los antecedentes de los Registros civiles o del Estado en orden a las personas se encuentran en la ruptura de la unidad religiosa de Occidente: en Inglaterra en 1653 el Parlamento seculariza el matrimonio y establece un Registro civil. Es curioso que en Francia Luis XVI en 1787, al permitir a los protestantes libre ejercicio de su culto, crea también un Registro civil, ya que dispone que los nacimientos, matrimonios y defunciones de los protestantes se inscribiesen ante los oficiales de la Justicia real. Pero fue la Revolución francesa la que creó y generalizó el Registro civil al disponer la Constituyente en la Constitución de 179-1 (art. 7.0, tít. II) que los nacimientos, matrimonios y defunciones de todos los habitantes sin distinción de confesión religiosa se inscribiesen por funcionarios públicos encargados de extender y conservar las actas en sus Registros. La ley de 20 de septiembre de 1792 cumple el mandato constitucional creando los Registros civiles que confía a los Ayuntamientos. Y en 1804

Antes de la entrada en vigor el 30 de abril de 2021 de la nueva ley del Registro Civil, este se dividía en cuatro secciones[120]. Para la genealogía sucesoria solo interesan tres:

- Nacimientos: los asientos reflejan el nombre y los dos apellidos del nacido, fecha y lugar del hecho, sexo, nombre completo de los padres y de los abuelos paternos y maternos y el lugar de residencia de los padres.
- Matrimonios: en las actas se indica la fecha y lugar del enlace, nombre completo de los novios, así como su estado civil, profesión, nacionalidad, fecha y lugar de nacimiento, nombres de los padres y residencia. Se añade si hubo ceremonia religiosa y la parroquia donde tuvo lugar.
- Defunciones: los certificados incluyen nombre y apellidos del difunto, nombre de los padres, estado civil, fecha de nacimiento, domicilio último, datos de la defunción (como hora, día y lugar), edad, causa de la muerte (en las inscripciones antiguas), lugar de enterramiento, persona que hace la declaración y otros datos, como nombre del cónyuge e hijos, si otorgó testamento y testigos.

El impulso a la informatización de los registros civiles y digitalización de sus archivos se ha traducido en la implantación de diferentes aplicaciones informáticas en el Registro Civil como INFOREG[121]. Este sistema de información está siendo sustituido

---

el Código Napoleón recoge esta ley en sus líneas generales (arts. 34 a 107), sirviendo de modelo a numerosos Códigos civiles».

120 Ley 20/2011, de 21 de julio, del Registro Civil (TOL2.166.566) por la que se «suprime el tradicional sistema de división del Registro Civil en Secciones —nacimientos, matrimonios, defunciones, tutelas y representaciones legales— y crea un registro individual para cada persona a la que desde la primera inscripción que se practique se le asigna un código personal».

121 INFOREG <https://www.administraciondejusticia.gob.es/-/soluciones-informacion-registros-civiles-inforeg>.

por DICIREG[122]. Se debe recordar que las actuaciones del Registro Civil en España son gratuitas y, tal y como se señala en la web del Ministerio de Justicia, los ciudadanos pueden obtener directamente sus certificaciones accediendo a la Sede Electrónica sin coste alguno, ya que no están sometidas al pago de ninguna tasa o derecho. El mismo Ministerio advierte que no tiene ninguna relación con las páginas webs comerciales que ofrecen a los ciudadanos la obtención de dichas certificaciones a cambio de un precio.

3. DOCUMENTACIÓN ECLESIÁSTICA

Desde el Concilio de Trento (1545-1563), la Iglesia católica impuso la obligatoriedad de registrar los sacramentos en el seno de su jurisdicción. De esta forma, todas las parroquias comenzaron a inscribir las partidas de bautismo, matrimonios y entierros, por lo que los registros parroquiales se han convertido en la fuente principal de información en un período de tiempo en el que no existía el Registro Civil. La tipología documental de los archivos parroquiales es variada, pero, para la investigación en genealogía sucesoria, los documentos que nos interesan son los siguientes:

- Partidas sacramentales de bautismos, matrimonio, defunciones y confirmaciones (estas últimas inscritas en los libros de bautismos).
- Dispensas de matrimonio: expedientes de consanguinidad/afinidad.

Los libros parroquiales se guardan tanto en los archivos diocesanos como en los parroquiales. El acceso a estos últimos dependerá de la permisividad del párroco. La *Guía de los archivos*

---

122 DICIREG <https://www.mjusticia.gob.es/es/JusticiaEspana/ProyectosTransformacionJusticia/Documents/202202 [DIGIREG].pdf>.

de la Iglesia de España (2001)[123] contiene la descripción de los fondos documentales de los archivos eclesiásticos: catedralicios, diocesanos, monásticos y conventuales y parroquiales. Asimismo, en la web de la Conferencia Episcopal Española[124] se muestra el listado de diócesis en España.

La parroquia y la diócesis son fundamentales para la localización de las partidas sacramentales, puesto que los documentos con menos de cien años se custodian en el archivo parroquial, y los de más de cien años, en el archivo diocesano, pero en la práctica esto a veces no se cumple. Mientras que la parroquia es la unidad básica en la delimitación del territorio de la Iglesia católica, la diócesis es una circunscripción eclesial, un territorio gobernado por un obispo.

La provincia eclesiástica es la agrupación de diócesis. En España hay setenta diócesis en catorce provincias eclesiásticas, además del Arzobispado Castrense, que no se corresponden ni con las provincias civiles ni con las comunidades autónomas. En cada provincia eclesiástica hay una diócesis con un rango superior a las demás —normalmente por cuestiones históricas— llamada archidiócesis metropolitana, por lo que hay catorce archidiócesis (Gómez, 2024; Conferencia Episcopal Española, s. f.).

A continuación, se enumeran las provincias eclesiásticas con sus correspondientes diócesis, señalando en algunas de ellas si hay documentación digitalizada e indexada que se pueda consultar en línea para nuestras investigaciones, aunque esta información puede haber variado, ya que continuamente los archivos históricos diocesanos están digitalizando sus fondos.

123 *Guía de los archivos de la Iglesia de España* (2001) <https://www.culturaydeporte.gob.es/dam/jcr:f28cc317-7893-40a3-9561-d821b6caf030/archivosiglesia.pdf>.

124 Conferencia Episcopal Española <https://www.conferenciaepiscopal.es/diocesis/>.

Andalucía

La provincia eclesiástica de Granada está formada por la Archidiócesis de Granada y las diócesis de Almería, de Cartagena, de Guadix, de Jaén y de Málaga. Se puede encontrar documentación digitalizada tanto en FamilySearch[125] como en la *Revista Códice* de la Asociación de Amigos del Archivo Histórico Diocesano de Jaén[126].

La provincia eclesiástica de Sevilla la componen la Archidiócesis de Sevilla y las diócesis de Asidonia-Jerez, de Cádiz y Ceuta, de Canarias, de Córdoba, de Huelva y de Tenerife. Se puede consultar documentación en FamilySearch y en la Institución Colombina, que gestiona desde 1992 los archivos y bibliotecas de la Archidiócesis y de la Catedral de Sevilla[127].

Aragón

La provincia eclesiástica de Zaragoza se corresponde con la Archidiócesis de Zaragoza y las diócesis de Barbastro-Monzón, de Huesca, de Tarazona, de Teruel y Albarracín. La Diócesis de Jaca (Huesca) pertenece a la provincia eclesiástica de Pamplona y Tudela.

Por distintos motivos, hay algunos libros parroquiales que no se conservan en archivos eclesiásticos (Generelo, 2016):

- Parroquia de Fonz (Diócesis de Barbastro-Monzón). En el Archivo del Palacio de los Barones de Valdeolivos en Fonz se custodian diecisiete libros comprendidos entre 1565 y 1897, además del resto del archivo parroquial. Pueden consultarse sus referencias en DARA (Documentos y Archivos de Aragón)[128].

---

[125] FamilySearch <https://www.familysearch.org/es/>.

[126] *Revista Códice* <https://www.revistacodice.es/busquedas.htm>.

[127] Archivo de la Catedral y Archivo General del Arzobispado <http://www.icolombina.es/>.

[128] DARA <https://dara.aragon.es/dara/>.

- Parroquia de Sena (Diócesis de Barbastro-Monzón). En el Archivo Histórico Provincial de Huesca hay tres libros comprendidos entre 1619 y 1890. Se encuentran digitalizados en DARA.

En el Centro Comarcal de Patrimonio Digital[129] se visualizan los libros parroquiales de Nuestra Señora de Los Ángeles de Pedrola (Zaragoza).

Asturias

La provincia eclesiástica de Oviedo la forman la Archidiócesis de Oviedo y las diócesis de Astorga, de León y de Santander. Esta última con información consultable en FamilySearch.

Cantabria

La Diócesis de Santander pertenece a la provincia eclesiástica de Oviedo (Asturias).

Castilla-La Mancha

La provincia eclesiástica de Toledo integra la Archidiócesis de Toledo y las diócesis de Albacete, de Ciudad Real, de Cuenca y de Sigüenza-Guadalajara, la mayoría de ellas con registros parroquiales digitalizados en FamilySearch.

---

129 Centro Comarcal del Patrimonio Digital <http://patrimoniodigitalrialebro.com/el-proyecto/>.

Castilla y León

La provincia eclesiástica de Burgos incluye la Archidiócesis de Burgos y las diócesis de Bilbao, de Osma-Soria, de Palencia y de Vitoria.

El Archivo Diocesano de Burgos ofrece el servicio de búsqueda de partidas sacramentales, previo pago. También se puede localizar información en el Archivo Histórico de la Catedral Burgos (Fundación Caja Círculo)[130]. El Valle de Mena, situado al norte de la provincia de Burgos, perteneció a la Diócesis de Santander, por lo que sus registros parroquiales se conservan en el Archivo Diocesano de Santander.

En la Diócesis de Bilbao se localiza información en línea en el Archivo Histórico Eclesiástico de Bizkaia[131] y en la web de Badator-Euskadiko Artxibo Historikoa por medio del portal Dokuklik para la consulta en línea de la documentación de los archivos históricos vascos[132].

En la Diócesis de Palencia su Archivo Histórico Diocesano tiene a disposición el archivo diocesano digital *online* (ADDO)[133].

La Diócesis de Vitoria tiene documentación en línea en la propia web del Archivo Histórico Diocesano de Vitoria[134] como en Badator[135].

---

130 Fundación Caja Círculo <https://www.fundacioncajacirculo.es/AHCB.php?fbclid=IwAR0lHvCDygxpR4FP5aVW-VR5dtLTRFOlZzB5R9hZeIHXaAykzFBIwfJ7GY>.

131 AHEB <https://internet.aheb-beha.org/paginas/indexacion/n_indexacion.php>

132 Badator <https://www.artxibo.euskadi.eus/webartxi00-container/es/ad53aArchivoHistoricoWar/sacramentales/maintSimple?locale=es>.

133 ADDO <https://archivodiocesanopalencia.es/archivo-sacramental-digital/>.

134 AHDV <http://internet.ahdv-geah.org/paginas/portada/n_portada.php?idioma_cook=ca#buscar>.

135 Badator <https://www.artxibo.euskadi.eus/webartxi00-container/es/ad53aArchivoHistoricoWar/sacramentales/maintSimple?locale=es>.

Por otro lado, la provincia eclesiástica de Valladolid está compuesta por la Archidiócesis de Valladolid y las diócesis de Ávila, de Ciudad Rodrigo, de Salamanca, de Segovia y de Zamora. También consultables en FamilySearch. Y para Salamanca, en la web de Hispagen.

Pertenecen a la provincia eclesiástica de Oviedo las diócesis de Astorga (León) y de León.

Cataluña

En la provincia eclesiástica de Barcelona se encuentran la Archidiócesis de Barcelona y las diócesis de Sant Feliú de Llobregat y de Terrassa, todas con partidas digitalizadas en FamilySearch.

Y en la provincia eclesiástica de Tarragona, la Archidiócesis de Tarragona y las diócesis de Girona, de Lleida, de Solsona, de Tortosa, de Urgell y de Vic.

La Archidiócesis de Tarragona tiene documentación digitalizada en su propio Archivo Histórico Archidiocesano[136] y hay algunos pueblos de esta archidiócesis que actualmente pertenecen a Lleida.

Para la Diócesis de Girona se encuentra documentación en línea en el Archivo Diocesano de Girona[137] y FamilySearch. Y para la Diócesis de Tortosa, en la Biblioteca Balmes se localiza el Arxiu Parroquial de Gandesa (1564-1900)[138].

---

136 AHAT <http://www.ahat.cat/es/>.

137 ADG <https://www.arxiuadg.org/index.php/arxius/parroquies>.

138 Biblioteca Balmes <http://cataleg.bibliotecabalmes.cat/cgi-bin/koha/opac-detail.pl?biblionumber=17780&shelfbrowse_itemnumber=15410&fbclid=IwAR0IGr4IJeyMt2q-YZYDxJyKhjOFCfHd7VrRQH2nHfIvCp08ce07cdRYmjI#shelfbrowser>.

Ceuta

Pertenece a la Diócesis de Cádiz y Ceuta (provincia eclesiástica de Sevilla).

Comunidad Valenciana

La provincia eclesiástica de Valencia tiene la siguiente composición: Archidiócesis de Valencia y diócesis de Ibiza, de Mallorca, de Menorca, de Orihuela-Alicante y de Segorbe-Castellón.

La Archidiócesis de Valencia tiene contenido digitalizado e indexado en su propia web, Archivos parroquiales de Valencia[139], y en la Asociación Raíces Reino de Valencia[140]. En la Diócesis de Mallorca se pueden consultar los registros sacramentales de la catedral[141].

Para la Diócesis de Orihuela-Alicante, tanto en el Archivo Diocesano de Orihuela[142] como en la Asociación Raíces Reino de Valencia y FamilySearch, se localizan partidas sacramentales. Y para la Diócesis de Segorbe-Castellón, en el Archivo Diocesano de Segorbe-Castellón[143] y en la Asociación Raíces Reino de Valencia.

---

139 Archivos parroquiales de Valencia <https://www.arxparrvalencia.org/genealogiac.php>.

140 Asociación Raíces Reino de Valencia <https://www.raicesreinovalencia.com/>.

141 Registros sacramentales de la catedral <https://blog.catedraldemallorca.org/category/archivo/>.

142 Archivo Diocesano de Orihuela <https://archivodiocesano.com/servicios-de-documentacion/archivo-digital/>.

143 Archivo Diocesano de Segorbe-Castellón <https://www.archivo-obsegorbecastellon.es/index.php/indexacion>.

Extremadura

Se puede localizar contenido digitalizado de la provincia eclesiástica de Mérida-Badajoz en la web de FamilySearch, tanto para la Archidiócesis de Mérida-Badajoz como para las diócesis de Coria-Cáceres y de Plasencia. Asimismo, en el Centro Cultural de Almendralejo hay microfilmados muchos archivos parroquiales.

Galicia

La provincia eclesiástica de Santiago de Compostela la componen la Archidiócesis de Santiago de Compostela y las diócesis de Lugo (FamilySearch), de Mondoñedo-Ferrol, de Ourense, y de Tui-Vigo. Algunos municipios gallegos caen dentro de la jurisdicción eclesiástica de otras diócesis cuya capital no se encuentra en la comunidad autónoma de Galicia:

- Diócesis de Astorga (Castilla y León).
- Archidiócesis de Oviedo (Asturias).

Islas Baleares

Pertenecen a la provincia eclesiástica de Valencia las diócesis de Ibiza, de Mallorca y de Menorca.

Islas Canarias

Dependen de la provincia eclesiástica de Sevilla las diócesis de Canarias y de Tenerife.

La Rioja

Se integran en la provincia eclesiástica de Pamplona y Tudela las diócesis de Calahorra (La Rioja) y de La Calzada-Logroño (La Rioja).

Madrid

La Archidiócesis de Madrid y las diócesis de Alcalá de Henares y de Getafe conforman la provincia eclesiástica de Madrid. Para la Archidiócesis se encuentra el repositorio digital del Archivo Histórico Diocesano de Madrid, donde se pueden consultar los libros sacramentales[144].

Melilla

Pertenece a la Diócesis de Málaga (provincia eclesiástica de Granada).

Murcia

La Diócesis de Cartagena pertenece a la provincia eclesiástica de Granada, y la Diócesis de Orihuela-Alicante, a la de Valencia.

Navarra

La provincia eclesiástica de Pamplona y Tudela está integrada por la Archidiócesis de Pamplona-Tudela y las diócesis de Calahorra, de Jaca, de La Calzada-Logroño y de San Sebastián. Para esta última diócesis, el Archivo Histórico Diocesano de San Sebastián[145] y la web de Badator-Euskadiko Artxibo Historikoa Dokuklik[146] disponen de un buscador de registros sacramentales.

---

144 Archivo Histórico Diocesano de Madrid <http://88.2.213.16/portalArchivo/controladorconopac?usr=null>.

145 Archivo Histórico Diocesano de San Sebastián <https://artxiboa.mendezmende.org/es/busque-partidas-sacramentales.html>.

146 Badator <https://www.artxibo.euskadi.eus/webartxi00-container/es/ad53aArchivoHistoricoWar/sacramentales/maintSimple?locale=es>.

País Vasco

Pertenecen a la provincia eclesiástica de Burgos, las diócesis de Bilbao y de Vitoria; y la Diócesis de San Sebastián, a la de Pamplona y Tudela.

4. DOCUMENTACIÓN JUDICIAL

La documentación judicial en la época contemporánea es el reflejo de la organización judicial realizada a lo largo del siglo XIX con la formación de nuevas instituciones y órganos de justicia como el Tribunal Supremo, las audiencias territoriales y provinciales, los juzgados de primera instancia e instrucción y los juzgados municipales, así como la creación del Ministerio Fiscal (Canorea Huete, 2020: 107-108). Conocer la conformación del sistema archivístico judicial actual facilita la correcta localización de las fuentes judiciales contemporáneas, tal y como explica este autor (2020: 115). De esta forma, el Real Decreto 937/2003 de Modernización de los Archivos Judiciales (TOL293.297) establece las bases del sistema archivístico judicial.

La tipología documental judicial es diversa según se trate de procesos en materia civil (demandas) o penal (denuncias, querellas). Los documentos producidos por los diferentes órganos judiciales pueden conservarse en el archivo del propio órgano o en otros archivos como el Archivo General de la Administración, el Archivo Histórico Nacional, archivos históricos provinciales, Chancillería de Granada y de Valladolid, archivos municipales o archivos regionales.

Así, por ejemplo, para nuestras investigaciones, en casos contados tendremos que localizar cierta documentación para indagar datos:

- Expedientes de divorcio (1932-1938): archivos históricos provinciales.

- Causas criminales/penales o civiles: archivos judiciales, archivos históricos provinciales, archivos de las Reales Chancillerías de Granada y de Valladolid (PARES), Archivo General de la Administración (PARES) o Archivo Histórico Nacional (PARES).
- Causa General: Archivo Histórico Nacional (PARES), Centro Documental de la Memoria Histórica (PARES).
- Expedientes de responsabilidades políticas: archivos históricos provinciales, Archivo Histórico Nacional (PARES) o archivos de las Reales Chancillerías.
- Juicios de faltas: archivos municipales.

5. DOCUMENTACIÓN MILITAR

En la investigación genealógica sucesoria puede que tengamos que acercarnos a este tipo de documentación por varias causas: la propia profesión de la persona investigada (militar) o como encausada en algún juicio militar. La documentación militar se encuentra en los archivos militares[147]. El Sistema Archivístico de la Defensa[148] se divide en los siguientes subsistemas, correspondientes a los tres cuerpos: Armada, Ejército de Tierra y Ejército del Aire y del Espacio. El cuarto subsistema es el del Órgano Central del Ministerio, que abarca todos los demás organismos dependientes del Ministerio de Defensa no incluidos en los anteriores.

El Archivo Eclesiástico del Arzobispado Castrense de España aglutina los Archivos Eclesiásticos del Ejército de Tierra, de la Armada

---

147 Archivos militares <http://www.ejercito.mde.es/unidades/Madrid/ihycm/Archivos/index.html>.

148 Real Decreto 2598/1998, de 4 de diciembre, por el que se aprueba el Reglamento de Archivos Militares (BOE, n.º 303, de 19 de diciembre de 1998) <https://www.boe.es/eli/es/rd/1998/12/04/2598/con>.

y del Ejército del Aire y del Espacio[149], que recogen los Registros Generales de Libros Sacramentales[150]. En el Archivo General Militar de Segovia se conservan los expedientes personales de profesionales referentes a oficiales (hojas de servicio, etc.); mientras que en el Archivo General Militar de Guadalajara, los pertenecientes a la tropa.

En cuanto a los Archivos Judiciales Militares[151], cabe destacar, por ejemplo, el Archivo General e Histórico de Defensa de Madrid[152], que custodia los «Expedientes judiciales de las Auditorías de Guerra y Tribunales Militares acumulados por el Tribunal Militar Territorial Primero, entre 1936-1970 (Alicante, Castellón, Valencia, Cuenca, Albacete, Toledo, Badajoz, Cáceres, Segovia, Ávila, Ciudad Real, Madrid)». Son los procedimientos judiciales (juicios sumarísimos) incoados por la justicia militar a raíz de la Guerra Civil y durante la etapa franquista. En el Archivo Histórico del Ejército del Aire y del Espacio se encuentran los «Expedientes de depuración del personal civil al servicio de la aviación militar (1939-1942)» y los «Procedimientos de la justicia militar contra el personal militar que luchó en la aviación republicana durante la Guerra Civil (1936-1945)»[153].

La documentación judicial militar es, quizás, el tipo de documentación que más veces tendremos que utilizar para investigar

---

149 Archivo Eclesiástico del Arzobispado Castrense de España <https://www.arzobispadocastrense.com/inquietud-vocacional/archivos-eclesiasticos>.

150 Archivo Eclesiástico del Ejército de Tierra. Registro General de Libros Sacramentales <https://patrimoniocultural.defensa.gob.es/es/centros/archivo-eclesiastico-ejercito-tierra/colecciones>.

151 Archivos Judiciales Militares <https://www.defensa.gob.es/jurisdiccionmilitar/servicios/archivosjudiciales/>.

152 Archivo General e Histórico de Defensa de Madrid: Causas judiciales <https://patrimoniocultural.defensa.gob.es/es/centros/archivo-general-historico-defensa/documentos>.

153 Archivo Histórico del Ejército del Aire <https://www.mpr.gob.es/memoriademocratica/archivos-estatales/Paginas/Guias/Guiadecensosdevictimas/Ministerios/MinisteriodeDefensa/archivo-historico-del-ejercito-del-aire.aspx>.

las herencias yacentes, sobre todo documentación del siglo XX y relacionada con las víctimas de la Guerra Civil, y ya en período de paz, los represaliados por la dictadura. Respecto a este punto, en el capítulo siguiente, dedicado a otras fuentes de información en la investigación genealógica, hay un apartado relativo a la memoria histórica y memoria democrática.

6. DOCUMENTACIÓN MUNICIPAL Y PROVINCIAL

Los archivos de los ayuntamientos y diputaciones provinciales conservan y custodian este tipo de documentación. La documentación municipal y provincial que más se suele utilizar son los censos electorales, los padrones y censos de población, el prerregistro civil (1840-1870) o las quintas y, en menor medida, las entradas y salidas de expósitos en las casas cuna o instituciones de beneficencia o los socorros de lactancias. A continuación, se detallan algunas de estas series documentales.

Censos electorales

Es un registro general de personas con derecho a voto (DRAE, 2024). Históricamente, el derecho de sufragio ha estado vinculado a los hombres. Como excepción, el censo electoral de 1932 fue el primero en la historia de España donde apareció información respecto al sexo del elector, ya que se incluyó a todos los ciudadanos mayores de edad (23 años), tanto hombres como mujeres. Así, por ejemplo, los censos electorales de Aragón (1890-1955) aparecen digitalizados e indexados en diferentes webs[154]. Suelen custodiarse en los archivos de las diputaciones provinciales.

---

[154] Censos electorales de Aragón: DARA (Documentos y Archivos de Aragón) <http://www.sipca.es/dara/censos/index.jsp>.

Padrones

Los padrones son el registro administrativo de los vecinos de un municipio (DRAE, 2024), ordenados por el nombre y números de las vías, donde se plasma el nombre y apellidos, edad, sexo y profesión de todos los habitantes de una casa. Los padrones y censos de población se localizan en los archivos municipales, diocesanos, históricos provinciales o de diputaciones provinciales. Como ejemplo, en el Archivo Municipal de Mieres[155] (Asturias) se custodian variados documentos sobre registro civil, padrón de habitantes, reclutamientos o censos electorales.

Prerregistro civil (1840-1870)

Los libros del prerregistro civil registrados en algunos municipios de España se conservan en los archivos históricos municipales o en los de las diputaciones provinciales. En la actualidad, muchos de estos archivos han digitalizado estos fondos y los han puesto a su disposición en línea. A continuación, se mencionan algunos ejemplos, ya que es imposible dar cuenta de todos.

a) Archivo documental de la Asociación de Genealogía Hispana (Hispagen): hay una serie de índices de este prerregistro de diversos municipios[156]:

Genealogía e historia familiar <http://genealogiaherramientas.blogspot.com/2014/06/censos-electorales-microfilmados-o.html>.
FamilySearch: censos indexados de Aragón <https://www.familysearch.org>.
Huesca. Censo electoral <https://en.geneanet.org/archival-registers/fonds/?id_filter_block=search-filter-geo&loc_1=ESP&loc_2=ESP%23HCA&size=10>.

155 Archivo Municipal de Mieres <https://a3w-aytomieres.odilo.es/portalArchivo/seleccionopac?action=inicio&OP=OP999&usr=consulta&PT=PT000001>.

156 Hispagen <http://hispagen.es/index.php/archivo-documental>.

- Sevilla: matrimonios y defunciones (1841-1882).
- Marchena (Sevilla): nacimientos, matrimonios y defunciones (1841-1870).
- Carmona (Sevilla): nacimientos, matrimonios y defunciones (1841-1870).
- Lebrija (Sevilla): nacimientos, matrimonios y defunciones (1841-1870).

b) Archivo de la Diputación de Almería[157]: se puede encontrar información del Ayuntamiento de Berja sobre nacimientos, matrimonios y defunciones (1841-1870).

c) Archivo Municipal de Gijón[158]: documentación digitalizada del registro civil municipal y padrones de habitantes.

d) Archivo Municipal de Requena (Valencia)[159]: digitalización del prerregistro civil.

e) Registro civil de Barcelona, Córdoba, Jaén, Sevilla, Cáceres o Segovia: digitalizados en la web de FamilySearch.

f) En el Ayuntamiento de Huelva, en la Sección Registro Civil, Estadística y Quintas[160], se señala la documentación digitalizada, consultable en la web de FamilySearch:

- Libros registro de defunciones (1841-1870).

---

157 Archivo de la Diputación de Almería <http://www.dipalme.org/Servicios/Informacion/Informacion.nsf/referencia/Ayuntamiento+de+Berja+Ayto.Berja+029-IF-ARCH-PATR-REGISTROCIVIL>.

158 Archivo Municipal de Gijón < https://www.gijon.es/es/directorio/archivo-municipal-de-gijon>.

159 Archivo Municipal de Requena: Prerregistro civil <https://www.requena.es/sites/www.requena.es/files/Departamentos/archivo/registrocivil/registros.html>.

160 Ayuntamiento de Huelva <https://www.huelva.es/portal/es/secci%C3%B3n-registro-civil-estad%C3%ADstica-y-quintas>.

- Declaraciones de defunción (1870-1921).
- Libros registro de matrimonios (1836-1870).
- Libros registro de nacimientos (1841-1870).
- Censos de población (1898-1920).
- Padrón general de vecinos (1840-1911).
- Padrón de vecinos pobres (1914).
- Actas de alistamiento y clasificación de soldados (1914-1923).

Quintas

Las quintas eran el reemplazo anual para el servicio militar (DRAE, 2024). Son las listas de los hombres que llegaban a la edad de cumplir el servicio militar, que servían para hacer el sorteo en sus respectivos ayuntamientos de residencia para conocer el cupo de mozos establecido para el reemplazo. Suelen localizarse en los archivos históricos municipales. El Archivo Municipal de Vera (Almería) tiene fondos digitalizados como censos electorales (1836-1928), prerregistro civil (1841-1869), quintas (1773-1920) o padrones de habitantes (1494-1960)[161].

7. DOCUMENTACIÓN NOTARIAL

La documentación notarial se encuentra en diferentes archivos según corresponda la edad de los documentos: notarías y archivos generales de protocolos —de acceso restringido, solo con interés legítimo—, y archivos históricos de protocolos y archivos históricos provinciales —de acceso libre—.

---

161 Archivo Municipal de Vera. Se accede mediante una clave personal facilitada al usuario <http://archivo.vera.es/login.php>.

Para la genealogía sucesoria, los fondos documentales de la fe pública que más se pueden necesitar son los relacionados con la vida familiar. En este caso, los testamentos son, sin lugar a dudas, el documento notarial por antonomasia que hay que localizar, si nuestro causante lo otorgó. Puede haber otros interesantes, como capitulaciones matrimoniales, cartas de dote, codicilos, donaciones, inventario de bienes, obligaciones, particiones de bienes, etc., si bien son mínimas las ocasiones en que se necesitan para tramitar la herencia.

También están los relacionados con la vida profesional, como compraventas, contratos, capitulaciones, inventarios de bienes de negocios, etc. Pero tampoco es habitual que, para tramitar la herencia, sea necesario este tipo de documentación.

En uno de los casos prácticos del último capítulo se recoge información sobre cómo localizar testamentos en los diferentes archivos, según el año de su otorgamiento. Este tipo de documentación se explicará con más detalle en ese apartado.

Figura 8: «Mantenga la calma y cite sus fuentes»

Fuente imagen: elaboración propia.

Como ya se indicó en el capítulo sobre las habilidades y conocimientos que el genealogista sucesorio debe tener, se resalta como una de las características de este profesional el orden en todas las actuaciones y documentos encontrados, así como señalar siempre las fuentes de información consultadas (figura 8).

IX. Otras fuentes OSINT en la investigación genealógica sucesoria

Debido a la gran cantidad de datos que circulan en Internet no se pueden incluir en este manual todas las fuentes de información disponibles, pues son inabarcables. Se ha hecho una selección por temas para facilitar su localización. Al final de este capítulo se incluye una guía esquemática con las principales fuentes que pueden utilizarse para la investigación en genealogía sucesoria (tabla 5).

1. ASOCIACIONES

Es imposible enumerar a todas las asociaciones que ofrecen información y recursos, por lo que se han seleccionado unas pocas. Esperemos que en breve tiempo se pueda incluir la primera dedicada a la genealogía sucesoria. Muchas de estas asociaciones tienen bases de datos genealógicos que han ido construyendo con la colaboración de sus socios.

- Academia Asturiana de Heráldica y Genealogía (Oviedo, 1990) <https://es.linkedin.com/company/academia-asturiana-de-her%C3%A1ldica-y-genealog%C3%ADa>.
- Academia Valenciana de Genealogía y Heráldica (Valencia, 2006) <https://avghcv.com/Blog/>.
- ANTZINAKO, Asociación de Genealogía Vasca e Historia Local (Álava, Guipúzcoa, Navarra y Vizcaya) (Pamplona, 2006) <https://www.antzinako.org/>.
- Asociación Academia de Genealogía, Heráldica y Nobiliaria de Galicia (Pontevedra, 2001) <https://www.facebook.com/galiciagen/?locale=es_ES>.

- Asociación Biblioteca Genealógica, Heráldica y Nobiliaria (Cáceres, 2015) <https://bghyn.com/>.
- Asociación Cántabra de Genealogía (ASCAGEN) (Santander, 2007) <http://ascagen.es/>.
- Asociación Cultural Aula Militar Bermúdez de Castro (Castellón, 1997) <http://www.aulamilitar.com/>.
- Asociación Cultural de Genealogía e Historia de Aragón (AragónGEn) (2005) <https://aragongen.org/>.
- Asociación Cultural y de Estudios Jamilenudos (ASCUESJA) (Jamilenea, Jaén) <https://ascuesja.blogspot.com/>.
- Asociación Cultural Ubetense Alfredo Cazabán Laguna (Úbeda, Jaén) <http://www.vbeda.com>.
- Asociación de Amigos del Archivo Histórico Diocesano de Jaén (Jaén, 1979) <https://www.revistacodice.es/principal.htm>.
- Asociación de Archiveros de la Iglesia en España (1971) <https://scrinia.org/>.
- Asociación de Diplomados en Genealogía, Heráldica y Nobiliaria. Escuela Marqués de Avilés (Madrid, 1989) <http://www.adghn.org/>.
- Asociación Grupo de Estudios Calandinos (GREC) (Calanda, Teruel) <https://calandagrec.es/>.
- Asociación Raíces Reino de Valencia (Valencia, 2010) <https://www.raicesreinovalencia.com/>.
- Asociación Riojana de Genealogía y Heráldica-Genrioja (A.R.G.H) (Logroño, 2007) <https://genrioja.wordpress.com/>.
- Confederación Española de Centros de Estudios Locales (CECEL) (Madrid, 1980) <https://cecel.es/>.
- Federación Española de Sociedades de Archivística, Biblioteconomía, Documentación y Museística (FESABID) (Madrid, 1988) <https://www.fesabid.org/>.

- Hispagen: Asociación de Genealogía Hispana (Madrid, 2000) <http://hispagen.es/>.
- Instituto de Estudios Canarios (San Cristóbal de La Laguna, Canarias, 1932) <https://iecan.org/>.
- Real Academia Matritense de Heráldica y Genealogía (Madrid, 1988) <https://www.ramhg.es/>
- Real Asociación de Hidalgos de España (Madrid, 1954) <https://www.hidalgosdeespana.es/>.
- Real Asociación Española de Cronistas Oficiales <https://www.cronistasoficiales.com/>.
- Real Sociedad Económica de Amigos del País de Tenerife (San Cristóbal de La Laguna, Canarias, 1777) <https://www.rseapt.es/es/>.
- Societat Catalana de Genealogia, Heràldica, Sigil.lografia, Vexil.lologia i Nobiliària (SCGHSVN) (Sant Cugat del Vallés, Barcelona, 1983) <https://scgenealogia.cat/>.
- Sociedad Española de Documentación e Información Científica (SEDIC) (Madrid, 1975) <https://www.sedic.es/>.
- Sociedad Iberoamericana de Genealogía e Historia (SIGEH) (El Escorial, Madrid, 2020) <https://www.sociedadgenealogia.com/>.
- Xenealoxía de Galicia [2001] <https://www.xenealoxia.org/>.

2. BASES DE DATOS GENEALÓGICOS

Son diversas las bases de datos consultables en línea. Algunos ejemplos son las siguientes:

- Ancestry <https://www.ancestry.com/>.
- Archives Portal Europe <https://www.archivesportaleurope.net/>.

- FamilySearch <https://www.familysearch.org/es/>.
- Filae < https://www.filae.com/>.
- FindMyPast < https://www.findmypast.co.uk/>.
- Geneall <https://geneall.net/es/>.
- Geneanet <https://es.geneanet.org/>.
- Geni <https://www.geni.com/family-tree/html/start>.
- MyHeritage <https://www.myheritage.es/>.
- Portal de Archivos Españoles (PARES). Ministerio de Cultura <https://pares.culturaydeporte.gob.es/inicio.html>.
- Portal de Movimientos Migratorios Iberoamericanos (PARES). Ministerio de Cultura <https://pares.mcu.es/MovimientosMigratorios/staticContent.form?viewName=presentacion>.

Tanto Ancestry como FamilySearch, Filae, FindMyPast, Geneall, Geneanet, Geni o MyHeritage son bases específicas sobre genealogía. PARES no es en su origen una base de datos genealógicos, pero son tan abundantes los datos que contiene que también pueden servir de complemento, ya que en él podemos localizar gran cantidad de información sobre personas. Lo mismo ocurre con el Portal de Movimientos Migratorios Iberoamericanos, donde hay una relación de emigrantes españoles a Iberoamérica en la época contemporánea; entre ellos se encuentra el fundador del famoso ron Bacardí, Facundo Bacardí Massó.

Por otro lado, cabe resaltar también algunas asociaciones (Raíces Reino de Valencia, Hispagen, etc.), que cuentan en sus webs con bases de datos genealógicos realizadas por sus socios, formadas por las indizaciones que han hecho de los libros parroquiales. No hay que olvidar los grupos de indexación que han surgido de modo paralelo en las redes sociales —sobre todo, en Facebook—, donde voluntarios llevan a cabo este mismo trabajo. Algunos de estos grupos permiten el acceso a las bases de cualquier usuario que siga la página, mientras que en otros solo acceden aquellos que se dedican al laborioso trabajo de indizar datos.

Resulta imposible especificar aquí todas estas instituciones, sobre todo cuando cada día van aumentando más proyectos de este tipo. Por mencionar alguna, destacamos la base de datos de bautismos, matrimonios y óbitos del Arxiu Municipal de Palafrugell (Girona), que dispone de un apartado dedicado a la investigación genealógica[162].

Nos detendremos un momento a explicar, aunque sin detalle, la utilización de la base de datos de FamilySearch. Lo primero que hay que hacer es crearse una cuenta —gratuita— para poder iniciar la sesión. Una vez resuelto esto, son varias las formas en las que podemos empezar. La más sencilla es ir, simplemente, al menú que hay en la parte superior de la página, elegir «Buscar» y se nos abre un desplegable con varias opciones, donde elegimos «Registros». Nos lleva a otra página «Buscar registros históricos», donde se rellenarán los campos que nos interesen, como nombre, apellidos, lugar o año, y daremos al botón «Buscar».

Aunque son muchos los libros parroquiales que están indexados, que la base no nos devuelva ningún resultado no quiere decir que no exista, porque puede coincidir que la persona que buscamos no esté indizada. O, como ya se explicó en el capítulo referente al método genealógico, hay que tener cuidado con las variaciones de las grafías en los nombres, porque los datos se indexan tal y como aparecen en los libros, donde cada párroco lo anotaba según su criterio; lo que se intenta encontrar puede estar transcrito con ciertas variaciones ortográficas.

---

162 Arxiu Municipal de Palafrugell. Recerca genealògica <http://www.palafrugell.cat/serveis-ciutadania/arxiu-municipal/consulta-en-linia/recerca-genealogica?fbclid=IwAR35z_EZbSFn-4dRStxV9Woa-3bLYM8W2SOYacLhEiHuAI9VgDzBsweCDmtE>.

Otra manera de hacer búsquedas es por lugares. En el menú de navegación pulsamos el botón «Buscar» y seleccionamos la opción de «Catálogo», donde se pondrá el nombre del municipio que nos interese. Si no responde ningún valor es porque no hay nada digitalizado. En caso afirmativo, nos indicará todos los fondos documentales disponibles sobre ese lugar. Los registros parroquiales («Church records») son los que vamos a utilizar, aunque tampoco hay que descartar el resto de los datos. Marcando esta opción nos llevará a la parroquia del municipio y nos mostrará la información existente, y si está indexada o no —sale una lupa en caso de que sea así—. También nos ofrece la posibilidad de visualizar los libros digitalizados pinchando en «Spain Catholic Church Records are available online, click here», que nos llevará a «España, registros parroquiales y diocesanos, 1307-1985. Examinar todas las imágenes».

Hay más formas de explorar la base de datos, como el Índice Genealógico Internacional (IGI, International Genealogical Index), para el cual es necesario conocer los números de lotes («batch numbers») que corresponden a las imágenes digitalizadas, compuestos por una letra y de una serie numérica de seis cifras. La letra inicial da información sobre la serie: C- («Christenings») —bautismos, de ambos sexos—; K —bautismos, solo de niñas; J —bautismos, solo de niños—; M- («Marriages») —matrimonios—.

Por último, no hay que olvidar que se puede acudir a los Centros de Historia Familiar de la Iglesia de Jesucristo de los Santos de los Últimos Días repartidos por España para poder consultar los libros que en la web se encuentran en acceso restringido. Dejamos a la persona interesada que investigue por su cuenta.

3. BIBLIOTECAS Y HEMEROTECAS VIRTUALES Y DIGITALES

El DRAE (2024) define *biblioteca* en tres acepciones: a) la institución «cuya finalidad consiste en la adquisición, conservación, estudio y exposición de libros y documentos»; b) el lugar (edificio) y c) el fondo o colección: «Conjunto de libros de una biblioteca». Por su parte, *hemeroteca* se describe como una especialidad dentro de la biblioteca donde principalmente «se guardan y sirven al público diarios y otras publicaciones periódicas».

Recordando la definición de fuentes de información primarias editadas (bibliográficas o escritas publicadas) realizada por Jiménez Villalonga (2019: 105), destacan las publicaciones periódicas (periódicos y revistas), accesibles en las bibliotecas y hemerotecas como fuentes de investigación para la historia contemporánea y, por ende, para el período de tiempo donde se ubican los expedientes de genealogía sucesoria.

Estas publicaciones sirven para obtener los datos que necesitamos para completar nuestro árbol genealógico y solicitar al Registro Civil los certificados de los cuales desconocemos fechas o lugares exactos de los hechos. Por ejemplo, dentro de este grupo, las esquelas publicadas en los periódicos suelen ser una de las fuentes más utilizadas. También las informaciones sobre natalicios o matrimonios, donde aparecen nombres de familiares y fechas. Asimismo, los censos electorales y los diferentes boletines oficiales provinciales ofrecen muchos datos.

Son diversas las hemerotecas (nacionales, municipales, etc.) que han puesto a disposición de los usuarios, en acceso público y gratuito, la consulta en línea de sus fondos, facilitando de este modo la investigación. En España, entre las más antiguas resaltan la Hemeroteca Municipal de Madrid (1916), la Hemeroteca del Instituto Municipal de Historia de Barcelona (1923) o la Hemeroteca Municipal de Sevilla (1932). En 1945 tuvo lugar el nacimiento de la Hemeroteca Nacional con fines políticos y estaba adscrita a la Dirección General de Prensa del Ministerio de Información y Turismo. Se incorporó a la Biblioteca Nacional en 1986 y se formó «con los periódicos procedentes de la censura. Su apertura coincide con la creación de la Escuela Oficial de Periodismo, a la que servirá de apoyo» (Balsells Fernández, 2000: 67).

A continuación, se nombran algunas bibliotecas y hemerotecas que pueden servirnos para nuestra investigación, muchas de ellas recopiladas por la Biblioteca Nacional de España[163], aunque en la actualidad hay muchas más y otras tantas a la espera de que sean puestas a su disposición en la Web. Algunos ejemplos de estas instituciones de ámbito nacional son:

- Agencia Española de Cooperación Internacional para el Desarrollo (AECID): Biblioteca Digital[164].
- Agencia Estatal Boletín Oficial del Estado: *Gazeta*, colección histórica[165] y el *Boletín Oficial del Estado*[166].
- Biblioteca Nacional de España: Biblioteca Digital Hispánica[167], Genealogía y Heráldica[168], Hemeroteca Digital[169] y Recursos de prensa[170].
- Consejo General del Poder Judicial: Centro de Documentación Judicial (CENDOJ)[171].

---

163 BNE. «Otras hemerotecas digitales» <https://www.bne.es/es/catalogos/hemeroteca-digital/otras-hemerotecas-digitales>.

164 AECID <https://bibliotecadigital.aecid.es/bibliodig/es/inicio/inicio.do>.

165 *Gazeta* <https://www.boe.es/diario_gazeta/>.

166 BOE <http://www.boe.es/>.

167 BNE. Biblioteca Digital Hispánica <http://bdh.bne.es/bnesearch/Inicio.do>.

168 BNE. Genealogía y Heráldica <https://www.bne.es/es/Micrositios/Guias/Genealogia/>.

169 BNE. Hemeroteca Digital <https://www.bne.es/es/catalogos/hemeroteca-digital>.

170 BNE. Recursos de prensa <http://blog.bne.es/recursosprensa/>.

171 CENDOJ <https://www.poderjudicial.es/cgpj/es/Temas/Centro-de-Documentacion-Judicial—CENDOJ-/>.

- Ministerio de Cultura: Biblioteca Virtual de Prensa Histórica[172] e Hispana[173].
- Ministerio de Defensa: Biblioteca Virtual de Defensa[174].
- Periódico *ABC:* Hemeroteca[175].
- Periódico *La Vanguardia:* Hemeroteca[176].
- Real Academia de la Historia: Biblioteca Digital[177].

En cuanto a bibliotecas y hemerotecas de ámbito regional y local, se mencionan las siguientes:

Andalucía

- Archivo Municipal de Huelva. Hemeroteca Histórica[178].
- Ayuntamiento de Sevilla. NO8DO Digital[179].
- Biblioteca Digital de Andalucía[180].
- Diputación de Almería: archivo y biblioteca. Fondos digitalizados de prensa histórica y boletines[181].
- Diputación de Huelva. Hemeroteca[182].

---

172 BVPH <https://prensahistorica.mcu.es/es/inicio/inicio.do>.

173 Hispana <https://hispana.mcu.es/es/inicio/inicio.do>.

174 BVD <https://bibliotecavirtual.defensa.gob.es/BVMDefensa/es/inicio/inicio.do>.

175 *ABC* <https://www.abc.es/archivo/periodicos/>.

176 *La Vanguardia* <http://www.lavanguardia.es/hemeroteca/>.

177 RAH <https://bibliotecadigital.rah.es/es/inicio/inicio.do>.

178 Andalucía <https://www.huelva.es/portal/es/hemeroteca>.

179 Andalucía <https://www.sevilla.org/no8do-digital/>.

180 Andalucía <https://www.bibliotecadigitaldeandalucia.es/>.

181 Andalucía <https://app.dipalme.org/pandora/?view=global>.

182 Andalucía <https://www.diphuelva.es/servicios/hemeroteca/>.

- Electr@. Publicaciones periódicas y webs andaluzas en la red[183].
- Museo Unicaja de Artes y Costumbres Populares de Málaga. Prensa[184].
- Universidad de Córdoba. Hemeroteca Histórica[185].

Aragón

- Biblioteca Virtual de Aragón[186].
- Institución Fernando el Católico (Diputación de Zaragoza)[187].

Asturias

- Biblioteca Virtual del Principado de Asturias[188].
- Hemeroteca Municipal de Gijón[189].

Cantabria

- Centro de Estudios Montañeses[190].
- *El Diario Montañés.* Hemeroteca[191].

---

183 Andalucía <https://www.bibliotecasdeandalucia.es/web/electra/>.

184 Andalucía <http://www.museoartespopulares.com/ADE/BuscarMuseo?ID=Prensa>.

185 Andalucía <https://helvia.uco.es/handle/10396/13>.

186 Aragón <https://bibliotecavirtual.aragon.es/es/inicio/inicio.do>.

187 Aragón <https://ifc.dpz.es/>.

188 Asturias <https://bibliotecavirtual.asturias.es/i18n/estaticos/contenido.cmd?pagina=estaticos/presentacion>.

189 Asturias <http://hemeroteca.gijon.es/>.

190 Cantabria <http://centrodeestudiosmontaneses.com/>.

191 Cantabria <https://www.eldiariomontanes.es/hemeroteca/>.

- Red de Bibliotecas Municipales de Santander. Fondo local/ fondo antiguo[192].

Castilla-La Mancha

- Biblioteca Digital de Albacete Tomás Navarro Tomás. Instituto de Estudios Albacetenses Don Juan Manuel[193].
- Biblioteca Virtual de Castilla-La Mancha. Centro de Estudios de Castilla-La Mancha[194].
- Diputación de Ciudad Real. Boletines provinciales históricos[195].
- Hemeroteca del diario *Lanza*[196].

Castilla y León

- Biblioteca Digital de Castilla y León[197].

Cataluña

- Arxiu de Revistes Catalanes Antigues (ARCA) [198].
- Arxiu Històric de la Ciutat de Barcelona. Hemeroteca digital[199].

---

192 Cantabria <https://www.bibliotecaspublicas.es/rbm-santander/Servicios/Fondo-Local-Fondo-Antiguo.html>.

193 Castilla-La Mancha <https://pandora.dipualba.es/>.

194 Castilla-La Mancha <https://ceclmdigital.uclm.es/>.

195 Castilla-La Mancha <https://bop.dipucr.es/buscadorHistorico>.

196 Castilla-La Mancha <https://www.lanzadigital.com/hemeroteca/>.

197 Castilla y León <https://bibliotecadigital.jcyl.es/es/inicio/inicio.do>.

198 Cataluña <https://arca.bnc.cat/arcabib_pro/ca/inicio/inicio.do>.

199 Cataluña <https://ahcbdigital.bcn.cat/hemeroteca>.

- Ajuntament de Girona. Premsa digitalitzada[200].
- Ajuntament de Tarragona. Premsa digitalitzada[201].
- Biblioteca de Catalunya. Premsa Catalana Digitalitzada[202].
- Diputació Barcelona. Trencadís. Fons locals digitalitzats. Xarxa de Biblioteques Municipals[203].
- Generalitat de Catalunya. Premsa digitalitzada[204].
- Memòria Digital de Catalunya[205].
- Revistes Catalanes amb Accés Obert[206].
- Universitat de Barcelona. Crai Biblioteca Pavelló de la República[207].

Ceuta

- *El Faro de Ceuta* (1934-1951). Hemeroteca[208].
- Biblioteca Pública del Estado en Ceuta. Hemeroteca[209].

---

200 Cataluña <https://www.girona.cat/sgdap/cat/premsa.php>.

201 Cataluña <https://www.tarragona.cat/patrimoni/fons-documentals/biblioteca-hemeroteca/hemeroteca-1/premsa-digitalitzada-1>.

202 Cataluña <https://premsadigitalitzada.bnc.cat/>.

203 Cataluña <https://trencadis.diba.cat/>.

204 Cataluña <http://xacpremsa.cultura.gencat.cat/pandora/>.

205 Cataluña <https://mdc1.csuc.cat/>.

206 Cataluña <https://www.raco.cat/index.php/raco>.

207 Cataluña <https://www.ub.edu/craiexili/>.

208 Ceuta <https://www.ceuta.es/ceuta/el-faro-de-ceuta>.

209 Ceuta <https://www.ceuta.es/ceuta/biblioteca>.

Comunidad Valenciana

- Biblioteca Valencia Digital[210].
- Biblioteca Virtual Miguel de Cervantes. Hemeroteca[211].

Extremadura

- Ciconia. Biblioteca Digital del Patrimonio Cultural de Extremadura[212].
- Biblioteca Virtual Extremeña[213].

Galicia

- Galiciana: Biblioteca Dixital de Galicia[214].
- Hemeroteca *La Voz de Galicia*[215].
- Real Academia Galega. Hemeroteca[216].

Islas Baleares

- Biblioteca Digital de les Illes Balears. Universitat de les Illes Balears[217].

---

210 Comunidad Valenciana <https://bivaldi.gva.es/va/inicio/inicio.do>.

211 Comunidad Valenciana <http://www.cervantesvirtual.com/portales/hemeroteca/>.

212 Extremadura <http://ciconia.gobex.es/ciconia/es/inicio/inicio.do>.

213 Extremadura <https://bibliotecavirtualextremena.blogspot.com/>.

214 Galicia <https://biblioteca.galiciana.gal/gl/inicio/inicio.do>.

215 Galicia <https://www.lavozdegalicia.es/hemeroteca/>.

216 Galicia <https://academia.gal/hemeroteca/inicio>.

217 Islas Baleares <https://ibdigital.uib.es/greenstone/library>.

Islas Canarias

- El Museo Canario. Hemeroteca, archivo y biblioteca[218].
- Jable. Archivo de Prensa Digital de Canarias. Universidad de Las Palmas de Gran Canaria. Biblioteca[219].
- Memoria Digital de Canarias. Universidad de Las Palmas de Gran Canaria[220].

La Rioja

- Biblioteca Virtual de La Rioja[221].

Madrid

- Ayuntamiento de Madrid. Hemeroteca municipal[222].
- Biblioteca Digital de la Comunidad de Madrid[223].
- Biblioteca Digital Memoria de Madrid[224].

Melilla

- Biblioteca Pública de Melilla. Hemeroteca[225].

---

218 Islas Canarias <https://www.elmuseocanario.com/>.

219 Islas Canarias <https://jable.ulpgc.es/>.

220 Islas Canarias <https://mdc.ulpgc.es/s/mdc/page/inicio>.

221 La Rioja <https://bibliotecavirtual.larioja.org/bvrioja/es/inicio/inicio.do>.

222 Madrid <https://catalogos.madrid.es/cgi-bin/hemeroteca?FORM=6>.

223 Madrid <https://bibliotecavirtualmadrid.comunidad.madrid/bvmadrid_publicacion/es/inicio/inicio.do>.

224 Madrid <https://www.memoriademadrid.es/>.

225 Melilla <https://www.melilla.es/cgi-bin/abnetopac/O7005/ID15fe65e1/NT1?ACC=120&FORM=3>.

Murcia

- Archivo Municipal de Cartagena. Hemeroteca[226].
- Biblioteca Digital de la Región de Murcia[227].
- Región de Murcia Digital: Hemeroteca. Proyecto Carmesí[228].

Navarra

- Biblioteca Navarra Digital (BiNaDi)[229].

País Vasco

- Biblioteca Foral de Bizkaia (Lau Haizeetara)[230].
- Diputación Foral de Gipuzkoa. Koldo Mitxelena Kulturunea. Hemeroteca[231].
- Euskal Prentsaren Lanak[232].
- Euskariana, la ventana digital a la cultura vasca[233].

En cuanto a bibliotecas y hemerotecas de ámbito internacional, siguiendo a Marquina (2019), se destacan, también, las siguientes:

---

226 Murcia <https://archivo.cartagena.es/pandora/index.html>.

227 Murcia <https://bibliotecadigital.carm.es/opac/index.php?codopac=OPBDR>.

228 Murcia <http://hemeroteca.regmurcia.com/>.

229 Navarra <https://binadi.navarra.es/opac/index.php?codopac=OPBIN>.

230 País Vasco <http://liburutegibiltegi.bizkaia.eus/>.

231 País Vasco <https://kmk.gipuzkoa.eus/es/hemeroteca>.

232 País Vasco <https://www.hemeroketa.eus/>.

233 País Vasco <https://www.euskariana.euskadi.eus/euskadibib/es/home/home.do>.

- Biblioteca Nacional de Colombia. Hemeroteca[234].
- Biblioteca Nacional Digital de Chile[235].
- Bibliothèque Nationale de France. Gallica. Presse et revues[236].
- Europeana Newspaper[237].
- Google News Archive[238].
- Hemeroteca Nacional Digital de México[239].
- Library of Congress (EE. UU.). Chronicling America. Historic American Newspapers[240].
- Library of Congress (EE. UU.). Collection World Digital Library[241].
- The British Newspaper Archive (Reino Unido)[242].
- *The New York Times* Article Archive (EE. UU.)[243].

---

234 Colombia <https://bibliotecanacional.gov.co/es-co/colecciones/bibliografica/peri%C3%B3dicos-y-revistas>.

235 Chile <https://www.bibliotecanacionaldigital.gob.cl/bnd/612/w3-channel.html>.

236 Francia <https://gallica.bnf.fr/html/und/presse-et-revues/presse-et-revues?mode=desktop>.

237 Periódicos de toda Europa <https://www.europeana.eu/es/collections/topic/18-newspaper>.

238 Google News Archive <https://news.google.com/newspapers>.

239 México <https://hndm.iib.unam.mx/index.php/es/>.

240 EE. UU. <https://chroniclingamerica.loc.gov/>.

241 EE. UU. <https://www.loc.gov/collections/world-digital-library/about-this-collection/>.

242 Reino Unido <https://www.britishnewspaperarchive.co.uk/>.

243 EE. UU. <https://archive.nytimes.com/www.nytimes.com/ref/membercenter/nytarchive.html>.

4. BUSCADORES ACADÉMICOS

Aunque son buscadores de literatura científica, también incluyen artículos relacionados con la genealogía que pueden ayudarnos de forma inesperada. Se enumeran algunos de los señalados por López-Carreño (2017: 58-70) y otros buscadores:

- Academia.edu <https://www.academia.edu/>.
- Base (Bielefeld Academic Search Engine) <https://www.base-search.net/>.
- CiteSeerx <https://citeseerx.ist.psu.edu/>.
- Core <https://core.ac.uk/>.
- Crossref <https://search.crossref.org/>.
- Dialnet <https://dialnet.unirioja.es/>.
- DOAJ (Directory of Open Access Journals) <https://doaj.org/>
- Ebsco <https://www.ebsco.com/>.
- Eric <https://eric.ed.gov/>
- Google Académico <https://scholar.google.es>.
- JURN <https://www.jurn.link/#gsc.tab=0>.
- Latindex <https://latindex.org/latindex/>.
- Mendeley <https://www.mendeley.com/>.
- Paperity <https://paperity.org/>.
- ProQuest Central <https://www.proquest.com/>.
- Redalyc <https://www.redalyc.org/>.
- Recyt (Repositorio Español de Ciencia y Tecnología) <https://recyt.fecyt.es/>.
- Redib (Red Iberoamericana de Innovación y Conocimiento Científico) <https://www.redib.org/>.

- RefSeek <https://www.refseek.com/>.
- ResearchGate <https://www.researchgate.net/>.
- SciElo (Scientific Electronic Library Online) <https://scielo.org/es/>.
- Science.gov <https://www.science.gov/>.
- Science Direct <https://www.sciencedirect.com/>.
- Science Research.com <https://www.scienceresearch.com/scienceresearch/desktop/en/search.html>.
- Scopus <https://www.scopus.com>.
- SpringerLink <https://link.springer.com/>.
- Teseo <https://www.educacion.gob.es/teseo/>.
- WorldCat <https://www.worldcat.org/es>.

Por ejemplo: «How to use WorldCat for your Genealogy Research» (Lisson, 2017).

5. CEMENTERIOS

Los cementerios son otra fuente de información muy utilizada a la hora de concretar fechas de defunción de los sujetos causantes o de cualquier otro familiar para armar el árbol genealógico. En su mayoría, son municipales, pero también existen los parroquiales y sacramentales. Conviene combinar la investigación en cementerios con la investigación en hemeroteca (sección de esquelas y obituarios). A continuación, se detallan algunos cementerios que ofrecen la posibilidad de realizar búsquedas por medio de sus localizadores de difuntos en línea:

- Albacete <https://ide.ayto-albacete.es/spa/cementerio>.
- Algemesí (Valencia) <https://www.algemesi.es/es/pagina/buscador-difuntos>.

- Barcelona (Collserola, Montjuïc, Les Corts, Sant Gervasi, Sarrià, Sants, Sant Andreu, Horta, Poble Nou) <https://www.cbsa.cat/es/>.
- Burriana (Castellón) <https://www.burriana.es/servicios-municipales/cementerio/difuntos>.
- Bahía de Cádiz (cementerio mancomunado) <https://www.cemabasa.com/es/inhumados>.
- Córdoba (CECOSAM) <https://cecosam.cordoba.es/es/consultas>.
- Donostia-San Sebastián (Guipúzcoa) <https://www.donostia.eus/ataria/es/web/polloe/hilobien-eta-hildako-pertsonak-aurkitu>.
- Guadalajara <https://www.guadalajara.es/es/buscador-sepulturas>.
- L'Hospitalet de Llobregrat (Barcelona) <http://www.l-h.cat/cementerio>.
- Málaga (Cementerio histórico de San Miguel) <http://www.cementeriosanmiguel.com/>.
- Melilla <https://museomelilla.es/cementerio.php>.
- Salamanca <https://parquecementeriosalamanca.com/>.
- Terrassa (Barcelona) <https://funerariaterrassa.cat/es/sepultures>.
- Valdepeñas (Ciudad Real) <https://www.valdepenas.es/VisorGis/cementerio/>.
- Valencia <https://www.valencia.es/val/cementeris/localitzacio-de-difunts>.
- Valladolid <https://www.nevasa.es/el-carmen/#busquedacarmen>.
- Zaragoza <https://www.zaragoza.es/ciudad/cementerios/>.

- Buscador de cementerios de España <http://www.entrepiedrasycipreses.com/buscador-de-cementerios/>.
- Cimetières de France <https://www.cimetieres-de-france.fr/>.
- Find a Grave: la mayor recopilación de tumbas del mundo <https://es.findagrave.com/>.
- Billion Graves: recurso para datos de búsqueda de cementerios <https://es.billiongraves.com/>.
- Geneanet: cementerios España <https://es.geneanet.org/cementerio/geo/ESP/espana>.

6. DATOS BIOGRÁFICOS

Algunas veces en nuestras investigaciones podemos encontrarnos, por casualidad, con figuras relevantes de partidos políticos o de la cultura, como actrices, empresarios teatrales o escritores. También con funcionarios de la Administración pública, tanto civiles como militares. Aunque para la investigación genealógica sucesoria estos datos sobre las profesiones suelen ser irrelevantes, su importancia radica en que se localizan con más precisión las fuentes de información para su investigación.

La mayoría de los funcionarios conservan sus expedientes en los archivos correspondientes, donde se incluyen datos biográficos sobre su estado civil, descendencia o testamentos. La serie documental de «Expedientes de clasificación de pensiones de viudedad y orfandad de funcionarios»[244] se puede consultar en el Archivo General de la Administración de Alcalá de Henares (Madrid). También para los docentes y estudiantes matriculados, los archivos de escuelas, colegios, institutos y universidades.

---

244 PARES <https://pares.mcu.es/ParesBusquedas20/catalogo/description/2603937>.

Del mismo modo, para las personas vinculadas a ciertas profesiones, como la abogacía o medicina, encontramos los archivos de los colegios profesionales, y los archivos de las cámaras oficiales de comercio, industria, servicios y navegación; sin olvidar la información obtenida de las llamadas *páginas amarillas* de la época, como son los *Anuarios* de Bailly-Bailliere y de Riera (Hemeroteca Digital de la Biblioteca Nacional de España), o la *Guía de Sevilla* (Biblioteca Digital de Andalucía). O para aquellas personas que ostentan cargos políticos, los archivos de las cámaras legislativas; y para los de títulos nobiliarios, los *Anuarios de la nobleza española* (Biblioteca Virtual de Prensa Histórica). Veamos algunos ejemplos de fuentes OSINT biográficas:

- Biografías y Vidas. La enciclopedia biográfica en línea <https://www.biografiasyvidas.com/>.
- Congreso de los Diputados. Archivo Histórico de Diputados (1810-1977) <https://www.congreso.es/es/archivo-historico-de-diputados>.
- Diputación de Palencia. Registro de cargos de ayuntamientos desde 1848 hasta 1933 <https://libroscargos.diputaciondepalencia.es/?fbclid=IwAR1X1UEbQ_OV0CVdO-Kh37xyNkxiu9Mn_AvYc4iWr044VUwMhEU32HdPPaZo>.
- Espacenet. Patentes a nivel mundial <https://worldwide.espacenet.com/patent/>.
- Fundación Pablo Iglesias. *Diccionario Biográfico del Socialismo Español* <https://fpabloiglesias.es/archivo-y-biblioteca/diccionario-biografico/>.
- Ilustre Colegio de la Abogacía de Madrid. Patrimonio documental <https://patrimoniodocumental.icam.es/es/inicio/inicio.do>.
- Oficina Española de Patentes y Marcas. Base de datos INVENES <https://consultas2.oepm.es/InvenesWeb/faces/busquedaInternet.jsp>.

- Real Academia de la Historia. Índice alfabético de personajes <https://www.rah.es/indice-alfabetico-de-personajes/>.
- Real Academia Nacional de Medicina de España. Biblioteca Digital <http://bibliotecavirtual.ranm.es/ranm/es/inicio/inicio.do>.
- Senado de España. Senadores entre 1834 y 1923 <https://www.senado.es/web/conocersenado/senadohistoria/senado18341923/senadores/index.html>.
- Sociedad General de Autores y Editores (SGAE). Repertorio <https://enlinea.sgae.es/RepertorioOnline/Buscar.aspx?opcion=inicializar>.
- Universidad Central de Madrid. Expedientes académicos de alumnos. PARES <https://pares.mcu.es/ParesBusquedas20/catalogo/description/178145>.

7. DIRECTORIOS DE PERSONAS

Hasta hace unos años, uno de los directorios principales para la búsqueda de personas eran las guías telefónicas impresas y los números de información telefónica sobre abonados como parte del servicio universal. Basta con recordar el 11818, el servicio de número de consulta de abonados de Telefónica, que dejó de prestarse el 1 de enero de 2012, dado que estos números «se ofrecían en competencia y no era necesario su mantenimiento como parte del servicio universal», según explica la Comisión Nacional de los Mercados y la Competencia [2024].

Dentro de las guías telefónicas impresas se encontraban las *Páginas Amarillas* y las *Páginas Blancas*, que eran remitidas actualizadas a los abonados de forma anual. De acceso libre, se podían consultar en la propia sede de Telefónica, además de en otros sitios como las bibliotecas, tanto las guías antiguas como las del año en curso. Luego, hubo una fase en la que convivieron tanto las guías impresas como en línea, hasta que dejaron de imprimirse, quedando solo el acceso en línea. Con la nueva normativa sobre protección de datos se redujo la disponibilidad en la Web a las *Páginas Amarillas,* mientras que las *Páginas Blancas* desaparecían por completo.

La Oficina de Atención al Usuario de Telecomunicaciones (s. f.), del Ministerio para la Transformación Digital y de la Función Pública, señala que «las guías telefónicas tienen la consideración legal de fuente pública de datos», y se les aplica la normativa que regula la protección de datos personales en las telecomunicaciones. Para cumplir con los plazos establecidos por esta normativa, en las bibliotecas se ha restringido la consulta y reproducción de las guías telefónicas cuya fecha de impresión sea inferior a los ochenta años al año en curso. De este modo, son de libre acceso los ejemplares históricos —que tengan más de ochenta años desde el año en curso—. Son muchas las bibliotecas que conservan estas guías: Biblioteca Nacional de España, bibliotecas regionales, autonómicas, locales, repositorios digitales de otras instituciones como universidades, etc.

En un principio, esto ha disminuido mucho el abanico a la hora de contactar con los herederos de las herencias yacentes, pero siguen existiendo otras fuentes alternativas a las *Páginas Blancas,* sobre todo con Internet como nueva forma de comunicación. Se pueden dividir en varios grupos: a) redes sociales, donde los propios usuarios dan sus datos de manera voluntaria; b) buscadores genéricos como Google, Bing, Yandex; y c) otros motores especializados en la búsqueda de personas y dedicados a descubrir su huella digital, que suelen ofrecer servicios de pago, obteniendo la información de forma legal (fuentes públicas).

En cuanto a las redes sociales, las hay de diferentes tipos: a) generales, como Facebook o X —antes Twitter—; b) de imagen, como Instagram, Pinterest o YouTube; c) profesionales, como LinkedIn; o d) familiares, como MyHeritage.

De acuerdo con la web EnlaRed.Biz (s. f.), algunos de los directorios en línea que existen son los siguientes:

- Abc teléfonos <https://www.abctelefonos.com/>.
- Any Who <https://www.anywho.com/>.
- Asexor <https://www.axesor.es/>.
- Forebears <https://forebears.io/>.
- Infobel. Directorio telefónico en línea de empresas, particulares y proveedores de servicios locales en España e internacionales <https://www.infobel.com/es/spain>, <https://www.infobel.com/es/world>.
- Info-perso <https://info-perso.com/es/>.
- Intelius <https://www.intelius.com/>.
- International White and Yellow Pages <https://www.wayp.com/>.
- Pages Jaunes. Pages Blanches (Francia) <https://www.pagesjaunes.fr/?faire=monde>.
- Páginas Amarillas (España) <https://www.paginasamarillas.es/>.
- Páginas Blancas (Argentina) <http://www.paginasblancas.com.ar/>.
- Páginas Blancas (Perú) <http://www.paginasblancas.com.pe/>.
- Pagine Bianche (Italia) <https://www.paginebianche.it/>.
- PIPL <https://pipl.com/>.
- QDQ Media. Guía telefónica de profesionales y empresas españoles <https://www.qdq.com/>.
- Spokeo <https://www.spokeo.com/>.
- Telexplorer <https://www.telexplorer.com.es/>.
- That'sThem <https://thatsthem.com/>.
- The Real Yellow Pages <https://www.therealyellowpages.com/index.php>.

- White Pages 50 States (EE. UU.) <https://www.50states.com/whitepages/>.
- ZabaSearch. White Pages People Search <https://www.zabasearch.com/white-pages-lookup/>.
- 123 People <https://123people.com/>.

8. MEMORIA HISTÓRICA Y MEMORIA DEMOCRÁTICA

Los fondos documentales y archivos públicos y privados relacionados con la memoria histórica son otra fuente de información para la investigación genealógica sucesoria. En este sentido, cabe destacar la popularmente conocida como *Ley de Memoria Histórica*, la Ley 52/2007, de 26 de diciembre, por la que se reconocen y amplían derechos y se establecen medidas en favor de quienes padecieron persecución o violencia durante la Guerra Civil y la Dictadura (TOL1.211.483), derogada por la actual Ley 20/2022, de 19 de octubre, de Memoria Democrática (TOL9.256.721).

De esta forma, se pueden encontrar diversas bases de datos relacionadas con la memoria histórica y democrática:

- Amical de Mauthausen y otros campos y de todas las víctimas del nazismo. Víctimas mortales en los campos nazis <https://fallecidosenloscamposnazis.org/>.
- Archivos del Comité Internacional de la Cruz Roja <https://www.icrc.org/es/los-archivos-del-cicr>.
- Arolsen Archives-International Center on Nazi Persecution <https://arolsen-archives.org/en/>.
- European Holocaust Research Infrastructure (EHRI) <https://portal.ehri-project.eu/>.
- Archivo General e Histórico de Defensa de Madrid. Expedientes judiciales

<https://patrimoniocultural.defensa.gob.es/es/centros/archivo-general-historico-defensa/documentos>.

- Barcos del exilio republicano español <https://barcosdelexiliorepublicano.com/>.
- Mapas de memoria (Ciudad Real) <https://www.mapasdememoria.com/>.
- Mapa de fosas comunes del Gobierno de Aragón. SIPCA DARA <http://www.sipca.es/censo/busqueda_fosas_avanzada.html#>.
- Memoria histórica de la provincia de Jaén <https://www.dipujaen.es/MemoriaHistorica/>.
- Ministerio de Cultura. Centro Documental de la Memoria Histórica. Base de datos de militares republicanos con graduación: Militares y miembros de las fuerzas de orden público al servicio de la República (1936-1939) <https://www.cultura.gob.es/cultura/areas/archivos/mc/archivos/cdmh/bases-de-datos/militares-republicanos.html>.
- Ministerio de Cultura. Centro Documental de la Memoria Histórica. Desaparecidos del Ejército de Tierra de la República española (1936-1939) <https://www.cultura.gob.es/cultura/areas/archivos/mc/archivos/cdmh/bases-de-datos/muertos-y-desaparecidos.html>.
- Ministerio de Cultura. PARES. Españoles deportados a campos de concentración <https://pares.mcu.es/Deportados/servlets/ServletController?ini=0&accion=0&opcion=20>.
- Ministerio de Cultura. PARES. Víctimas de la Guerra Civil y represaliados del franquismo <https://pares.mcu.es/victimas-GCFPortal/staticContent.form?vicwNamc=prcsentacion>.
- Ministerio de Cultura. PARES. Archivo Histórico Nacional. Causa General <https://pares.mcu.es/ParesBusquedas20/catalogo/description/2600914>.

- Ministerio de Hacienda. Personal del Ministerio de Hacienda sancionado como resultado de su participación en la Guerra Civil (expedientes de funcionarios juzgados por responsabilidades políticas) <https://www.hacienda.gob.es/Documentacion/Publico/SGT/Sanciones%20Guerra%20Civil.pdf>.
- Ministerio de Política Territorial y Memoria Democrática <https://www.mpr.gob.es/memoriademocratica/Paginas/index.aspx>.
- Todos (...) los Nombres. Base de datos de víctimas del franquismo en Andalucía, Extremadura y Norte de África <http://www.todoslosnombres.org/>.

9. MIGRACIONES HISTÓRICAS

Como se explicó en los primeros capítulos, la fundación de las primeras empresas de localización de herederos va ligada a la emigración, cuando los emigrantes fallecían en el extranjero y sus herederos debían buscarse en sus países de origen. La movilidad de las personas fue, por lo tanto, una de las principales causas de que naciera la genealogía sucesoria, por lo que, a continuación, se exponen una serie de recursos para el estudio de las migraciones históricas.

- Ancestros italianos <https://ancestrositalianos.com/>.
- Arquivo Público do Estado de São Paulo (APESP, Brasil). Documentos sobre migração nacional e internacional <https://www.arquivoestado.sp.gov.br/web/acervo/mais_consultados/migracao>.
- Asociación Navegantes. Censo de emigrantes hacia América Latina <http://www.navegante.es/index.php/>.
- Asturian-American Migration Forum. Reconnecting Asturian-American Family & Community <http://www.asturianus.org>.

- Biblioteca de la Universidad de Cantabria. Buscador de pasajeros. Libros de embarque de la Compañía Trasatlántica <https://web.unican.es/buc/biblioteca/colecciones/fondos-originales-y-colecciones-especiales/fondo-perez-y-cia/buscar-libros-embarque>.
- Bremer Passagierlisten <http://www.passagierlisten.de/>.
- Center for Family History and Genealogy. Brigham Young University (BYU, EE. UU.). Proyecto ancestros inmigrantes <http://immigrants.byu.edu/>.
- Centro de Estudios de la Emigración Castellana y Leonesa <http://www.emigracioncastellanayleonesa.es/>.
- Centro de Estudios Migratorios Latinoamericanos (CEMLA) <https://cemla.com/buscador>.
- Centro Internazionale Studi Emigrazione Italiana (CISEI) <http://www.ciseionline.it/portomondo/default.asp>.
- Consello da Cultura Galega. Arquivo da emigración galega. <http://consellodacultura.gal/aeg/>.
- Consello da Cultura Galega. Repertorio da prensa da emigración galega. <https://consellodacultura.gal/fondos_documentais/hemeroteca/coleccion.php?id=406>.
- Entrada de pasajeros a Argentina siglo XIX <http://www.entradadepasajeros.com.ar/>.
- FamilySearch. Registros de consulados <https://www.familysearch.org/es/>.
- Fillos de Galicia <https://fillos.org/>.
- Fundación Archivo de Indianos. Museo de la Emigración (Asturias) <http://www.archivodeindianos.es/>.
- Genealogía e historia familiar-Herramientas. Proyecto ancestros inmigrantes <http://genealogiaherramientas.blogspot.com/2014/06/proyecto-ancestros-inmigrantes.html>.

- Instituto de Estudios Riojanos. Emigrantes riojanos a América (1880-1936). <http://ias1.larioja.org/emigra/emigra/index.html>.
- Jewish Genealogy in Argentina <https://www.hebrewsurnames.com/>.
- Memoria viva. Documentos históricos de la inmigración española en Argentina <http://www.memoriaviva.com.ar/>.
- Olive Tree Genealogy <http://sites.rootsweb.com/~ote/colship.htm>.
- Orígenes OnLine <http://origenes.online/consultar-registros-de-pasajeros-migracion/>.
- Portal de Movimientos Migratorios Iberoamericanos. PARES <https://pares.mcu.es/MovimientosMigratorios/staticContent.form?viewName=presentacion>.
- Ellis Island National Museum of Immigration <https://www.statueofliberty.org/>.

10. NOMENCLÁTORES Y CALLEJEROS

Según el DRAE (2024), *nomenclátor* se define como un «catálogo de nombres propios o de voces técnicas de una disciplina». Aplicado al ámbito geográfico sería el «catálogo de entidades del mundo real que contiene alguna información sobre su posición; para ello, asocia nombres geográficos con localizaciones geográficas. Se puede designar como "nomenclátor geográfico"» (Vázquez Hoehne, 2010: 4).

Cuando en los primeros capítulos se habló sobre los conocimientos que un genealogista debía tener, se mencionó la geografía como uno de ellos, para poder conocer las divisiones territoriales, administrativas y políticas de un país. Aplicado a la genealogía, significa que, si un lugar aparece vinculado a una persona y tenemos que pedir su certificado, hay que saber dónde se encuentra ese lugar para hacer la petición al Registro Civil o parroquia correspondiente. Cuando son lugares contemporáneos, no generan ningún obstáculo, el problema surge cuando nos topamos con el nombre de un sitio que ya no existe en la actualidad —jurisdicción antigua— o que sí existe, pero no sabemos a qué municipio corresponde, sobre todo si hace referencia a entidades inframunicipales —por ejemplo, en Galicia la aldea y la parroquia son las unidades territoriales básicas, y tenemos que averiguar a qué concejo pertenecen—.

Se señalan algunas webs OSINT de nomenclátores geográficos y callejeros que nos pueden servir de información:

- Infraestructura de Datos Espaciales de España <https://www.idee.es/>.
- Instituto Geográfico Nacional (IGN). Nomenclátores geográficos <https://www.ign.es/web/rcc-nomenclator-nacional>.
- Instituto Nacional de Estadística (INE):

  Nomenclátor: Población del padrón continuo por unidad poblacional <https://www.ine.es/nomen2/index.do>.

  ¿Cuántos se llaman...? [Distribución de nombres y apellidos] <http://www.ine.es/widgets/nombApell/index.shtml>.

  Alteraciones de los municipios en los censos de población desde 1842 <https://www.ine.es/intercensal/>.
- Ministerio de Administraciones Públicas (2008). *Variaciones de los municipios de España desde 1842* <https://www.hacienda.gob.es/Documentacion/Publico/SGT/CATALOGO_SEFP/100_Variaciones-INTERNET.pdf>.
- NomeCalles. Nomenclátor oficial y callejero de la Comunidad de Madrid <https://gestiona.comunidad.madrid/nomecalles/>.
- Nomenclátor Geográfico de Euskadi. Lurralde Plangintza eta Hiri Agenda <https://www.euskadi.eus/izendegigeografikoa/>.

- Nomenclàtor Toponímic de les Islles Balears (NOTIB) <https://notib.recerca.iec.cat/>.
- Xunta de Galicia. Nomenclátor <https://www.xunta.gal/nomenclator>.

11. PORTALES, PÁGINAS Y BLOGS SOBRE GENEALOGÍA

Se señalan algunas páginas y blogs sobre genealogía en España. También se recogen algunas direcciones de Internet para la investigación en Francia, Portugal e Italia, así como otras webs.

- Afigen (Aficionados a la genealogía) <https://afigen.blogspot.com/>.
- Autillo de Campos (Palencia) <https://autillodecampos.blogspot.com/p/genealogia-de-autillo-de-campos_14.html>.
- Canicosa (Burgos) <http://www.canicosa.info/intro.html>.
- Centro Comarcal de Patrimonio Digital (CCPD, Comarca Ribera Alta del Ebro, Aragón) <http://patrimoniodigitalrialebro.com/el-proyecto/>.
- El Valle de Turón (Asturias). Genealogía <https://www.elvalledeturon.net/genealogia>.
- Enredo. Genealogía de Hinojosas de Calatrava (Ciudad Real) <https://enredo.es/gendb/index.php?ctype=gedcom>.
- Enrique Cervera (web) (Pontevedra) <https://www.enriquecervera.es/index.php/es/>.
- Euskal Kultura <http://www.euskalkultura.com/espanol/genealogia>.
- El Anillo <https://elanillo.com/form.html>.

- Genealogía Almería <https://www.genealogiaalmeria.com/inicio>.
- Genealogía de Cantabria <http://genealogiadecantabria.blogspot.com/>.
- Genealogía española-España GenWeb <http://www.genealogia-es.com/>.
- Genealogía hispana <https://www.genealogiahispana.com/>.
- Heraldaria. Heráldica y genealogía hispana <https://blog.heraldaria.com/>.
- ListGene España <http://listgene.com/>.
- Palencia genealógica <https://palenciagenealogica.blogspot.com/>.
- Segovia genealógica <https://segoviagenealogica.blogspot.com/>.
- Valladolid genealógico <https://valladolidgenealogico.blogspot.com/>.
- Villar de Cañas (Cuenca) <https://www.villardecanas.es/index.html>.
- Zumbados por la genealogía <http://zumbadosgenealogia.blogspot.com/>.

Francia

- Archives départementales en ligne —cada archivo departamental tiene su propia web—. <https://www.archives-departementales.com/>.
- Archives Nationals D'Outre-Mer <https://recherche-anom.culture.gouv.fr/>.
- France Archives <https://francearchives.gouv.fr/>.
- Gen Francesa <https://genfrancesa.com/>.

- Guerre et conflits armés > Les réfugiés en France à la suite de la Guerre civile espagnole (1936-1940) <https://www.siv.archives-nationales.culture.gouv.fr/siv/cms/content/display.action?uuid=Accueil1RootUuid&onglet=1>.
- Gen-Ibérica <https://www.geniberica.net/>.
- Ministère de la Culture <https://www.culture.gouv.fr/Thematiques/Archives>.
- Plateforme ouverte des données publiques françaises <https://www.data.gouv.fr/fr/datasets/fichier-des-personnes-decedees/#>.
- Salon Généalogie Paris 15 <https://www.salondegenealogie.com/>.

Italia

- Apellidos italianos <http://www.apellidositalianos.com.ar/>.
- Direzione Generale Archivi <https://archivi.cultura.gov.it/home>.
- Portale Antenati <https://antenati.cultura.gov.it/>.

Portugal

- Arquivo Nacional Torre do Tombo <https://antt.dglab.gov.pt/> <https://digitarq.arquivos.pt/>.
- Centro de Investigação Transdisciplinar «Cultura, Espaço e Memória» (CITCEM) <http://www.ghp.ics.uminho.pt/>.
- DNA Cidadania <https://dnacidadania.com.br/arquivos-distritais-de-portugal/>.
- Genealogia FB <https://genealogiafb.blogspot.com/>.
- Tombo <https://tombo.pt/>.

Otras webs

- Catholic Heritage Archive <https://www.catholicheritagearchive.com/>.
- Centrum voor familiegeschiedenis (CBG, Países Bajos) <https://cbg.nl/>.
- CubaGenWeb <http://cubagenweb.org/>.
- Family Tree Magazine <https://www.familytreemagazine.com/>.
- Genealogy <www.genealogy.com>.
- Historia y genealogía hispanoamericana <https://geneasud.blogspot.com/>.
- Surname Navigator <http://www.surnamenavigator.org/>.
- The Family History Guide <https://www.thefhguide.com/index.html>.

Tabla 5: Guía esquemática de las principales fuentes de información para la investigación en genealogía sucesoria.

1. Certificados: nacimientos, matrimonios, defunciones
• Registro Civil: desde 1870. • Juzgados de paz: desde 1870. • Deslocalizados: registros civiles digitalizados a partir de 1950. • Registro Civil Central: hechos en el extranjero.
2. Partidas legalizadas: bautismos, matrimonios, enterramientos
• Archivos parroquiales: documentos de menos de cien años o cuyos fondos estén sin concentrar. • Archivos históricos diocesanos: documentación de más de cien años o cuyos fondos estén concentrados. • Parroquias castrenses: documentos de miembros de las Fuerzas Armadas.
3. Prerregistro civil, padrones de población, censos electorales, quintas
• Archivos municipales.

• Archivos de diputaciones provinciales. • Archivos históricos.
4. Bibliotecas y hemerotecas digitales
• Estatales: o Hemeroteca Digital (Biblioteca Nacional de España). o Portal Hispana (Ministerio Cultura). o Biblioteca Virtual de Prensa Histórica (Ministerio de Cultura). • Autonómicas: Galiciana... • Provinciales. • Locales. • Internacionales: Gallica, Europeana...
5. Bases de datos genealógicos
• Ancestry. • FamilySearch. • Filae. • FindMyPast. • Geneall. • Geneanet. • Geni. • MyHeritage. • Portal de Archivos Españoles (PARES). • Portal de Movimientos Migratorios Iberoamericanos. • Asociaciones. • Grupos de indexación (redes sociales).
6. Esquelas, obituarios, cementerios
• Hemerotecas: *ABC, La Vanguardia*, etc. • Webs específicas: Rememori.com; Esquelas.es • Cementerios.

Fuente tabla: elaboración propia.

X. Derecho de acceso a los documentos y archivos

1. LIBRE ACCESO

El derecho de acceso a los documentos y archivos[245] está íntimamente ligado a una de las funciones propias de estas instituciones como es la difusión de sus fondos documentales, tanto para la Administración en el ejercicio de sus funciones como para la ciudadanía como interesada en el procedimiento y para la investigación. Los archivos se encargan de la organización del patrimonio documental, de su custodia y conservación, y de velar por los derechos de los ciudadanos.

Hay que recordar que este derecho de acceso, tal y como se concibe en la actualidad, es muy reciente. Siguiendo a Cruz Mundet (1996), a lo largo de la evolución histórica de la archivística[246] se ha pasado de un acceso restringido a los documentos —solo grupos de poder y élites—, desde la Antigüedad hasta el Antiguo Régimen (período prearchivístico), a una apertura a los investigadores a partir de la Revolución francesa; y ya, en el siglo

---

245 Para la realización de este capítulo se han consultado los siguientes autores: Gil Honduvilla (2009); Cruz Mundet (1996); Heredia Herrera (1995); Fernández Ramos (2016; 2017); legislación del BOE.

246 Definición de *archivística* según el *Diccionario de terminología archivística* de la Subdirección General de los Archivos Estatales (1995) del Ministerio de Cultura: «Disciplina que trata de los aspectos teóricos y prácticos de los archivos y el tratamiento archivístico de sus fondos documentales» <https://www.cultura.gob.es/cultura/areas/archivos/mc/dta/diccionario.html>.

XX, a la ciudadanía, junto con la expansión de la democracia como forma de organización que vela por los derechos ciudadanos frente a la Administración, y para «neutralizar» el poder que esta tiene frente al administrado (período de desarrollo archivístico desde el siglo XIX hasta la actualidad).

En los regímenes democráticos, el acceso a la documentación pública y la transparencia de las Administraciones públicas deben ser la pauta general, y las restricciones a ello, la excepción. Este derecho de acceso figura solo en textos legales fundamentales recientes; así, en nuestra Constitución (TOL173.304) está regulado en el artículo 105.b)[247], donde se establecen ya varios límites sobre los que se van a circunscribir las posteriores normativas.

Aunque en la teoría estos textos legales reconocen el derecho de acceso de los ciudadanos, en la práctica el público que acude a los archivos puede encontrar obstáculos en la consulta de los documentos debido a la disparidad legislativa existente. A ello se suma el exceso de celo o el desconocimiento de los empleados públicos, que hace que haya interpretaciones arbitrarias.

El acceso a los documentos de los archivos públicos es libre y gratuito —es un derecho constitucional—, pero con las restricciones que marca la ley. Al respecto, algunos autores consideran que el libre acceso, como tal, no se contempla en la legislación para la documentación administrativa (sí en la documentación histórica). En la legislación española se establecen dos limitaciones a la hora de ejercitar este derecho de acceso: uno dado por el estado de conservación de los documentos, y el otro, restringido desde un punto de vista legal.

---

247 «Artículo 105. La Ley regulará: [...] b) El acceso de los ciudadanos a los archivos y registros administrativos, salvo en lo que afecte a la seguridad y defensa del Estado, la averiguación de los delitos y la intimidad de las personas».

Algunos autores llegan a la conclusión del caos y confusión normativa respecto a las normas que regulan este derecho, sobre todo por la existencia de diferentes plazos de acceso, contradicciones o ambigüedades. Otros destacan sus restricciones al identificar la transparencia y el acceso a la información pública no como un derecho de acceso, sino como un suministro de información indirecto. Pero lo que más señalan es el gran desconocimiento por parte de la ciudadanía de estos derechos. Se puede revisar en el anexo de este manual la «Legislación reguladora del derecho de acceso y consulta de la documentación».

2. ACCESO RESTRINGIDO POR CUESTIONES TÉCNICAS

El acceso restringido a los documentos por su estado de conservación es lo que la mayoría de los autores describen como una frontera técnica o archivística, y lo consideran una limitación inadmisible que puede evitarse o suprimirse con presupuesto y personal archivero. Según Cruces Blanco (2011: 163), «el acceso es el fruto de una adecuada gestión documental, cuestión esta bien establecida por los principios de la archivística, y que sin un tratamiento técnico de los documentos, también de la información, desde un principio, el acceso es a veces imposible y en la mayor parte de las veces lento e ineficaz».

Tal y como señala esta autora, los principios archivísticos sobre el acceso cubren dos aspectos del derecho de acceso: «el del acceso del público a los archivos y el de las responsabilidades del archivero y de quien trabaja con documentos para facilitar el acceso a los archivos y a la información en ellos contenida» (Cruces Blanco, 2011: 146).

Pero en la práctica podemos encontramos con archivos escasos de medios económicos y personales lo cual hace que parezcan más «almacenes de papeles» que un depósito archivístico por ausencia de instrumentos de información, descripción y control del fondo documental, locales insuficientes, fondos desorganizados, falta de equipamientos adecuados, etc. que hace que haya una imposibilidad real de acceso.

Para Cruces Blanco (2011: 155) llama la atención y es alarmante que, a pesar de toda la legislación y normas existentes, aún sigan existiendo archivos que carezcan de una organización con criterios archivísticos. Esta autora vincula también el acceso a los archivos con el concepto de custodia de los documentos públicos, al ser una garantía de los derechos de la ciudadanía y deberes de la Administración Pública, ya que la pérdida, deterioro o eliminación de los documentos lesiona estos derechos y deberes al impedir el acceso y el conocimiento de lo documentado (Cruces Blanco, 2011: 163).

La mayoría de las instituciones archivísticas señalan también como límites técnicos asociados a las solicitudes de acceso y reproducción por parte del público, los relacionados con el soporte original de los documentos, como la transposición a formatos diferentes del original cuyas manipulaciones puedan suponer un alto riesgo de deterioro; solicitudes repetitivas o que supongan un coste desproporcionado para la institución por su cantidad o complejidad; o aquellas que sean imposible de realizar por no disponer de tecnología y equipos adecuados para efectuar copias en un determinado formato.

3. ACCESO RESTRINGIDO DESDE UN PUNTO DE VISTA LEGAL/JURÍDICO

Los obstáculos o limitaciones jurídicas o legales solo afectarían a la documentación más reciente. El acceso restringido a documentación administrativa no histórica, según la normativa legal, está relacionado con diversas materias. Primero las enumeraremos para, a continuación, desarrollar algunas de estas limitaciones:

- Condición del usuario.

- Derecho de propiedad privada sobre determinados archivos no públicos.
- Intereses económicos, comerciales, industriales e intelectuales.
- Igualdad de las partes en los procesos judiciales y la tutela judicial efectiva.
- Fechas de tramitación y transferencia de la documentación.
- Función estadística pública.
- Funciones administrativas de vigilancia, inspección y control.
- Garantía de la confidencialidad o el secreto requerido en procesos de toma de decisión.
- Plazos cronológicos.
- Prevención, investigación y sanción de los ilícitos penales, administrativos o disciplinarios.
- Protección del medio ambiente.
- Política económica y monetaria.
- Razones de interés privado.
- Razones de interés general.
- Régimen electoral.
- Registro Central de Penados.

a) Por razones de interés privado: son restricciones —cuando no media el consentimiento expreso del afectado— a la consulta de documentos que contengan información relacionada con datos personales sobre la seguridad de personas vivas, de carácter policial, de carácter procesal, de carácter clínico, u otros datos que puedan afectar a la intimidad de su vida privada, familiar, su propia imagen y honor.

b) Por razones de interés general: acceso restringido a la documentación relacionada con materias clasificadas de acuerdo con la Ley 9/1968, de 5 de abril, reguladora de los Secretos Oficiales (TOL137.780), seguridad y defensa del Estado y la averiguación de delitos o las relaciones exteriores.

c) Por intereses económicos, comerciales, industriales e intelectuales: se garantizan los secretos comerciales e industriales, la propiedad intelectual e industrial y el secreto profesional.

d) Por las fechas de tramitación y transferencia de la documentación: dentro del ciclo de vida de los documentos pueden distinguirse varias fases desde su creación que se corresponden con varios tipos de archivo—de gestión, central e intermedio—, con diferentes valores primarios —administrativo, contable, fiscal, jurídico, legal— hasta su fase final de archivo histórico, con valores secundarios —histórico, archivístico, informativo—. La legislación autoriza el acceso teniendo en cuenta las fechas de tramitación de los documentos: se permite el acceso a expedientes en tramitación —fase de archivo de oficina o de gestión— a aquellos ciudadanos que tengan la condición de interesados en esos procedimientos, así como la libre consulta de los ya tramitados y que hayan sido transferidos al archivo central.

e) Por plazos cronológicos: contemplado por la Ley 16/1985, de 25 de junio, del Patrimonio Histórico Español (TOL227.904), en su artículo 57.1.c)[248] se establecen los siguientes límites según los plazos de tiempo que hayan transcurrido: veinticinco años desde el fallecimiento de la

---

[248] Artículo 57.1.c): «Los documentos que contengan datos personales de carácter policial, procesal, clínico o de cualquier otra índole que puedan afectar a la seguridad de las personas, a su honor, a la intimidad de su vida privada y familiar y a su propia imagen, no podrán ser públicamente consultados sin que medie consentimiento expreso de los afectados o hasta que haya transcurrido un plazo de veinticinco años desde su muerte, si su fecha es conocida o, en otro caso, de cincuenta años, a partir de la fecha de los documentos».

persona, si la fecha es conocida o, en caso de no conocerse, cincuenta años a partir de la fecha de los documentos.

La Ley Orgánica 1/1982, de 5 de mayo, de Protección Civil del Derecho al honor, a la intimidad personal y familiar y a la propia imagen (TOL585.549), en su artículo 4.3 establece que el derecho al honor sobrevive al causante ochenta años después de su muerte («siempre que no hubieren transcurrido más de ochenta años desde el fallecimiento del afectado»). Aparentemente, podría producirse un conflicto entre el artículo 4.3 de la Ley Orgánica 1/1982 y el artículo 57.1.c) de la Ley 16/1985, pero autores como Gil Honduvilla (2009) señalan que no es así, al diferenciar entre el derecho a la difusión de la información y el derecho de consulta de documentos[249].

Por su parte, la Ley Orgánica 3/2018, de 5 de diciembre, de Protección de Datos Personales y garantía de los Derechos digitales (TOL6.933.570), en su artículo 2.2b establece que esta ley orgánica no será de aplicación «a los tratamientos de datos de personas fallecidas, sin perjuicio de lo establecido en el artículo 3[250]».

---

249 Gil Honduvilla (2009): «A mi entender no. Lo que confiere el art. 57 no es un derecho a la difusión de cualquier tipo de información sino el de consulta de documentos, mientras que lo que defiende el art. 4.3 es un derecho de acción, no ante la consulta, sino ante la difusión de informaciones que afecten al derecho fundamental al honor, a la intimidad personal y familiar y a la propia imagen».

250 «Artículo 3. Datos de las personas fallecidas.
1. Las personas vinculadas al fallecido por razones familiares o de hecho así como sus herederos podrán dirigirse al responsable o encargado del tratamiento al objeto de solicitar el acceso a los datos personales de aquella y, en su caso, su rectificación o supresión.
Como excepción, las personas a las que se refiere el párrafo anterior no podrán acceder a los datos del causante, ni solicitar su rectificación o supresión, cuando la persona fallecida lo hubiese prohibido expresamente o así lo establezca una ley. Dicha prohibición no afectará al derecho de los herederos a acceder a los datos de carácter patrimonial del causante.

El Reglamento (UE) 2016/679 del Parlamento Europeo y del Consejo, de 27 de abril de 2016, relativo a la protección de las personas físicas en lo que respecta al tratamiento de datos personales y a la libre circulación de estos datos y por el que se deroga la Directiva 95/46/CE (Reglamento general de Protección de Datos) (TOL5.703.078), señala que la protección de datos no afecta a personas fallecidas[251].

---

2. Las personas o instituciones a las que el fallecido hubiese designado expresamente para ello podrán también solicitar, con arreglo a las instrucciones recibidas, el acceso a los datos personales de este y, en su caso su rectificación o supresión.
Mediante real decreto se establecerán los requisitos y condiciones para acreditar la validez y vigencia de estos mandatos e instrucciones y, en su caso, el registro de los mismos.
3. En caso de fallecimiento de menores, estas facultades podrán ejercerse también por sus representantes legales o, en el marco de sus competencias, por el Ministerio Fiscal, que podrá actuar de oficio o a instancia de cualquier persona física o jurídica interesada.
En caso de fallecimiento de personas con discapacidad, estas facultades también podrán ejercerse, además de por quienes señala el párrafo anterior, por quienes hubiesen sido designados para el ejercicio de funciones de apoyo, si tales facultades se entendieran comprendidas en las medidas de apoyo prestadas por el designado».

[251] Reglamento (UE) 2016/679:
«Artículo 27. El presente Reglamento no se aplica a la protección de datos personales de personas fallecidas. Los Estados miembros son competentes para establecer normas relativas al tratamiento de los datos personales de estas.
»Artículo 158. El presente Reglamento también debe aplicarse al tratamiento de datos personales realizado con fines de archivo, teniendo presente que no debe se [sic] de aplicación a personas fallecidas.
»Artículo 160. El presente Reglamento debe aplicarse asimismo al tratamiento datos personales que se realiza con fines de investigación histórica. Esto incluye asimismo la investigación histórica y la investigación para fines genealógicos, teniendo en cuenta que el presente Reglamento no es de aplicación a personas fallecidas».

f) Por la condición del usuario: acceso marcado por la condición de la persona como senadores, diputados autonómicos o concejales electos (miembros de corporaciones locales) que pueden tener un acceso más libre a los documentos en virtud de su condición representativa, en determinadas legislaciones.

g) Por el derecho de propiedad privada sobre determinados archivos no públicos: que se traduce en el derecho de los dueños de archivos a la libre utilización de un bien personal. Es el caso de la Iglesia católica, que, al tener la consideración de entidad privada, sus archivos tienen idéntica atención. En el supuesto de que recibieran subvenciones públicas, estos archivos deberían tener un tratamiento similar al dado a los archivos públicos.

4. PUBLICIDAD FORMAL DEL REGISTRO CIVIL

La publicidad formal[252] del Registro Civil está regulada en el Título VII de la Ley 20/2011, de 21 de julio, del Registro Civil (TOL2.166.566), el Decreto de 14 de noviembre de 1958 por el que se aprueba el Reglamento de la Ley del Registro Civil (TOL312.601), y la Instrucción de 9 de enero de 1987, de la Dirección General de los Registros y del Notariado, sobre legitimación de los particulares para obtener certificaciones del Registro Civil (TOL622.140).

---

252 «La publicidad registral formal deriva del hecho de ser un registro público y se refiere, desde este punto de vista, al derecho que tiene todo ciudadano con plena capacidad de obrar, o bien asistido por su representante legal, a tomar conocimiento de los asientos del Registro Civil que figuren en su registro individual, de forma ilimitada; al acceso a los datos que consten en el Registro Civil por parte de la administración pública en el desempeño de sus funciones y al de terceros que acrediten tener interés legítimo en obtener información registral de los datos que soliciten conocer (artículos 15 y 80 y siguientes de la Ley del Registro Civil)» (División de Tecnologías y Servicios Públicos Digitales, 2022:4).

En el artículo 15[253] de la Ley del Registro Civil se recoge el principio de publicidad. Según el artículo 80 existen distintas formas de publicidad: primera, mediante el acceso de las Administraciones y funcionarios públicos, en el ejercicio de sus funciones y bajo su responsabilidad, a los datos que consten en el Registro Civil; y segunda, mediante certificación. El artículo 82 expresa las clases de certificaciones que hay: a) literales —comprenden la totalidad del contenido del asiento o asientos a que se refieran—; b) en extracto —contienen los datos que se determinen reglamentariamente—; y c) negativas, cuando no consta ningún asiento. Solo «con carácter excepcional y con fines de investigación familiar, histórica o científica, se podrá autorizar el acceso a la información registral en los términos que reglamentariamente se establezcan» (artículo 80.4).

A los asientos que contengan «datos especialmente protegidos» (artículo 83) —datos con publicidad restringida— solo podrán acceder el propio inscrito, sus representantes legales o con autorización expresa: a) la filiación adoptiva y la desconocida; b) la discapacidad y las medidas de apoyo; c) los cambios de apellido autorizados por ser víctima de violencia de género o su descendiente, así como otros cambios de identidad legalmente

---

[253] «Artículo 15. Principio de publicidad.
1. Los ciudadanos tendrán libre acceso a los datos que figuren en su registro individual.
2. El Registro Civil es público. Las Administraciones y funcionarios públicos, para el desempeño de sus funciones y bajo su responsabilidad, podrán acceder a los datos contenidos en el Registro Civil.
3. También podrá obtenerse información registral, por los medios de publicidad previstos en los artículos 80 y siguientes de la presente Ley, cuando se refieran a persona distinta del solicitante, siempre que conste la identidad del solicitante y exista un interés legítimo.
4. Quedan exceptuados del régimen general de publicidad los datos especialmente protegidos, que estarán sometidos al sistema de acceso restringido al que se refieren los artículos 83 y 84 de la presente Ley».

autorizados; d) la rectificación del sexo; e) las causas de privación o suspensión de la patria potestad; y f) el matrimonio secreto.

Estos asientos a los que no se dará publicidad sin autorización especial también se incluyen en el artículo 21 del citado Decreto de 14 de noviembre de 1958: a) la filiación adoptiva o desconocida o de circunstancias que descubran tal carácter y del cambio del apellido Expósito u otros análogos o inconvenientes; b) la rectificación del sexo; c) las causas de privación o suspensión de la patria potestad; d) los documentos archivados, en cuanto a los extremos citados en los números anteriores o a circunstancias deshonrosas o que estén incorporados en expediente que tenga carácter reservado; e) el legajo de abortos; y f) los cambios de apellido autorizados.

El artículo 17 del Decreto de 14 de noviembre de 1958 también establece que «el encargado y, por su delegación, el secretario son los únicos funcionarios que pueden certificar de los asientos del Registro. Están, además, obligados a informar a los interesados para facilitarles la publicidad registral. El interés en conocer los asientos se presume en quien solicita la certificación».

La Instrucción de 4 de noviembre de 2008, de la Dirección General de los Registros y del Notariado, sobre acceso a la consulta de los libros de defunciones de los registros civiles, dictada en desarrollo de la disposición adicional octava de la Ley 52/2007, de 26 de diciembre (TOL1.394.971)[254] recoge el acceso a las actas de estos libros.

---

254 Ley 52/2007, de 26 de diciembre, por la que se reconocen y amplían derechos y se establecen medidas en favor de quienes padecieron persecución o violencia durante la guerra civil y la dictadura (TOL1.211.483), derogada por Ley 20/2022, de 19 de octubre, de Memoria Democrática (TOL9.256.721).

5. INTERÉS LEGÍTIMO PARA LA SOLICITUD DE CERTIFICADOS

La nueva Ley 20/2011, de 21 de julio, del Registro Civil (TOL2.166.566), con entrada en vigor el 30 de abril de 2021, introduce la necesidad de valorar el interés legítimo del solicitante para la expedición de certificados. Pero esto solo se aplica a aquellas solicitudes de personas que no sean los titulares del registro individual sobre el que se pide la inscripción —terceros no autorizados— que vayan dirigidas únicamente a una oficina de Registro Civil en la que ya se haya implantado el nuevo modelo de Registro Civil (Oficinas DICIREG). Es el caso de las solicitudes hechas por el genealogista sucesorio o por abogados para la investigación de las herencias yacentes.

En un principio, a los investigadores el interés legítimo «en conocer los asientos se presume en quien solicita la certificación» (artículo 17 del Reglamento del Registro Civil). Y, además, solo «con carácter excepcional y con fines de investigación familiar, histórica o científica, se podrá autorizar el acceso a la información registral en los términos que reglamentariamente se establezcan» (artículo 80.4 de la Ley del Registro Civil).

En la práctica, algunas veces a estas empresas se les niega el acceso a la publicidad registral al especificar que persiguen la consecución de un objeto social mercantil y su interés legítimo no está relacionado directamente con la propia naturaleza del estado civil, salvo si aportan el documento de encargo de los familiares o personas con posible derecho a esa herencia:

> Como criterio básico para valorar la existencia de ese interés legítimo en los terceros que lo precisen, se establece que la finalidad de la solicitud deberá estar vinculada a la propia naturaleza del Registro Civil y no a otros fines mercantiles o comerciales distintos (por ejemplo, empresas de búsqueda de herencias yacentes) (Registro Civil, 2023: 4).

El Ministerio de Justicia da pautas[255] para ayudar a los funcionarios en sus tareas para la verificación de este interés legítimo al detallar por grupos los tipos de interesados. Que haya este tipo de documentos, donde se hace alusión a estas empresas, es muy significativo, ya que refleja la realidad de la genealogía sucesoria como profesión emergente que se encuentra en un limbo.

De esta forma, los tipos de solicitantes con legítimo interés para acceder a los datos del Registro Civil se pueden dividir en varios grupos. En todos los casos los peticionarios deben acreditar su identidad o autenticarse al formular la solicitud:

1) Con acceso libre a sus propios datos o a los datos de su representado o autorizante, integrado por:
   - El titular del registro individual.
   - Su representante legal, cuando el titular sea menor de edad o con capacidad jurídica modificada judicialmente.
   - Persona distinta que contara con autorización del titular o del representante legal del titular vivo, aportando autorización del inscrito o del representante legal, por el medio legal oportuno.
2) Terceros distintos de los anteriores siempre que se identifiquen y para el que se presume la existencia de interés legítimo, en virtud de su relación de parentesco:
   - Cónyuge.
   - Pareja de hecho.

---

255 Se transcribe la información aportada en dos documentos: *Solicitudes de certificados de registro civil: nacimiento, matrimonio y defunción. Preguntas frecuentes,* de la División de Tecnologías y Servicios Públicos Digitales (2022); y *Pautas para la verificación del interés legítimo para la emisión de certificaciones,* del Registro Civil (2023).

- Ascendientes y descendientes hasta el segundo grado del inscrito.

3) Terceros distintos de 1) y 2):

- Terceros intermediarios que comprueban la identidad e interés legítimo del interesado: por ejemplo, un notario actuando de ventanilla física colaboradora, en su condición de funcionario público.
- Autoridades administrativas y judiciales.
- Autorizados por el juez de primera instancia.
- Terceros no autorizados, siempre que aporten documento justificativo, como en los siguientes casos:

a) Titular de derechos en proindiviso con el sujeto inscrito del que se pide la certificación de Registro Civil.

b) Cualesquiera otras situaciones de derechos civiles (servidumbres, linderos, medianerías, regularización de inscripciones en otros registros públicos) para cuyo ejercicio sea preciso conocer datos de la persona inscrita, por afectar directamente a esos derechos.

En ambas es necesario que el solicitante aporte la escritura pública o el certificado o nota simple del Registro de la Propiedad, donde figura como titular de derechos.

c) Ejercicio de acciones relacionadas con la personalidad, la capacidad y las relaciones paternofiliales, entre otras, que exigen el conocimiento previo de datos de la persona afectada.

d) Acreedores del sujeto inscrito, demostrando la relación contractual con el inscrito mediante factura, contrato, etc.

e) Posibles herederos, probándolo mediante copia del testamento, de la declaración de herederos o de documentos similares donde se pueda expresar su relación y su posible derecho a heredar. Se especifica que «en casos de empresas o despachos de abogados, que dicen realizar investigaciones para la gestión de herencias yacentes, aportación de documento de encargo de los familiares o personas con posible derecho a esa herencia» (Registro Civil, 2023: 5).

XI. Análisis de la información en la investigación genealógica

Antes de iniciar un proceso de investigación genealógica es conveniente plantearse una serie de preguntas que nos ayuden a planificar, organizar y establecer un método de trabajo para averiguar si hay tendencias o patrones que se repitan en los expedientes y que nos puedan predecir de antemano su éxito o no. La finalidad del análisis de la información es la optimización de los resultados, por lo que se podrían hacer las siguientes preguntas para llevarlo a cabo:

- ¿Cuál es el rol del genealogista sucesorio dentro de la organización?
- ¿Cómo investiga el genealogista?
- ¿Cuánto tarda en investigar un expediente?
- ¿Cuántos expedientes tiene asignados?
- ¿Cuáles son las fuentes de información que utiliza?
- ¿Cómo se pueden identificar los expedientes más rentables?
- ¿Cuántos casos hay de éxito y de fracaso?
- ¿Cuáles son las principales causas de desestimación de expedientes?
- ¿Cómo puede reducirse el promedio de expedientes desestimados?
- ¿Qué problemas aparecen en la investigación?
- ¿Cuáles son las causas de estos problemas?
- ¿Cómo es de grande el volumen de decisiones?

- ¿Cuál es el grado de eficiencia a la hora de realizar tareas?
- Etc.

Es importante conocer las respuestas a todas estas preguntas, puesto que el objetivo final que se persigue es el éxito de todos los expedientes, es decir, el paso de la fase de investigación a la de tramitación. Para ello hay que recuperar lo que ya se expuso en el capítulo sobre el método científico aplicado a la genealogía, recordando que durante la investigación genealógica se van a recolectar gran cantidad de datos que se van a tener que organizar e interpretar para generar información:

> Podemos definir el método genealógico como el procedimiento técnico por el cual un investigador efectúa (...) una recolección de ciertos datos sobre los integrantes —tanto ascendientes como descendientes—de una o más familias y realiza luego el procesamiento y análisis de esa información (Davinson Pacheco, 2007: 168).

Antes de intentar dar una respuesta a todas estas preguntas planteadas, resulta óptimo tener en cuenta una serie de conceptos que se interrelacionan y que nos van a ayudar a que nuestro trabajo sea más efectivo, pues el volumen de datos e información que se maneja es muy elevado, y se necesita que estén bien organizados y clasificados para poder generar conocimiento. A continuación, se señalan algunos de estos conceptos para luego llevarlos a la práctica en el capítulo siguiente.

1. DATOS, INFORMACIÓN Y CONOCIMIENTO

Los datos se pueden definir, según Ponjuán (2004, en Chávez Montejo y Pérez Sousa, 2013: 223), como un «conjunto de hechos discretos y objetivos sobre acontecimientos. En el contexto de una organización, los datos son descritos como registros estructurados de transacciones. Constituyen la materia prima para la creación de información».

Las organizaciones producen y reciben grandes cantidades de datos que pueden ser de diferentes tipos (Joyanes Aguilar, 2020: 10, 69-72):

- No estructurados: corresponde al 80 % de la información. Son generados por humanos (documentos, vídeos, audios, comunicaciones en las redes sociales etc.) y su formato no se puede indexar con facilidad en tablas relacionadas para su análisis.
- Semiestructurados: *software*, hojas de cálculo, correos electrónicos, etc. Se utilizan etiquetas y marcadores para identificar algunos de sus elementos.
- Estructurados: solo el 20 % de la información es estructurada (bases de datos).

A su vez, según Joyanes Aguilar (2020: 11), los tipos de datos se dividen en:

- Internos: son los generados, recopilados y recibidos por la organización en el desarrollo de sus funciones, por lo que proceden y se adquieren de las propias fuentes internas. Son privados y confidenciales.
- Externos: provienen de fuera de la organización y son los recopilados por fuentes externas (HUMINT y OSINT), incluidos los comprados a terceros (bases de datos de pago).
- Públicos: aquellos que la organización produce de cara al público con la finalidad de comunicar cosas. Pueden abarcar desde unas memorias, actividades, catálogos de productos, servicios ofrecidos, etc., que suelen estar en su web comercial.

Los datos contextualizados, con valor añadido y con significación, se convierten en información (Chávez Montejo y Pérez Sousa, 2013: 223). A diferencia de los datos, la información tiene significado, relevancia y propósito (Fernández Valdés y Ponjuán Dante, 2008). La información puede ser cuantitativa o cualitativa y agruparse en varios tipos:

- Ruido: información que no es relevante para nuestra investigación pero que se cuela y nos hace perder el tiempo, por lo que se la desecha.
- Útil: información que es alcanzable y de mucha utilidad ya que «la utilidad es la capacidad que tiene un recurso informativo de ser aprovechado para un fin determinado. La información "útil" es aquella que puede satisfacer una necesidad informativa de manera práctica» (Biblioteca Virtual de la Universidad de Guadalajara, s .f.).
- Crítica: información de gran utilidad pero que es muy difícil de obtener. Con ella se puede alcanzar la ventaja competitiva.

Por otro lado, el conocimiento «debe identificarse como la información que se asimila por un individuo y que le permite a este tomar decisiones y actuar. En este sentido, el conocimiento se encuentra mucho más relacionado con la acción que los datos o la propia información» (Fernández Valdés y Ponjuán Dante, 2008: 3).

Se distingue el conocimiento explícito —«que está codificado y que es transmisible a través de algún sistema de lenguaje formal» y que se gestiona— del conocimiento tácito — «aquel que es difícil de articular de forma que sea manejable y completo, difícil de gestionar» y que no se encuentra codificado— (Rivera-Berrío, 2006: 71-72).

El conocimiento tácito es el adquirido por la propia experiencia —del genealogista, en este caso—: las experiencias de trabajo, emocionales, vivenciales, el *know-how*, las habilidades, las creencias, entre otras. Es el conocimiento intuitivo y subjetivo. Es el que genera ventaja competitiva ya que «se inicia con el individuo, transformándose en conocimiento organizativo valioso para toda la empresa» (Rivera-Berrío, 2006: 71-72).

2. GESTIÓN DOCUMENTAL, DE LA INFORMACIÓN Y DEL CONOCIMIENTO

La gestión documental es entendida por Fernández Valdés y Ponjuán Dante (2008: 3) como «un proceso administrativo que permite analizar y controlar sistemáticamente, a lo largo de su ciclo de vida, la información registrada que se crea, recibe, mantiene y utiliza una organización en correspondencia con su misión, objetivos y operaciones».

La gestión documental es clave para que los usuarios accedan a la información de forma pertinente permitiendo el acceso a las fuentes, la identificación del documento, su búsqueda y recuperación. Un expediente mal clasificado es un expediente perdido, de ahí la importancia de aplicar los principios de la archivística en la empresa —despachos de abogados— con la organización de archivos departamentales y archivos centrales. También se las debe concienciar de que un archivo no es un almacén de papel donde se dejan los expedientes en cualquier lado, porque luego, cuando hay que recuperarlos unos meses después, no se sabe dónde se guardaron, con la consiguiente pérdida de tiempo en buscarlos y de dinero al tener que volver a pagar por un poder, un testamento, etc. Asimismo, toda la empresa tiene que hablar el mismo lenguaje, es decir, la estandarización o normalización del lenguaje a la hora de describir los documentos.

Por su parte, Fernández Valdés y Ponjuán Dante (2008: 4) explican la gestión de la información como la «búsqueda de información para la satisfacción de una necesidad determinada de los usuarios». Según estas autoras, para que exista esta gestión «la organización debe poner en función de la información recursos básicos: económicos, físicos, humanos y materiales, con vistas a manejar la información en la organización y para la comunidad de usuarios a los que brinda sus servicios».

Bustelo Ruesta y Amarilla Iglesias (2001, en Fernández Valdés y Ponjuán Dante, 2008: 5) describen la gestión de la información como el conjunto de actividades realizadas con el fin de controlar, almacenar y, posteriormente, recuperar adecuadamente la información producida, recibida o retenida por cualquier organización en el desarrollo de sus actividades.

En Fernández Valdés y Ponjuán Dante (2008: 6) la gestión del conocimiento se detalla «como la gestión explícita y sistemática del conocimiento vital; así como de sus procesos asociados con la creación, recolección, organización, difusión, uso y explotación». Para estas autoras, «este concepto implica una nueva visión de la información, que requiere centrarse estratégicamente en el conocimiento valioso y concentrarse en el conocimiento que contribuirá al mejoramiento del desempeño organizativo».

3. INTELIGENCIA DE NEGOCIOS

La inteligencia de negocios *(business intelligence)* es una herramienta empresarial que transforma los datos en información y la información en conocimiento; el conocimiento se convierte en acciones para crear la ventaja competitiva del negocio (Joyanes Aguilar, 2020: 6).

El análisis de información tiene como principal función el permitir la toma de decisiones con dos finalidades principales: de cara al exterior, poder realizar los cambios pertinentes para mejorar la competitividad y posicionamiento del despacho de abogados en su sector; y, por otro lado, de carácter interno, para fomentar la cohesión del equipo de trabajo. Las personas son, sin duda, el mayor valor estratégico de una organización —«la fuente primaria de creación de valor», según diversos autores—. Para nuestro caso, el genealogista sucesorio representa la pieza clave dentro de la organización, la base sobre la que se sustenta la pirámide empresarial. Si el CEO y los principales directivos de la empresa no confían en su equipo de trabajo, va a resultar muy difícil llegar a la cima de la «sabiduría» en la pirámide DICS (figura 9).

Son tres, por lo tanto, las palabras claves que definen la *business intelligence*: personas, información y decisiones, que dan lugar a acciones. En relación con la gestión documental de la organización, Pirela Morillo, Sierra Escobar y Almarza Franco (2023) señalan cómo la inteligencia de negocios se podría aplicar a la archivística, resaltando lo que ambas aportan[256]. En esta línea, en la pirámide informacional o DICS (dato, información, conocimiento, sabiduría) se representa cómo el dato se convierte en inteligencia. Aunque son variadas las herramientas de *business intelligence* que permiten trabajar con información y que ayudan a mejorar el desempeño de las organizaciones, a continuación se van a mencionar algunas de ellas.

Figura 9: Pirámide DICS aplicada a la investigación genealógica

Fuente imagen: elaboración propia.

---

256 Pirela, Sierra y Almarza (2023): «Si bien la archivística estructuraría la información documental que las organizaciones producen como parte de sus dinámicas y lógicas de funcionamiento, la inteligencia de negocios aportaría las plataformas, aplicaciones, métodos, técnicas y ecosistemas para realizar los análisis cuantitativos y cualitativos de los datos e información organizada y disponible, gracias a la aplicación de los métodos y procedimientos archivísticos e informacionales».

4. MINERÍA DE DATOS Y MINERÍA DE TEXTOS, *BIG DATA* Y KPI

La minería de datos *(data mining)* tiene como objetivo encontrar patrones o tendencias repetitivas de los datos de grandes bases de datos, mediante el uso de técnicas y tecnologías (Joyanes Aguilar, 2020: 86). Este concepto, en su origen vinculado a la inteligencia artificial y a la estadística, que son la base de la minería de datos, se ha introducido, posteriormente, en las ciencias de la documentación y las ciencias de la información (análisis y descubrimiento de la información en conjuntos de datos).

Con el fin de dar respuesta al descubrimiento de información en datos no estructurados, surge la minería de textos *(text mining)*, que es el proceso de analizar texto para extraer información de utilidad. Según IBM (s. f.), «es el proceso de transformar texto no estructurado en un formato estructurado para identificar patrones significativos y nueva información».

Por otro lado, para Gil González (2016: 15), «el *big data* es el conjunto de tecnologías que permiten tratar cantidades masivas de datos provenientes de fuentes dispares, con el objetivo de poder otorgarles una utilidad que proporcione valor». El concepto de *big data* se aplica a toda la información que no puede ser procesada o analizada utilizando herramientas o procesos tradicionales (Gil González, 2016: 18), como los datos no estructurados («datafación»), pero sin olvidar los aspectos legales y éticos de este nuevo paradigma.

Dentro de las fuentes de datos de la organización se encuentran tanto las endógenas como las exógenas (Internet, redes sociales y datos abiertos de las Administraciones públicas). La investigación genealógica sucesoria es la investigación de datos, tanto en fuentes HUMINT como en fuentes OSINT (datos abiertos).

Por último, se hace referencia a los llamados KPI *(key performance indicator)*, que son los indicadores claves del rendimiento de nuestro trabajo como genealogistas. Los indicadores nacen de la idea de que todo aquello que se puede medir se puede mejorar. De esta forma, según Cano (2007: 65), «los KPI sirven a las organizaciones para evaluar si están alcanzando sus objetivos». Asimismo, este autor (2007: 65-66) comenta que «deben ser cuantificables y deben medir las mejoras en aquellas actividades que son críticas para conseguir el éxito de la organización. Los KPI deben estar relacionados con los objetivos y con las actividades fundamentales de nuestra organización (aquellas que nos permiten obtener los resultados)».

Los KPI deben responder a las siglas del acrónimo en inglés SMART: deben ser específicos («specific») —¿qué?—; medibles («measurable») —¿cuánto?—; alcanzables («achievable») —¿cómo?—; realistas («realistic») —¿con qué?—; y temporalizables («timely») —¿cuándo?—. Se va a proponer un reducido número de indicadores clave de rendimiento para las diferentes fases por las que pasa la investigación genealógica sucesoria, que sean reflejo de los objetivos por fases y que permitan acciones correctivas para optimizar la investigación.

5. EL EMBUDO DE VENTAS

El embudo de ventas o *sales funnel* es un término utilizado en *marketing* para describir el camino que sigue un usuario desde que conoce una empresa (cliente potencial) hasta que compra en ella (cliente real). En este sentido, cuantos más sean los usuarios que recorran las diferentes etapas del embudo, más posibilidades habrá de que se conviertan en clientes del negocio. Este concepto se podría aplicar a nuestro tema de estudio de muchas maneras, pero aquí lo vamos a enfocar en intentar explicar qué probabilidades existen de que un expediente acabe en éxito desde que entra en el despacho —y con éxito nos referimos a que pase de la fase de investigación a la de tramitación de la herencia yacente—.

Para valorar la eficacia del embudo de ventas es necesario realizar un seguimiento de los principales KPI del negocio. Con este propósito, primero se van a describir las diferentes etapas del embudo (figura 10) tomando en cuenta que, a medida que el embudo se va estrechando, van aumentando las dificultades, ya que el expediente va recorriendo las distintas fases de trabajo:

1. Etapa de descubrimiento y captación. Esta etapa corresponde con la parte más ancha del embudo, y está relacionada con la atracción y generación de tráfico. En ella, los usuarios están buscando soluciones a su necesidad o problema. Entran todo tipo de expedientes.
2. Consideración. En esta segunda etapa ya no hay tantos expedientes, sino solo aquellos que tienen viabilidad económica.
3. Acción. Se pasa a la fase de tratamiento, que se corresponde con la investigación genealógica.
4. Dificultades en la investigación/trabajo de campo. Es una de las fases más importantes, puesto que la resolución o no de los problemas encontrados define el éxito o no del expediente.
5. Éxito. Es la última etapa y la más estrecha del embudo. Son los casos de éxito.

En el siguiente capítulo se describirán los diferentes KPI o indicadores clave de rendimiento que pueden aplicarse en las distintas fases de la investigación genealógica sucesoria.

Figura 10: Embudo de ventas en la investigación genealógica

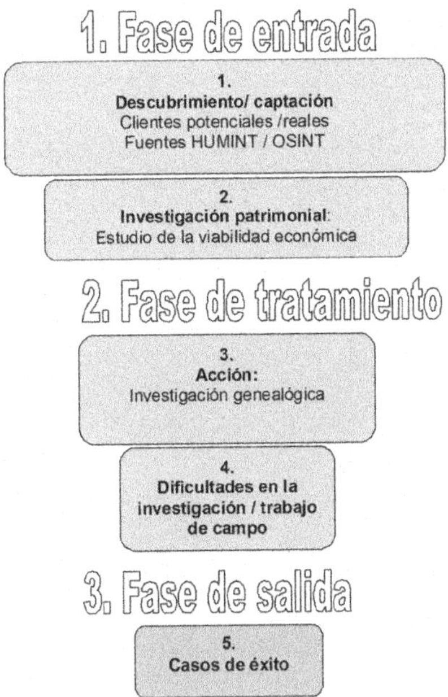

Fuente: elaboración propia.

XII. Fases en la investigación genealógica sucesoria

Desde que el expediente entra en la organización hasta su resolución pueden establecerse tres etapas diferenciadas en su investigación —entrada, tratamiento y salida— que son interdependientes, ya que el éxito en cada fase condiciona el inicio de la siguiente. La fase de entrada suele estar asignada al Departamento de Atención al Cliente o Comercial; la fase de tratamiento, al de Investigación y Localización de Herederos, donde se concentra toda la actividad genealógica; y la fase de salida puede corresponder también a Comercial o al Departamento de Revelación de Herencias, según la organización de la empresa. De esta manera, el profesional genealogista centra todos sus esfuerzos en la investigación pero en comunicación continua con las otras áreas.

A priori, es difícil especificar el tiempo que duran estas tres fases; cada investigación es diferente, pues no hay dos expedientes iguales, todos tienen sus peculiaridades. Pero, sin duda, la fase de tratamiento o de investigación genealógica es, por lo general, la etapa más larga, ya que en ella suelen influir dos tipos de factores. El primero, y tal vez el más importante, es el acceso —fácil o difícil— a las fuentes de información OSINT. Muchas veces estas fuentes son inaccesibles, bien porque han desaparecido, bien por su acceso restringido. Para que sea válida, toda investigación tiene que seguir el método científico, es decir, debe estar sustentada sobre fuentes documentales. Si estas no son alcanzables, el expediente puede paralizarse o, incluso, desestimarse.

Y el segundo aspecto es el económico, pues no solo hay que pagar muchas veces por las copias de los documentos solicitados, sino que, en ocasiones, hay que desplazarse físicamente a otros lugares para poder continuar con las pesquisas. A este respecto, en la actualidad, muchas Administraciones e instituciones públicas y privadas están realizando esfuerzos por difundir su patrimonio documental en Internet (archivos, hemerotecas, bibliotecas virtuales, etc.), lo que facilita enormemente el trabajo del genealogista, que puede investigar «desde casa». Si se quiere calidad, es decir, obtener toda la documentación necesaria para que el notario pueda tramitar la herencia, la investigación no debe ser un esprint, sino una carrera de fondo que requiere tiempo, análisis y meticulosidad.

Para poder responder a las preguntas formuladas en el capítulo anterior se tiene que analizar la información útil generada en las distintas fases por las que pasa el expediente y que ayuden a la toma de decisiones. Para ello, se van a utilizar tres categorías de análisis planteadas por Cano (2007: 75 y ss.): a) los hechos, es decir, aquello que queremos medir o analizar. Para ello, se definen una serie de objetivos por fase, b) con sus correspondientes datos cuantificables para analizar o KPI, y c) una serie de variables para analizar estos hechos —las dimensiones de análisis—, que reflejan cómo lo queremos medir.

Pero no hay que olvidar que para que todos estos conceptos tengan sentido es muy importante destacar la figura del líder (Cano, 2007: 155-156):

> La dirección del proyecto debe recaer sobre una sola persona con autoridad real sobre el mismo, para hacerlo avanzar decididamente y orientado al objetivo final. El jefe del proyecto debe ser un líder. Las funciones que debe llevar a cabo el jefe del proyecto son:
>
> • Concretar objetivos.
>
> • Organizar y planificar el proyecto.
>
> • Controlar resultados.
>
> • Cumplir plazos y presupuesto.
>
> • Resolver incidencias.

- Coordinar relaciones.
- Dirigir el equipo de trabajo.

1. FASE DE ENTRADA

Se corresponde con la fase más ancha del embudo de ventas, donde tiene lugar la entrada del expediente en el despacho de abogados por parte del informador o cliente. Hay una previa valoración patrimonial para verificar su viabilidad económica y, tras su respuesta positiva, se pasaría a la siguiente fase. El objetivo principal en esta fase es mejorar la toma de decisiones, de forma rápida y documentada, sobre qué expedientes pueden mostrarse más beneficiosos a la hora de priorizar la investigación. Para ello, los indicadores claves de rendimiento o KPI analizan los porcentajes de cada objetivo, y las dimensiones nos ayudan a hacer un análisis de los resultados, equiparable a un análisis comercial por productos (tabla 6).

Tabla 6: Fase de entrada en la investigación. Objetivos, KPI y dimensiones

Objetivos (hechos)	KPI (datos cuantificables)	Dimensiones de análisis
Captar clientes	Número de expedientes por tipo de cliente	Clientes
Priorizar expedientes	Número de expedientes viables	Masa patrimonial
Localizar herencias yacentes	Promedio de expedientes por fuentes HUMINT/OSINT	Fuentes
Clasificación de herencias yacentes	Promedio de expedientes nacionales/internacionales	Territorio

Fuente: elaboración propia. Se siguen las categorías de análisis utilizadas por Cano (2007).

Dimensión clientes

Define el *buyer* persona, es decir, el tipo de informador/cliente real que ofrece la mayor contribución y rentabilidad (segmentación de clientes por tipo de fuentes HUMINT). Esto aporta mucha información sobre la identificación de herencias yacentes por territorio (datos geográficos): el cliente en sí mismo, código postal, provincia, comunidad autónoma o región, y país. En esta dimensión, el objetivo es mejorar la captación de clientes, perfeccionar la atención a los mismos y conocer mejor al cliente potencial.

Dimensión masa patrimonial

Consiste en identificar qué tipo de herencias vacantes ofrecen la mayor viabilidad económica. Y es aquí donde se toma la primera decisión: si se continúa adelante con el expediente, o no, para alcanzar un objetivo en un plazo determinado, un coste controlado y una alta calidad para generar ingresos. Por lo tanto, el objetivo principal es priorizar expedientes.

Dimensión fuentes

Desglosa los resultados comerciales en función de la fuente de información de la que provienen los datos en la localización de herencias yacentes. Es decir, analizar las fuentes HUMINT: Administraciones públicas; administradores de fincas y colegios de administradores de fincas; abogados; comunidades de bienes, condominio o copropiedad; comunidades de propietarios y de vecinos; entidades aseguradoras y bancarias; herederos; notarios; otros profesionales; particulares, etc. Y analizar las fuentes abiertas OSINT: boletines oficiales estatales, autonómicos y locales; subastas, etc.

Dimensión territorio

Clasificar por territorio los expedientes —nacionales e internacionales— según dónde se investiguen las herencias, para poder evaluar la rentabilidad.

2. FASE DE TRATAMIENTO

Es la investigación en sí misma del expediente, y se corresponde con la fase más difícil y costosa, realizada por el genealogista sucesorio, relacionada con los tiempos de investigación y las tareas por desarrollar, el acceso a las fuentes y la resolución de las incidencias que vayan surgiendo, así como la elaboración del árbol genealógico (tabla 7).

Tabla 7: Fase de tratamiento en la investigación. Objetivos, KPI y dimensiones

Objetivos (hechos)	KPI (datos cuantificables)	Dimensiones de análisis
Identificar tipos de expedientes según el tiempo de investigación	Promedio de tiempo de investigación	Tiempo Tareas
Identificar las fuentes de información	OSINT	Fuentes (archivos)
Identificar los obstáculos en la investigación	Promedio de incidencias detectadas y tipología	Incidencias
Construir el árbol genealógico	Promedio de éxito	Herederos

Fuente: elaboración propia. Se siguen las categorías de análisis utilizadas por Cano (2007).

Dimensión tiempo

Establecer un calendario de actuación que solo la propia experiencia ayuda a definir, sin olvidar que los plazos para la investigación van a depender en gran medida de otras dos dimensiones: las fuentes y las incidencias. De este modo, según la resolución de los diferentes tipos de expedientes, este calendario podría ser el siguiente:

- Ultrarrápido: 1 mes.
- Rápido: tres meses.
- Medio: 6 meses.
- Lento: más de 6 meses.

Dimensión tareas

Es muy importante que el genealogista lleve un resumen actualizado de sus avances, con las tares ya resueltas y las pendientes de realizar, y un esquema del orden sucesorio con las personas investigadas por si tiene que ser relevado por otro empleado. Aunque los expedientes suelen asignarse a un solo investigador, hay algunos que, por su dificultad o cantidad de individuos por localizar, es recomendable que los lleven varias personas.

Las actividades llevadas a cabo pueden dividirse en tareas, que tienen que estar planificadas y ordenadas para responder a las preguntas: ¿cómo deben hacerse?, ¿cuándo deben hacerse?, y ¿por quién deben hacerse?, por lo que es muy recomendable definir su secuenciación e interdependencia (tabla 8). Normalmente, suele haber actividades que deben preceder a otras, o algunas que no pueden iniciarse sin la finalización de las anteriores. Para nuestra investigación, la tarea principal es encontrar el certificado de defunción de la persona causante. A no ser que se tengan otros datos, como fechas de nacimiento o de matrimonio, o libros de familia, etc., que permitan solicitar otros certificados para conseguir más datos, no se podría iniciar —y en algunos casos, ni resolver— un expediente.

Para la planificación de tareas, el diagrama de Gantt permite controlar la evolución del expediente y definir hitos para evaluar los avances en la obtención de los documentos necesarios: certificado de defunción, copia del testamento, etc.

Dimensión fuentes de información

Es muy importante conocer las fuentes de información OSINT disponibles para poder evaluar el éxito o no en una investigación, y aquellas que nos van a ayudar a hallar los datos adecuados. En este aspecto, los datos están descentralizados y segmentados, por lo que geográficamente pueden proceder de muchos lugares —según la tipología de archivos— y a diferentes velocidades —según el grado de organización y digitalización de sus fondos documentales—. Los certificados del Registro Civil son los que el notario va a pedir para la tramitación de la herencia, por lo que todos los esfuerzos se tienen que centrar en su localización. En caso de no ser así, se pueden sustituir por las partidas sacramentales legalizadas. Y luego apoyarse en archivos, bibliotecas, hemerotecas, bases de datos genealógicos, esquelas, obituarios, etc., para poder averiguar los datos que nos ayuden a solicitar estas actas.

Tabla 8: Ejemplo de tabla de control de entregables

Investigación	Tarea (entregable)	Tiempo (días)	Organismo	Recursos económicos	Incidencias
Causante	CD	15	RC	Gratuito	No
Causante	CN	40	JP		Sin localizar
Causante	CM	30	RC	Gratuito	No
Masa patrimonial	NL, NS	3	Registro Propiedad	Pago tasa	No
Últimas Voluntades	UV	15	Gerencia Territorial	Pago tasa	No
Seguros	Seguros	15		Pago tasa	
Testamento			Notario		Investigando familiar con interés legítimo
Cónyuge	CD	30	RC	Gratuito	
Descendencia	Sin descendencia				
Padres					

Hermanos /Sobrinos					
Tíos paternos					
Tíos maternos					
Primos paternos					
Primos maternos					

Fuente: elaboración propia. En gestión de proyectos, la tabla de control de entregables es el producto, informe, documento o resultado que muestra que una tarea, o una fase de esta, se ha completado. Abreviaturas utilizadas en la tabla: CD-certificado de defunción; CN-certificado de nacimiento; CM-certificado de matrimonio; NL-nota de localización; NS-nota simple; UV-certificado de últimas voluntades; RC-registro civil; JP-juzgado de paz.

Dimensión incidencias

Las incidencias en la investigación genealógica pueden ser de carácter externo, relacionadas con la obtención de los certificados necesarios para la elaboración del árbol genealógico sucesorio; o interno, según la especificidad del árbol genealógico. Se dividen en varias categorías de acuerdo con el grado de repercusión sobre el desenlace:

- Incidencia leve: suelen ser errores que no causan impacto en la investigación. Por ejemplo: solicitar el acta de una persona y cuando se obtenga comprobar que no es el sujeto que se está buscando —es una homonimia —. Tiene una repercusión baja porque se resuelve en el momento.
- Incidencia menos grave: tiene una repercusión media que no causa un impacto negativo inmediato en la fase de investigación, porque se puede solucionar, aunque no enseguida. Por ejemplo: la huelga de funcionarios del Registro Civil o juzgados de paz que solo abren un día al mes o determinadas horas.
- Incidencia crítica: son aquellas que tienen repercusión alta sobre la investigación. Suelen identificarse como aquellas

incidencias que impiden la obtención de los certificados necesarios para poder tramitar la herencia, por lo que el expediente queda paralizado. Por ejemplo: cuando no haya fuentes de información alternativas a las oficiales que nos permitan localizar un dato crucial; o la negativa del notario a expedir una copia del testamento porque considere que la persona en el nombre de quien se pide no tiene interés legítimo para ello. Se identifica con un período de resolución dilatado en el tiempo que puede llegar a paralizar o bloquear el expediente. Requiere una actuación inmediata y continuada hasta su resolución. Es la incidencia más grave de todas por el bloqueo que produce.

Hay que tener un plan de contingencia que incluya las acciones concretas que realizar en caso de que se produzca la incidencia. Por ejemplo, dejar en *stand-by* el expediente hasta que se solucione el problema que no permite continuar con él y recuperarlo más tarde, cuando se hayan podido modificar las circunstancias —si se ha encontrado a otra persona que podría tener el interés legítimo considerado por el notario—. Dentro de esta dimensión se incluye también la relación costes-recursos disponibles.

Dimensión herederos

Se corresponde con la investigación del árbol genealógico, considerando su especificidad, y los problemas externos que nos podemos encontrar en su investigación. A continuación, se describe con más detalle.

a) Especificidad del árbol genealógico.

Son las características específicas en la construcción del árbol genealógico sucesorio. Cabe hacerse una pregunta:

¿Se podría predecir, *a priori*, el éxito de todos aquellos expedientes cuyos causantes sean solteros, hijos únicos, con padres premuertos y que no hayan hecho testamento?

Como se indicó en los primeros capítulos, el árbol genealógico sucesorio es un árbol de familiares colaterales, por lo que de un expediente a otro, según su grado de complejidad, varía el número de sujetos estudiados. En los casos más complicados puede haber una media de cincuenta personas, o incluso más, por lo que son diversas las variables que hay que estudiar para poder responder a la pregunta de arriba.

Una primera variable es el estado civil del causante (figura 11), ya que no es lo mismo tener un causante soltero que casado, viudo, divorciado o separado; una segunda, la existencia o no de descendencia (figura 12); otras variables podrían ser un causante que sea hijo único o no; causante con hermanos y sobrinos o sin ellos; si tiene o no tíos paternos y maternos y primos hermanos, etc. Para poder responder a la pregunta planteada, hay que analizar las causas externas al expediente que pueden influir en su éxito o fracaso, que se van a detallar en el siguiente apartado.

Figura 11: Tipos de variables según el estado civil del causante

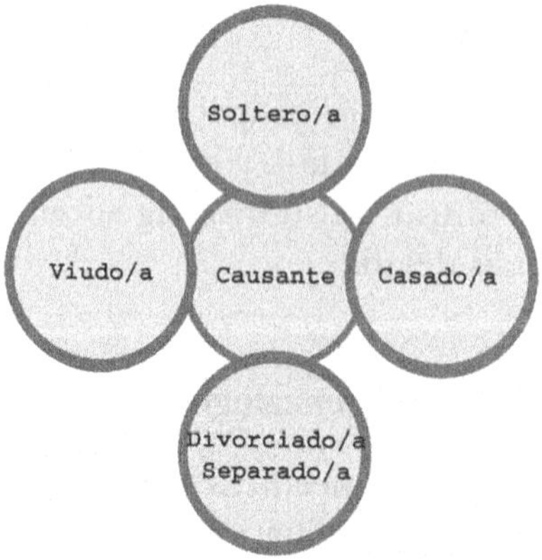

Fuente imagen: elaboración propia.

Figura 12: Variables según existencia o no de descendencia del causante

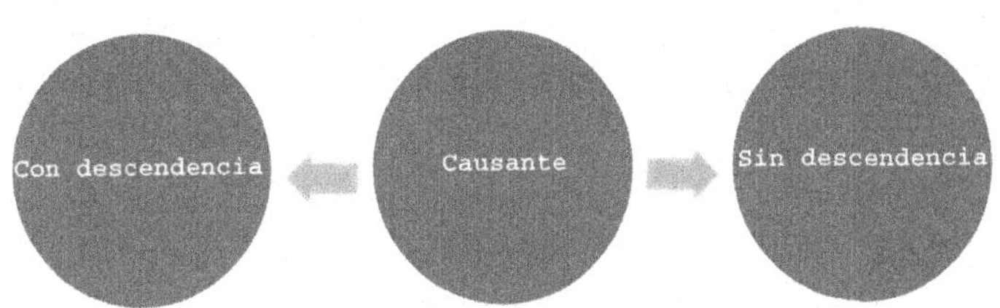

Fuente imagen: elaboración propia.

b) Problemas externos en la investigación del expediente.

Conociendo los principales problemas que se encuentran en la investigación, se podría hacer un análisis predictivo de los mismos, es decir, evaluar la probabilidad de que un expediente con un árbol genealógico igual a otro exhiba un mismo resultado. Dicho con otras palabras, utilizar los datos de los que se disponen para predecir resultados. Entonces, la respuesta a la pregunta anterior —¿Se podría predecir *a priori* el éxito de todos aquellos expedientes cuyos causantes sean solteros, hijos únicos, con padres premuertos y que no hayan otorgado testamento?— tendría que ser la misma para todos los expedientes de este mismo perfil. Sin embargo, en la práctica se advierte que no siempre es así, sino que a veces incluso diverge totalmente. ¿A qué se debe esto?

Se pueden encontrar diversas variables externas (figura 13) que hacen que dos expedientes, teniendo un mismo árbol genealógico, se comporten de diferente manera dando lugar a resultados divergentes. A continuación, se desarrollarán algunas de estas variables.

INFOREG/DICIREG-Libros manuscritos-archivos

Aunque la mayoría de los Registros Civiles disponen de la aplicación informática INFOREG/DICIREG, algunos juzgados de paz quedan excluidos, por lo que no tienen acceso a la digitalización de los asientos de los libros de nacimiento, defunción y matrimonio desde el año 1950. Entonces, si no se tiene una fecha exacta del hecho, el empleado público tiene que realizar la búsqueda de forma manual, con el coste de tiempo que supone.

Lo mismo ocurre con la digitalización de los fondos documentales de los archivos y la localización de datos por medio de sus inventarios dinámicos, pues esto favorece que se pueda investigar «desde casa» evitando desplazamientos y reduciendo gastos. Se destaca la gran base genealógica que representa el archivo de la Iglesia de Jesucristo de los Santos de los Últimos Días o PARES.

Limitaciones legales-ordenamiento jurídico-derecho de acceso

Lamberti (2014) apunta varios obstáculos de la genealogía sucesoria en España relacionados con el ordenamiento jurídico, como a) las lagunas jurídicas en materia de gestión de herencias yacentes, sobre todo en el caso concreto de las transfronterizas; b) la lentitud de la justicia; y c) el propio Código Civil, ya que las herencias *ab intestato* solo son reclamables hasta el cuarto grado de parentesco, y no el sexto, que es lo habitual. A esto se suma el secreto de protocolo notarial.

Como ya se ha expuesto, el acceso a los archivos se encuentra englobado dentro de nuestro ordenamiento jurídico, y en la ley prevalece el derecho de acceso. Pero en la práctica nuestra labor de investigación se puede ver entorpecida o ralentizada porque algunas personas a cargo de estas instituciones sean reacias a este tipo de actividad —la genealogía—, debido a los prejuicios que siguen existiendo en la percepción de esta disciplina y profesión. Como ya se describió con anterioridad, la Ley de Protección de Datos no rige para las personas fallecidas. En

Francia, el registro de defunciones está abierto. Sin embargo, en España la interpretación que se hace es muy diferente[257].

---

[257] Con fecha de 4 de noviembre de 2020, el Portal de Datos Abiertos y reutilización de la información pública del Gobierno de España recibió una petición sobre «Acceso a los datos del Registro Civil Central de defunciones». La respuesta dada desde este portal fue la siguiente:
«El régimen general de publicidad del registro civil español como instrumento específico destinado a probar el estado civil de las personas, tiene, en principio, el carácter de público (cfr. art.6 Ley Registro Civil). Sin embargo, dicha publicidad no es absoluta ni incondicionada, sino subordinada a la existencia de un interés legítimo en el conocimiento de los asientos por parte del solicitante, siendo de aplicación supletoria al Registro Civil las normas contenidas en la Ley Orgánica 3/2018, de 5 de diciembre, de Protección de Datos Personales y garantía de los derechos digitales.
»Por otra parte, no puede olvidarse que existe un círculo de información que, por su carácter sensible desde el punto de vista de la protección del derecho al honor e intimidad personal y familiar, está sujeto a normas especiales o de publicidad restringida, que exigen una legitimación singular o bien la obtención de una autorización especial del Encargado. Se trata de los supuestos enumerados en el artículo 21 del Reglamento del Registro Civil. En tales casos, la publicidad de los asientos tan solo está disponible a favor de los propios interesados o sus herederos (*vid.* art. 22 Reglamento del Registro Civil). En estos casos, en el supuesto de una autorización genérica, no cabría la posibilidad de discernir si en algunos de los registros individuales cuya información se ofreciera pudiera haber datos especialmente protegidos.
»Pero incluso respecto de los supuestos no sujetos a este régimen de publicidad restringida, como se ha dicho, debe concurrir un interés legítimo en el solicitante de la certificación. Es cierto que este interés, con carácter general se presume (art. 17 Reglamento del Registro Civil), pero no lo es menos que, como ya declaró este Centro Directivo en su Instrucción de 9 de enero de 1987 (BOE 20 de julio de 1987), "el interés que legitima para obtener certificaciones ha de estar relacionado directamente con la prueba del estado civil de las personas, o del contenido del Registro. Si el interés se refiere a cuestiones distintas, el encargado puede y debe denegar la certificación".

Limitaciones técnicas en el acceso a los archivos y documentos-burocracia-desidia

Los archivos constituyen la materia prima de la investigación genealógica. Su dispersión geográfica puede ser una de las dificultades físicas para acceder a ellos, pero las limitaciones técnicas son, sin duda, las más graves, como ya se vio en el apartado sobre derecho de acceso a la información pública: ausencia de catalogación, desidia de sus responsables, falta de presupuesto..., a lo que se une la lentitud de la burocracia y su complejidad, y la profesionalidad del responsable de los registros y archivos.

Por otra parte, el estado de los documentos es muy variable, ya que encontramos archivos cuyos fondos documentales han sido deteriorados por diversas causas: físicas (humedad, temperatura, luz…), químicas (contaminación, etc.), biológicas (hongos, roedores, etc.), antrópicas (daños voluntarios o intencionales como robos, vandalismo, guerras, terrorismo), o por sucesos accidentales (incendios, inundaciones), etc.

Para solucionar el problema de libros o inscripciones deteriorados, destruidos, desaparecidos o ilegibles, se llevan a cabo los expedientes gubernativos de reconstitución de asientos en el Registro Civil, o el entable de partidas eclesiásticas por la Iglesia católica. Algunas veces, estos inconvenientes se solucionan reali-

---

»Todo ello conlleva que, aun en el caso de defunciones, el acceso a la publicidad por terceros de forma indiscriminada y sin un interés basado en el estado civil, sino en la consecución de un objeto social mercantil, no permite ofrecer una solución favorable a la pretensión deducida de escrito». Portal de Datos Abiertos <https://datos.gob.es/es/peticiones-datos/acceso-los-datos-del-registro-civil-central-de-defunciones?page=1>. Más información en el Consejo de Transparencia y Buen Gobierno: RCA220. Acceso a la base de datos del Registro Civil Central de defunciones <https://www.consejodetransparencia.es/ct_Home/Actividad/recursos_jurisprudencia/Recursos_AGE/2021/Recursosparticulares/220-particular-57.html>.

zando inscripciones extemporáneas de los hechos, que pueden afectar a la investigación al no localizarlos en el tiempo en que se tenían que haber inscrito. Cuando es imposible hallar un documento, tendrá que ser sustituido por otro con igual valor, como libros de familia, etc.

Acceso y accesibilidad

El elemento clave que nos va a definir el tipo de expediente es el acceso a la información de forma instantánea, media o lenta. López-Carreño (2017: 29; 42-43) hacía una clasificación de tipos de fuentes de acuerdo con el modo de acceso a los datos contenidos, distinguiendo entre acceso abierto, restringido o híbrido, y señalando que ninguna de estas tres clasificaciones es excluyente entre sí. De esta manera, según su accesibilidad, el acceso a las fuentes documentales de investigación OSINT puede ser inmediato, mediato y gris:

a) Acceso abierto: se accede a su contenido sin restricciones de registro, suscripción o pago, de forma inmediata o diferida. Por ejemplo, PARES o el Portal de Movimiento Migratorios Iberoamericanos, del Ministerio de Cultura.

b) Acceso restringido: López-Cardeño (2017: 43) las define como «aquellas fuentes de información que normalmente requieren una identificación para su acceso, bien por requerir suscripción o porque en su origen estén delimitadas a no difundirse, tratándose así como *grises*». Por ejemplo, para poder acceder a la base de datos genealógicos de FamilySearch es necesario crearse un usuario (gratuito).

c) Acceso híbrido: aquellas fuentes que integran las formas de acceso abierto y restringido.

Figura 13: Variables externas en la investigación del expediente

Fuente imagen: elaboración propia.

3. FASE DE SALIDA

La fase de salida es la última fase del embudo —y de la investigación— y, por lo tanto, se corresponde con la zona más estrecha de este, lo que quiere decir que los casos de éxito serán inferiores a los casos que ingresaron en la fase de entrada, que se correspondía con la boca más ancha. Pasan a esta etapa solo aquellos expedientes que se hayan podido completar en la fase de tratamiento, es decir, cuando se haya obtenido el certificado de defunción del causante, se haya logrado realizar el árbol genealógico e identificar a los herederos de la herencia yacente. Queda la tarea de ponerse en contacto con ellos (por carta, teléfono o de forma presencial) con el fin de que firmen el contrato de revelación de la herencia y poder, así, iniciar su tramitación (tabla 9).

Tabla 9: Fase de salida en la investigación. Objetivos, KPI y dimensiones

Objetivos (hechos)	KPI (datos cuantificables)	Dimensiones de análisis
Localizar a los herederos	Promedio de herederos localizados	Territorio Coste-recursos Fuentes HUMINT y SOCMINT

Firmar contrato de revelación	Promedio de contratos firmados/no firmados	*Hunting/fishing* Éxito/fracaso

Fuente: elaboración propia. Se siguen las categorías de análisis utilizadas por Cano (2007).

Dimensión territorio

La dispersión geográfica a la hora de seguir el rastro de los herederos puede ser uno de los obstáculos más fuertes en la investigación. Tal y como comenta Lamberti (2014):

> España no se identifica con el territorio definido por las fronteras, sino con el conjunto de áreas geográficas donde viven españoles y sus descendientes directos. Por supuesto, este conjunto de áreas incluye el Estado español, pero no solo. La máxima concentración de áreas que se pueden adscribir al mercado español de la genealogía sucesoria la hallamos en Europa (sobre todo, en Francia), Latinoamérica (especialmente Argentina, Brasil, Venezuela y Chile) y EE. UU.

Dimensión coste-recursos

Los recursos consumidos en la localización de herederos es otro de los indicadores utilizados para medir la eficiencia. Suelen medirse costos en viajes, tiempo empleado, personas implicadas, etc.

Dimensión fuentes HUMINT y SOCMINT

Relacionada, en este caso, con la obtención de información en fuentes abiertas (OSINT), sobre todo por medio de las redes sociales:

> Con la llegada de las redes sociales y toda la información que puede obtenerse a partir de ellas, se empezó a utilizar el término más específico SOCMINT, que significa *social media intelligence* o inteligencia de fuentes abiertas en las redes sociales (Gonzalo, 2022).

Esta especificidad de las fuentes abiertas, junto a los directorios telefónicos, son los que más se usan para la búsqueda de herederos. En las redes sociales son los propios usuarios los que facilitan sus datos de manera voluntaria, en plataformas donde se publica de forma abierta o semipública, de fácil acceso y masivo: Facebook, X —antes Twitter—, Instagram, TikTok, Telegram, LinkedIn, Tinder, Blogs, Foursquare, Flickr, Badoo o Tumblr.

Dimensión *hunting/fishing*: contrato de revelación

Supone la primera toma de contacto con el futuro cliente (teléfono, domicilio, redes sociales, correspondencia) y las reuniones previas que se realicen para la firma del contrato. Identificados y localizados los herederos, y armado el árbol genealógico, el siguiente paso es ponerse en contacto con ellos para proponerles la firma de un contrato de revelación.

Durante esta fase de negociación es importante poder aplicar habilidades de comunicación, sobre todo cuando se está haciendo trabajo de campo para recabar información. También son indispensables para la negociación del contrato y la resolución de conflictos que puedan surgir. Se puede completar con un perfil comercial y de *marketing* para que se optimice la venta del producto, que en este caso es la firma del contrato.

Una de las características del contrato de revelación es que el despacho de abogados nunca solicita al cliente la minuta antes de la tramitación de la herencia ni ninguna provisión de fondos, y corre con todos los gastos adelantando el dinero necesario para la liquidación de la herencia. Solo cuando se haya hecho la liquidación y los herederos hayan recibido su parte, se les pasarán los honorarios a cada uno de ellos. Todo esto queda reflejado en el contrato. Esto es así para evitar las crecientes estafas relacionadas con herencias. Esta norma se incluye en las cartas deontológicas de los profesionales de otros países.

Por medio de este contrato se le revelan varios datos: el nombre del causante, el patrimonio, su vínculo de parentesco con el fallecido, sus derechos sobre la herencia y lo que le corresponde recibir tras su reparto. De esta forma, se revela un derecho hereditario en beneficio del heredero que parece desconocerlo. A su vez, el despacho de abogados se compromete a representar al heredero (cliente) en todas las operaciones de liquidación.

El cliente, tras la firma del contrato, puede ejercer su derecho de desistimiento dentro del plazo establecido, según se recoge en el Real Decreto Legislativo 1/2007, de 16 de noviembre, por el que se aprueba el texto refundido de la Ley General para la Defensa de los Consumidores y Usuarios y otras leyes complementarias (TOL1.175.543)[258].

---

[258] «Artículo 69. Obligación de informar sobre el derecho de desistimiento.
1. Cuando la ley atribuya el derecho de desistimiento al consumidor y usuario, el empresario contratante deberá informarle por escrito en el documento contractual, de manera clara, comprensible y precisa, del derecho de desistir del contrato y de los requisitos y consecuencias de su ejercicio, incluidas las modalidades de restitución del bien o servicio recibido. Deberá entregarle, además, un documento de desistimiento, identificado claramente como tal, que exprese el nombre y dirección de la persona a quien debe enviarse y los datos de identificación del contrato y de los contratantes a que se refiere.
2. Corresponde al empresario probar el cumplimiento de lo dispuesto en el apartado anterior.
»Artículo 71. Plazo para el ejercicio del derecho de desistimiento.
1. El consumidor y usuario dispondrá de un plazo mínimo de catorce días naturales para ejercer el derecho de desistimiento.
2. Siempre que el empresario haya cumplido con el deber de información y documentación establecido en el artículo 69.1, el plazo a que se refiere el apartado anterior se computará desde la recepción del bien objeto del contrato o desde la celebración de este si el objeto del contrato fuera la prestación de servicios.
3. Si el empresario no hubiera cumplido con el deber de información y documentación sobre el derecho de desistimiento, el plazo para su ejercicio finalizará doce meses después de la fecha de expiración

Dimensión éxito/fracaso

Si se firma el contrato de revelación, se pasa a la siguiente etapa, la tramitación de la herencia (tabla 10). Por el contrario, son muy variadas las causas para que un expediente en esta etapa final se desestime: no haber podido contactar con los herederos o que no haya ninguna respuesta por su parte; que no les interese; que sepan de la existencia de la herencia yacente, pero no quieran aceptarla o rechazarla de forma oficial; que la herencia ya se esté tramitando, pero aún no se haya actualizado la nota simple, o que ya renunciaron en su día.

4. EVALUACIÓN DE LOS RESULTADOS

El embudo de ventas sirve para evaluar si los objetivos se han cumplido dentro del plazo estimado y con los recursos humanos y económicos esperados, así como para detectar las desviaciones que han tenido lugar en los resultados (previstos y reales). Estas desviaciones se relacionan con todos los problemas que se han encontrado en las distintas fases:

1) Fase de entrada: la causa principal de desestimación en esta fase es la ausencia de viabilidad económica, que puede deberse a que haya más pasivos que activos, bien por grandes deudas, o por escaso beneficio que se vea mermado por los gastos de investigación.

---

del período de desistimiento inicial, a contar desde que se entregó el bien contratado o se hubiera celebrado el contrato, si el objeto de este fuera la prestación de servicios.
Si el deber de información y documentación se cumple durante el citado plazo de doce meses, el plazo legalmente previsto para el ejercicio del derecho de desistimiento empezará a contar desde ese momento.
4. Para determinar la observancia del plazo para desistir se tendrá en cuenta la fecha de expedición de la declaración de desistimiento».

2) Fase de tratamiento: la especificidad del árbol genealógico no es una característica que afecte de forma negativa, solo supondrá más esfuerzo por parte del genealogista y más tiempo para resolverlo. Sin embargo, los problemas externos encontrados en la investigación del expediente referente a las fuentes de información sí afectan de modo muy negativo al mismo y a la consecución de los objetivos. Se caracterizan en su mayoría por ser datos no estructurados —generados por humanos—, externos —provienen de fuera del bufete— y son recopilados por medio de fuentes externas —HUMINT, OSINT, SOCMINT—. Estos datos suelen ser información útil, que es fácil de conseguir y de mucha utilidad, pero el problema viene cuando se necesita información crítica, difícil de conseguir pero muy útil, a la que no se puede acceder —limites técnicos y legales en el acceso a los archivos, destrucción de documentación, etc. —, y no existen tampoco otras fuentes alternativas a las oficiales.
3) Fase de salida: son motivos variados, pero destaca la falta de interés de los herederos o su infructuosa localización.

La gran diferencia en la investigación genealógica, respecto de otras áreas de negocio, es que aquí no se vende un producto —no hay un objetivo cuantitativo—, sino la prestación de un servicio —cualitativo—. Nos encontramos, por lo tanto, con una serie de variables difíciles de predecir y cuantificar.

Tabla 10: Fases en la tramitación de la herencia.

1. Gestión documental
• Certificado de defunción.
• Certificado de actos de última voluntad.
• Certificado de contratos de seguros de cobertura de fallecimiento (últimos 5 años).
• Certificado de nacimiento.
• Certificado de matrimonio.
2. Título sucesorio

• Declaración de herederos abintestato (sin testamento). • Testamento.
3. Inventario: bienes, derechos, obligaciones, deudas
<u>Activo</u> • Bienes inmuebles inscritos en el Registro de la Propiedad: notas de localización, notas simples, escrituras… • Productos bancarios: poderes. o Certificado de posiciones del causante. o Certificados de saldos y de movimientos. o Cuentas (corriente, valores, fondos). o Seguros y planes de pensiones. • Bienes muebles (vehículos, embarcaciones). • Bienes mercantiles (Registro Mercantil). • Derechos (de autor, de propiedad intelectual, de propiedad industrial, de imagen, de patentes, de marcas, de cobros, de crédito…). <u>Pasivo</u> • Cargas, hipotecas, embargos, deudas, obligaciones, etc.
4. Cuaderno particional
• Documento público. • Documento privado.
5. Pago de impuestos
• Sucesiones (prescribe pasados 4 años desde la fecha de finalización de los 6 meses de plazo para el pago voluntario). • Donaciones. • Plusvalía municipal sobre el incremento de valor de los terrenos de naturaleza urbana.
6. Inscripción y toma de posesión: cambio de titularidad de los bienes
• Registro de la Propiedad (inmuebles). • Entidades bancarias y aseguradoras (dinero en metálico, saldos, valores y seguros). • Dirección General de Tráfico (vehículos).

• Ayuntamiento: deuda del IBI (solo de los últimos 4 años) (artículo 66 sobre plazos de prescripción de la Ley 58/2003, de 17 de diciembre, General Tributaria (TOL327.278). • En caso de venta del inmueble: o Contrato de arras. o Contrato de compraventa. o Certificado de eficiencia energética.

Fuente tabla: elaboración propia. Se sigue a Ferrán Abogados & Asociados (s. f.).

XIII. Casos prácticos de investigación

1. CERTIFICADO DE DEFUNCIÓN DE LA PERSONA CAUSANTE

Iniciado un expediente de investigación, lo primero que hay que hacer es comprobar que, efectivamente, el titular de los bienes está fallecido, sobre todo cuando el cliente no ha podido facilitarnos una fecha y un lugar exactos o aproximados del hecho. Algunas veces, tras la indagación infructuosa del certificado de defunción se descubre que el causante está...vivo. Esto puede deberse a varias razones, entre ellas, porque esté residiendo en otro lugar o fuera del país, porque haya dejado de pagar los gastos de la comunidad, porque la vivienda haya sido ocupada ilegalmente, etc. Hay que tener en cuenta que, si no se obtiene este documento, el expediente no se podrá tramitar, de ahí la importancia de poder encontrarlo. Es aquí donde se inicia la labor detectivesca genealógica.

Hay toda una serie de pistas que nos ayudan a localizar el lugar y la fecha de defunción utilizando las fuentes OSINT. Una de ellas es la dirección del inmueble que aparece en la nota simple que se ha solicitado en el Registro de la Propiedad, para acudir al cementerio del municipio donde está inscrita la finca, bien llamando por teléfono, de forma presencial o por medio de los buscadores de difuntos en línea.

Por otro lado, otras fuentes de información señaladas son las bibliotecas y hemerotecas virtuales y digitales (figura 14) para la búsqueda de esquelas y obituarios, así como las propias de periódicos como *ABC*[259] o *La Vanguardia*[260], y algunas webs dedicadas exclusivamente a la publicación de esquelas en línea como Rememori[261], Esquelas[262] o Esquelas y recuerdos[263].

Figura 14: Ejemplo de esquela localizada en una hemeroteca digital

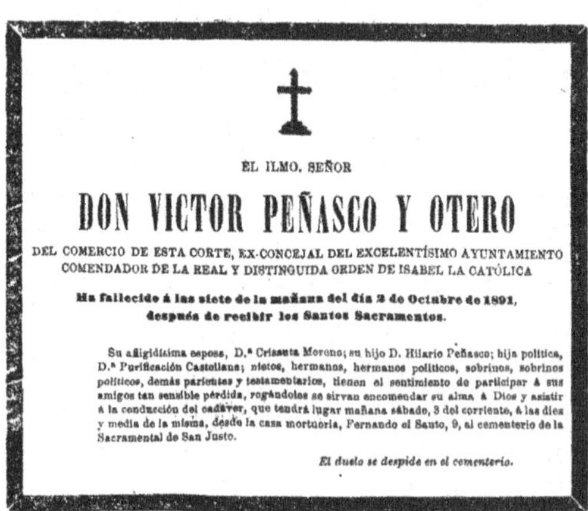

EL ILMO. SEÑOR

DON VICTOR PEÑASCO Y OTERO

DEL COMERCIO DE ESTA CORTE, EX-CONCEJAL DEL EXCELENTÍSIMO AYUNTAMIENTO
COMENDADOR DE LA REAL Y DISTINGUIDA ORDEN DE ISABEL LA CATÓLICA

Ha fallecido á las siete de la mañana del día 2 de Octubre de 1891, después de recibir los Santos Sacramentos.

Su afligidísima esposa, D.ª Crisanta Moreno; su hijo D. Hilario Peñasco; hija política, D.ª Purificación Castellana; nietos, hermanos, hermanos políticos, sobrinos, sobrinos políticos, demás parientes y testamentarios, tienen el sentimiento de participar á sus amigos tan sensible pérdida, rogándoles se sirvan encomendar su alma á Dios y asistir á la conducción del cadáver, que tendrá lugar mañana sábado, 3 del corriente, á las diez y media de la misma, desde la casa mortuoria, Fernando el Santo, 9, al cementerio de la Sacramental de San Justo.

El duelo se despide en el cementerio.

Fuente imagen: *La Época* (Madrid. 1849). 02/10/1891, n.º 14.040, pp.3. Hemeroteca Digital de la Biblioteca Nacional de España. Dominio público. <https://www.bne.es/es/catalogos/hemeroteca-digital>.

Esquela de Víctor Peñasco Otero (1857-1891), político y escritor madrileño, abuelo de Víctor Peñasco Castellana, español fallecido en el hundimiento del Titanic (Rodríguez Iglesias, 2017). En la esquela se puede ver la gran cantidad de datos que tenemos a la hora de investigar otros familiares y reconstruir el árbol genealógico.

Una vez definido un intervalo de años, una fecha aproximada o exacta de fallecimiento, lo siguiente es solicitar su certificado

259 *ABC* <https://www.abc.es/archivo/>.

260 *La Vanguardia* <https://hemeroteca.lavanguardia.com/>.

261 Rememori <https://www.rememori.com/>.

262 Esquelas <https://esquelas.es/>.

263 Esquelas y recuerdos <https://esquelasyrecuerdos.com/>.

de defunción en la Sede Electrónica del Registro Civil del Ministerio de Justicia[264]. Los pasos que hay que seguir son estos:

- Identificación del solicitante.
- Datos generales: idioma del certificado, persona que lo solicita y en calidad de qué.
- Datos del solicitante.
- Datos de contacto.
- Datos del fallecido.
- Datos del certificado: hay que seleccionar la opción de certificado literal para que envíen copia exacta del acta, y así recabar más datos que nos ayuden en la investigación; si se pide en extracto, solo se envían los datos concretos del hecho.
- Datos de notificación.
- Lugar de inscripción del hecho.
- Datos registrales.
- Documentación adjunta para justificar el interés legítimo.
- Datos del hecho.

Causante fallecido en España: certificación deslocalizada

Según Instrucción para la puesta en producción de medidas tecnológicas de modernización de los Registros Civiles, de 12 de julio de 2018 (Dirección General de los Registros y del Notariado, 2018), se puede solicitar cualquier certificado directamente en el registro de la residencia del peticionario, aunque no sea el lugar donde se haya practicado la inscripción del causante. Hasta

---

264 Sede Electrónica <https://sede.mjusticia.gob.es/es/tramites/certificado-defuncion>.

entonces, esto solo se podía hacer en aquellos registros civiles o juzgados de paz en que se hubiera practicado la inscripción, por lo que, si se desconocía el municipio donde había ocurrido el hecho, era muy difícil localizarlo. Con la digitalización de los libros del Registro Civil a partir del año 1950, desde cualquier registro o juzgado de paz que tenga la aplicación INFOREG/DICIREG, se podrá obtener información de muchos otros registros civiles[265].

Si tras la solicitud del certificado llega uno negativo, puede deberse a varias razones:

a) En caso de que el hecho tuviera lugar después de 1950, que este se haya inscrito en un registro civil municipal o juzgado de paz cuyos asientos aún no estén informatizados ni digitalizados.

b) Que el hecho hubiera sucedido antes de 1950, por lo que no se encuentra digitalizado y hay que buscar más datos por otros cauces.

c) Que justo ese asiento se encuentre dentro de los supuestos de publicidad restringida previstos en el artículo 21 del Reglamento del Registro Civil, o en el artículo 83 de la Ley del Registro Civil.

Causante fallecido en el extranjero: Oficina Central

Los hechos referidos al estado civil de españoles ocurridos en el extranjero quedan inscritos en el Registro Civil Central, que con el nuevo modelo de Registro Civil es sustituido por la Oficina Central. Se hace la petición desde la Sede Electrónica y hay que indicar el lugar de residencia del inscrito en el momento del hecho: si era residente en España o fuera de ella.

---

265 INFOREG <https://www.administraciondejusticia.gob.es/-/soluciones-informacion-registros-civiles-inforeg>.

Legalización única o Apostilla de La Haya

Los documentos emitidos en un país firmante del XII Convenio de La Haya, de 5 de octubre de 1961, por el que se suprime la exigencia de legalización de los documentos públicos extranjeros que deban surtir efectos en otro país firmante del mismo, que hayan sido certificados por una apostilla deberán ser reconocidos en cualquier otro país del Convenio sin necesidad de otro tipo de autenticación. Según se explica en la web del Ministerio de Justicia[266], el procedimiento de apostilla consiste en colocar sobre un documento público, o en una prolongación de este, una apostilla o anotación que certificará la autenticidad de la firma de los documentos públicos expedidos en un país firmante de dicho Convenio.

Acta de manifestaciones notarial

En el caso hipotético de que el acta de defunción de nuestro causante no se localizara, pero se sabe que está fallecido porque por su fecha de nacimiento sería inviable que estuviera vivo, una posible solución sería realizar un acta de manifestaciones notarial, donde el notario recoge las declaraciones proporcionadas por personas que conocían al causante sobre su fallecimiento.

2. CERTIFICADOS DE ACTOS DE ÚLTIMA VOLUNTAD Y DE CONTRATOS DE SEGUROS DE COBERTURA DE FALLECIMIENTO

En el Registro General de Actos de Última Voluntad se registran de forma obligatoria todas las disposiciones testamentarias otorgadas ante notario. El certificado de actos de última voluntad

266 Apostilla de La Haya <https://www.mjusticia.gob.es/es/ciudadania/tramites/legalizacion-unica-apostilla>.

es necesario para efectuar cualquier trámite sucesorio, por lo que es obligatoria su solicitud.

> El certificado de actos de última voluntad es el documento que acredita si una persona ha otorgado testamento/s y ante qué notario/s. De esta forma, las personas a quienes pueda corresponder algún derecho hereditario podrán dirigirse al notario o notaria autorizante del último testamento y obtener una copia (autorizada) del mismo. Este documento se precisa para la realización de cualquier acto sucesorio (Ministerio de Justicia, s. f. a).

Se puede pedir en este Registro General, por cualquier interesado en tener esta información, de varias maneras: de forma presencial, en la Oficina Central de Atención al Ciudadano de la Comunidad de Madrid o en las Gerencias Territoriales del Ministerio de Justicia para el resto de comunidades autónomas; por correo postal[267]; por la Sede Electrónica del Ministerio de Justicia o por ventanilla única. El certificado se recoge por la misma vía que se solicitó, salvo que expresamente se indique otra vía de recepción de las disponibles. La solicitud no podrá presentarse hasta haber transcurridos quince días hábiles desde la fecha del fallecimiento (excluidos sábados, domingos y festivos) y es necesario anexar el acta de defunción original o fotocopia compulsada de la persona de quien se solicita. Por otra parte, existe otro tipo de certificado:

> El certificado de contratos de seguros de cobertura de fallecimiento es el documento que acredita los contratos vigentes en que figuraba como asegurada la persona fallecida y con qué entidad aseguradora. En caso de que la persona fallecida no figurase como asegurada en ningún contrato, tal extremo se hará constar expresamente en el certificado que se emita.
>
> Los contratos de seguro respecto de los que es posible obtener un certificado son los relativos a los seguros de vida con cobertura de fallecimiento y a los seguros de accidentes en los que se

---

267 Dirección postal: Registro General de Actos de Última Voluntad, Ministerio de Justicia, plaza Jacinto Benavente, 3, 28012 – Madrid.

> cubra la contingencia de la muerte del asegurado, ya se trate de pólizas individuales o colectivas (Ministerio de Justicia, s. f. b).

Hay que precisar que este documento solo se pedirá en el caso de que el fallecimiento del sujeto se haya producido dentro de los últimos cinco años. Pasado este plazo, ya no se encuentran disponibles en el Registro de Contratos de Seguros de Cobertura de Fallecimiento. Para ello, es necesario consignar el DNI/NIE del fallecido, número de pasaporte u otro documento de identidad de su país de origen.

Tanto el certificado de actos de última voluntad como el de contratos de seguros de cobertura de fallecimiento pueden solicitarse a la vez por medio del formulario 790[268], rellenando los datos requeridos. Se tendrían que abonar dos tasas (3,86 euros por cada certificado, es decir: 7,72 euros[269]).

Para personas fallecidas en el extranjero, si la defunción no está inscrita en el Registro Civil Central o en el consulado español correspondiente, se deberá adjuntar el acta de defunción original, expedido por el Registro Civil u organismo análogo en cada país debidamente legalizado y traducido. En el caso de fallecimientos producidos en cualquier Estado miembro de la Unión Europea, se puede utilizar el certificado de defunción europeo normalizado. Si el de actos de última voluntad ha de surtir efecto en el extranjero, necesita ser legalizado.

3. LOCALIZACIÓN DE TESTAMENTOS

Hay dos tipos de sucesiones: a) sucesión abintestato o intestada, cuando la persona no otorgó testamento (figura 15). En

---

268 Formulario 790-006 <https://www.mjusticia.gob.es/es/ciudadania/formulario-790>.

269 Precio tasa a fecha de octubre de 2024.

este caso, el orden en la sucesión dependerá del lugar donde falleció (vecindad civil), por lo que hay que tenerlo en cuenta para la investigación genealógica sucesoria; b) sucesión testada, cuando la persona otorgó testamento (figura 16). El certificado de actos de última voluntad indica la fecha del último testamento, si hubo anteriores y el protocolo notarial en el cual dicho testamento fue incorporado. En este caso, hay que localizar a algún familiar con interés legítimo para obtener copia autorizada del testamento. En el supuesto de que el testamento sea nulo porque no se puede cumplir —renuncia o premoriencia de los herederos testamentarios, no hay figura de sustitución, etc.—, también se abriría la sucesión abintestato.

Figura 15: Ejemplo de certificado de actos de última voluntad sin otorgar testamento

Primer apellido del causante X	*Segundo apellido del causante* X	*Nombre* Eloísa
Fecha de nacimiento 01/01/1926	*Lugar de nacimiento* X	*Provincia (o Estado)* X
Tipo de documento DNI	*N.º de documento* X	*Fecha de defunción* X
Hijo de X	*Y de* X	*Sexo* X
Estado civil CASADO/A	*Apellidos y nombre del cónyuge* Abelardo	
Consultados los antecedentes del Registro por el funcionario correspondiente, resulta que la persona arriba expresada NO OTORGÓ TESTAMENTO		

Fuente: elaboración propia. Transcripción de un certificado de última voluntad sin otorgar testamento del Registro General de Actos de Última Voluntad del Ministerio de Justicia.

Figura 16: Ejemplo de certificado de última voluntad con testamento

Primer apellido del causante X	*Segundo apellido del causante* X	*Nombre* Isolda
Fecha de nacimiento 01/01/1926	*Lugar de nacimiento* X	*Provincia (o Estado)* X
Tipo de documento	*N.º de documento*	*Fecha de defunción* X
Hijo de X	*Y de* X	*Sexo* X
Estado civil CASADO/A	*Apellidos y nombre del cónyuge* Tristán	
Consultados los antecedentes del Registro por el funcionario correspondiente, resulta que la persona arriba expresada OTORGÓ TESTAMENTO: 10/04/1984 ANTE: X EN: X (NAVARRA) (TESTAMENTO ABIERTO)		

Fuente: elaboración propia. Transcripción de un certificado de última voluntad con testamento del Registro General de Actos de Última Voluntad del Ministerio de Justicia.

En función de la fecha de otorgamiento del testamento, este puede localizarse en diferentes archivos dependiendo de dónde esté custodiado: notarías, archivos generales de protocolos de los colegios notariales, archivos históricos de protocolos y archivos históricos provinciales:

1) Notarías: el testamento se solicita en la misma notaría donde fue realizado. En el mismo certificado de últimas voluntades se indica la fecha (día/mes/año) y el notario ante quien se otorgó, así como el lugar (municipio y provincia). Según el Sistema Notarial de Archivos, los notarios conservan los documentos en sus despachos hasta los veinticinco años de

antigüedad, en que deben transferirlos a los archivos generales de los distritos notariales o de los colegios profesionales[270].

2) Archivos generales de protocolos de los colegios notariales: el Consejo General del Notariado[271] y los propios colegios disponen de buscadores de protocolos y de notarios, y facilitan información actualizada del notario o el archivo en el que se puede localizar el testamento en caso de que el notario autorizante no esté ya en ejercicio. Custodian los testamentos de menos de cien años y que no están en las notarías. Pasado este plazo, los protocolos se remiten desde los archivos generales a los archivos históricos, siendo desde este momento de acceso público para cualquier ciudadano.

   Para obtener copia autorizada de un testamento, tanto para las notarías como para los archivos generales, se necesita la siguiente documentación: DNI, NIE o pasaporte de la persona interesada o autorizada por medio de un poder; originales de los certificados de defunción y de última voluntad, así como acreditar interés legítimo. En ambos casos, la solicitud del testamento solo se podrá realizar cuando ya se haya identificado a los herederos y sean clientes (hayan firmado el contrato de revelación con el despacho de abogados), ya que hay que entregar el árbol genealógico y los documentos oficiales que vinculan a estos con la persona causante. Estos herederos o causahabientes, que suelen ser la mayoría de las veces familiares del difunto, son las personas que tienen interés legítimo para obtener copia autorizada del testamento.

3) Archivos históricos de protocolos: custodian los testamentos de más de cien años, por lo que cualquier persona puede

---

270 Ley de 28 de mayo de 1862 del Notariado (TOL63.786); Archivo Histórico de Protocolos de Madrid <https://www.comunidad.madrid/centros/archivo-historico-protocolos-madrid>.

271 Consejo General del Notariado <https://www.notariado.org/portal/>.

solicitarlo sin tener que acreditar interés legítimo, puesto que su consulta y reproducción es de acceso libre. Por Decreto de 12 de noviembre de 1931[272], se reconoce el carácter de fuente para la historia a los protocolos con más de cien años de antigüedad, poniéndose al servicio del ciudadano.

4) Archivos históricos provinciales: son archivos de titularidad estatal, pero de gestión transferida a las comunidades autonómicas. Por dicho Decreto de 12 de noviembre de 1931 fueron creados en aquellas provincias que no eran sedes de colegio notarial, para recoger los protocolos centenarios producidos por los distritos notariales existentes en cada una de ellas. En el caso de provincias que no cuentan con un archivo histórico provincial, su función lo cumplen otros centros:

Andalucía

- Almería: Archivo Histórico Provincial de Almería.
- Cádiz: Archivo Histórico Provincial de Cádiz.
- Córdoba: Archivo Histórico Provincial de Córdoba.
- Granada: Archivo Histórico Provincial de Granada y Archivo de la Real Chancillería de Granada.
- Huelva: Archivo Histórico Provincial de Huelva.
- Jaén: Archivo Histórico Provincial de Jaén.
- Málaga: Archivo Histórico Provincial de Málaga.
- Sevilla: Archivo Histórico Provincial de Sevilla.

---

272 Decreto de 12 de noviembre de 1931 disponiendo que los protocolos de más de cien años de antigüedad queden incorporados al servicio del Cuerpo Facultativo de Archiveros, Bibliotecarios y Arqueólogos para reorganizarlos como archivos históricos (BOE, n.º 317, de 13 de noviembre de 1931) <https://www.boe.es/buscar/pdf/1931/BOE-A-1931-9221-consolidado.pdf>.

Aragón

- Huesca: Archivo Histórico Provincial de Huesca.
- Teruel: Archivo Histórico Provincial de Teruel.
- Zaragoza: Archivo Histórico Provincial de Zaragoza.

Asturias

- Asturias: Archivo Histórico Provincial de Asturias.

Cantabria

- Cantabria: Archivo Histórico Provincial de Cantabria.

Castilla-La Mancha

- Albacete: Archivo Histórico Provincial de Albacete.
- Ciudad Real: Archivo Histórico Provincial de Ciudad Real.
- Cuenca: Archivo Histórico Provincial de Cuenca.
- Guadalajara: Archivo Histórico Provincial de Guadalajara.
- Toledo: Archivo Histórico Provincial de Toledo.

Castilla y León

- Ávila: Archivo Histórico Provincial de Ávila.
- Burgos: Archivo Histórico Provincial de Burgos.
- León: Archivo Histórico Provincial de León.
- Palencia: Archivo Histórico Provincial de Palencia.
- Salamanca: Archivo Histórico Provincial de Salamanca.

- Segovia: Archivo Histórico Provincial de Segovia.
- Soria: Archivo Histórico Provincial de Soria.
- Valladolid: Archivo Histórico Provincial de Valladolid.
- Zamora: Archivo Histórico Provincial de Zamora.

Cataluña

- Barcelona: Archivo Histórico de Protocolos de Barcelona y Archivo de la Corona de Aragón.
- Girona: Archivo Histórico Provincial de Girona.
- Lleida: Archivo Histórico Provincial de Lleida y Dipòsit d'Arxius de Cervera (Lleida).
- Tarragona: Archivo Histórico Provincial de Tarragona.

Ceuta

- Ceuta: Archivo Histórico Provincial de Cádiz y Archivo Histórico Municipal de Algeciras.

Comunidad Valenciana

- Alicante: Archivo Histórico Provincial de Alicante.
- Castellón: Archivo Histórico Provincial de Castellón.
- Valencia: Archivo del Reino de Valencia.

Extremadura

- Badajoz: Archivo Histórico Provincial de Badajoz.
- Cáceres: Archivo Histórico Provincial de Cáceres.

Galicia

- A Coruña: Archivo del Reino de Galicia.
- Lugo: Archivo Histórico Provincial de Lugo.
- Ourense: Archivo Histórico Provincial de Ourense.
- Pontevedra: Archivo Histórico Provincial de Pontevedra.

Islas Baleares

- Islas Baleares: Archivo del Reino de Mallorca y Archivo Histórico Provincial de Maó (Menorca).

Islas Canarias

- Santa Cruz de Tenerife: Archivo Histórico Provincial de Santa Cruz de Tenerife.
- Las Palmas: Archivo Histórico Provincial Joaquín Blanco de Las Palmas de Gran Canaria.

La Rioja

- La Rioja: Archivo Histórico Provincial de La Rioja.

Madrid

- Archivo Histórico de Protocolos de Madrid / Archivo Histórico Provincial de Madrid.

Melilla

- Melilla: Archivo de Protocolos Notariales de Melilla.

Murcia

- Murcia: Archivo Histórico Provincial de Murcia.

Navarra

- Navarra: Archivo Real y General de Navarra.

País Vasco

- Álava/Araba: Archivo Histórico Provincial de Álava.
- Vizcaya/Bizkaia: Archivo Histórico Provincial de Vizcaya.
- Guipúzcoa/Gipuzkoa: Archivo Histórico Provincial de Guipúzcoa.

4. INVESTIGACIÓN DE FILIACIONES: NACIMIENTOS Y MATRIMONIOS

Tal y como se ha explicado en el primer caso práctico, el resto de los certificados —nacimientos y matrimonios— se solicita de igual manera que el de defunción. En cuanto a partidas sacramentales, estas tienen que estar legalizadas para poder tramitar la herencia, y se piden en la parroquia donde esté inscrito el hecho; o si la documentación ya está transferida, en el archivo histórico diocesano correspondiente.

A la hora de establecer las filiaciones hay que seguir el método científico, como ya se explicó. En dicho capítulo se habló de algunos de los problemas que se pueden encontrar en la investigación relativos a la onomástica, como las homonimias, los hipocorísticos, las variaciones en las transcripciones, los apodos, los sobrenombres, los seudónimos o alias o, incluso, el orden de los apellidos. Esto último, para el supuesto de hijos de madres solteras, a los que solían inscribir con los mismos apellidos que la madre, lo cual dificultaba la identificación de individuos, ya que podían pasar por hijos de sus abuelos. También se hacía referencia al período intergenésico. Y en el capítulo dedicado a las fases en la investigación del expediente, a las inscripciones extemporáneas de los hechos como uno de los problemas externos que podían presentarse. Nos detendremos en esto último.

Inscripciones extemporáneas

Por lo general, la mayoría de los recién nacidos eran inscritos a los pocos días de nacer, pero a veces una persona, que tenía que estar inscrita en una fecha, no aparece, encontrando su inscripción en décadas posteriores. Son las llamadas *inscripciones extemporáneas*, que pueden deberse a variados motivos. Uno de ellos es el estado de conservación del fondo documental. Si por incendios, inundaciones, guerras, robos, vandalismo u otros sucesos, accidentales o no, la documentación ha sufrido algún deterioro o ha desaparecido, la reconstitución de los asientos puede hacerse en años posteriores, al igual que el entable de las partidas eclesiásticas.

En la mayoría de las ocasiones, las inscripciones extemporáneas se deben simplemente a la omisión —voluntaria o no— de los progenitores de no inscribirlos en el momento del nacimiento. Y, así, encontramos personas cuyos nacimientos fueron inscritos en el mismo año en que contrajeron matrimonio; o en el caso de los hombres, cuando tenían que realizar el servicio militar, etc.

Un caso diferente es el momento en que llegaba la hora del parto, cuando las futuras madres solían ir a dar a luz a su casa materna, donde se encontraba la red femenina de apoyo en este trance. Por lo que la inscripción del bebé se hacía en el lugar de origen de la madre y no en el lugar de su residencia, si este era diferente.

Matrimonios

Sampedro (1999: 47-48) menciona la problemática que hay en la investigación genealógica a la hora de localizar matrimonios y divorcios civiles que tuvieron lugar durante la Segunda República:

> Las nuevas autoridades privaron de efectos jurídicos a diversas situaciones nacidas bajo la legislación republicana: matrimonios civiles invalidados, divorcios anulados con efectos retroactivos, hijos declarados ilegítimos o naturales *a posteriori* en razón de estos matrimonios y divorcios, y un sinfín de situaciones de harta confusión que complican la vida a muchos genealogistas (Sampedro, 1999: 47-48).

Asimismo, Sampedro (1999: 47-48) resalta lo ocurrido con los matrimonios civiles y divorcios de españoles llevados a cabo según las leyes extranjeras en otras zonas como Gibraltar, Gran Bretaña, Francia o Estados Unidos entre 1939 y 1978, hechos que, en su momento, carecieron de validez en el ordenamiento español.

Archivos castrenses militares

No hay que olvidar que, para el caso específico de militares y cuerpos de seguridad del Estado, los bautismos, matrimonios, defunciones y testamentos están custodiados en los archivos castrenses militares, como ya se señaló en el capítulo dedicado a la documentación militar. Por lo que, si aparece una persona que era hija de un militar, o de un carabinero, habrá que recurrir a estos archivos para buscar su inscripción si no se encuentra en el Registro Civil.

Filiaciones no biológicas

Se han visto hasta ahora las filiaciones biológicas o por naturaleza en cuanto a hijos naturales (no matrimoniales, matrimoniales o extramatrimoniales). Pero hay otras posibilidades de adquirir los derechos de filiación, por medio de la adopción, el prohijamiento o por posesión de estado (filiación no biológica).

Rostoll Ariza (2020: 59) aclara la distinción entre adopción y prohijamiento en la segunda mitad del siglo XIX [273]. Tal y como afirma esta autora, «los prohijados, a diferencia de los adoptados, no tenían derecho a la herencia de sus prohijantes ni a llevar el apellido de los mismos, sino que continuaban con el apellido que se les había otorgado en el registro del juzgado», pero en contadas ocasiones podremos encontrar en nuestro expediente de investigación que alguno de los herederos testamentarios del causante sea precisamente un prohijado.

La filiación por posesión de estado es otra forma de adquirir la filiación y puede ser definida como «la apariencia de que existe entre dos personas una relación de filiación, creada por el ejercicio de las facultades propias de esa relación y por la convicción de la generalidad» (Martínez de Aguirre Aldaz, 2022, TOL9.053.383).

Doctrina y jurisprudencia han exigido tradicionalmente tres requisitos (apellidos, trato y consideración social), conocidos por sus nombres latinos, para que pueda hablarse de posesión de estado. De esta forma, este autor lo describe así:

- *Nomen:* «consistente en llevar el considerado como hijo los apellidos del considerado como padre».
- *Tractatus:* «consistente en que las relaciones existentes entre el considerado como padre y el considerado como hijo sean propias de una relación paternofilial».

---

[273] Rostoll Ariza (2020: 59): «En la segunda mitad del siglo XIX no se puede considerar el prohijamiento como un sinónimo de adopción, pues se trataba de una situación jurídico-social precedente a la adopción, puesto que los niños prohijados seguían estando bajo la tutela de las inclusas y dependiendo de ellas hasta la mayoría de edad; además, de no corresponderles a los prohijados los mismos derechos que aquellos niños y niñas que sí eran adoptados. Por tanto, se estaría en una etapa en la que, si bien los prohijantes se harían cargo del sustento de estos expósitos, paralelamente, las inclusas velarían porque se procurase un bienestar y una buena vida a estos niños».

- Fama o *reputatio:* «consistente en ser considerados socialmente como padre e hijo».

Habrá que acudir a las fuentes de información HUMINT y OSINT para poder comprobar que se dan estos tres elementos. Los archivos municipales, de las diputaciones provinciales, históricos provinciales y diocesanos, entre otros, custodian fondos documentales sobre instituciones de beneficencia y expedientes de prohijamiento de niños expósitos, de máximo interés para el estudio de la historia social y asistencial. Esta información puede complementarse con la investigación en hemerotecas.

5. COMBINACIÓN DE FUENTES DE INFORMACIÓN PARA LA BÚSQUEDA DE DATOS

En este apartado vamos a aprender cómo combinar varias fuentes de información en la investigación genealógica para extraer datos con los que poder pedir al Registro Civil los certificados necesarios para construir el árbol genealógico sucesorio de un causante. Con esta intención, se propone el siguiente caso práctico.

En un bloque de una ciudad hay un piso que lleva abandonado varios años y que está generando una serie de deudas de derramas y gastos de la comunidad. Además, en la última reunión de vecinos se plasmó en el acta que se necesitaba encontrar al titular de este inmueble urgentemente porque están poniendo la fibra óptica en el edificio. Da la casualidad de que uno de los propietarios se ve afectado por una servidumbre de paso, porque para hacer la instalación en su vivienda se necesita entrar en el inmueble que está vacío para, desde allí, poder tirar los cables. El presidente de la comunidad de vecinos habla con el administrador de fincas en busca de una solución, y este, recordando el convenio de colaboración firmado con un despacho de abogados, lo comunica al bufete. El administrador les proporciona la nota simple de la vivienda vacía, donde se conoce que el titular es un hombre cuyo primer apellido empieza por S, que adquirió la casa en la década de 1950. El inmueble está situado en el municipio de Barcelona.

Si presuponemos que el titular está fallecido, la primera conclusión a la que se puede llegar es que falleció después del año 1950 —la vivienda se compró en la década de 1950, según la información de la nota simple—, por lo que si murió en el mismo municipio donde residía, su acta de defunción está digitalizada. Pidiéndolo al Registro Civil de Barcelona no sería difícil conseguirla, pero para asegurarnos, decidimos indagar en los cementerios de Barcelona y de este modo, en el caso de localizarlo, obtener una fecha más concreta.

Por medio del buscador de difuntos en línea que hay en la web del cementerio[274] se encuentra a una persona que coincide en nombre y apellidos con el causante. Con la fecha exacta, se hace la solicitud de su acta de defunción en la Sede Electrónica del Ministerio de Justicia. Al hacer la consulta por cementerio, han salido también otros registros con los mismos apellidos que nuestro sujeto, pero como son apellidos muy comunes no sabemos si son familiares (posibles hermanos o no). Se piden también sus certificados para comprobar los datos.

Se decide investigar en hemerotecas digitales por si es posible que aparezca alguna esquela o algún otro dato, pero no se localiza nada. Al recibir los documentos solicitados, se confirma que uno es el de nuestro titular, ya que concuerdan los datos que salen del último domicilio con la dirección de la nota simple. Aparecen los nombres de los padres y se indica que era soltero. Del resto se deduce que otro podría ser hermano de nuestro causante porque encaja el nombre de la madre, pero no el del padre, y de todas las fechas de nacimiento que tenemos, este

---

274 Cementerios de Barcelona <https://cementiris.ajuntament.barcelona.cat/es/localizacion>.

es el que más cuadra con el rango de fechas que puede haber entre hermanos —intervalo intergenésico—. Por lo que, en un principio, se descartan los demás y este se deja en reserva.

Como ya tenemos el acta de defunción, se solicita el certificado de actos de última voluntad, no así el de contrato de seguros, pues el causante falleció hace más de diez años. Cuando se recibe, se revela que el titular otorgó testamento. Por medio de la web del Colegio Notarial de Cataluña[275] se hace una búsqueda del notario que lo autorizó y se comprueba que el protocolo ya está custodiado en el Archivo General de Protocolos de Barcelona. Hasta que no se encuentre una persona con interés legítimo para obtener una copia autorizada del testamento no se podrá pedir.

Como sabemos la fecha exacta de su nacimiento, dado que en la inscripción de defunción lo pone, se pide su acta al Registro Civil. Nos remiten una respuesta negativa indicando que se necesita saber el distrito antiguo donde fue inscrito, puesto que por año de nacimiento —nuestro causante nació en 1920— los libros no están digitalizados. Para poder averiguar el distrito, sabemos que en la web genealógica de FamilySearch hay libros digitalizados del Registro Civil de Barcelona justo hasta el año 1920.

Iniciamos sesión en FamilySearch[276]. En la página principal vamos al menú «Buscar» y seleccionamos «Catálogo». Una vez que hacemos clic sobre «Catálogo», se abre otra ventana donde nos da la elección de hacer búsquedas por diferentes parámetros. En donde pone «Lugar», escribiremos «Barcelona». Nos devuelve varias opciones, pero elegimos «España, Cataluña, Barcelona» y daremos al botón de «Buscar», y aparece una lista de resultados que nos muestra toda la documentación que hay digitalizada. En este caso, nos interesa el Registro Civil («Civil Registration») y pinchamos sobre «Spain, Province of Barcelona,

---

275 Colegio Notarial de Cataluña <https://www.colegionotarial.org/>.

276 FamilySearch <https://www.familysearch.org/es/>.

municipal records = España, Provincia de Barcelona, registros municipales: Collection Record, 1387-1986».

En el siguiente enlace nos da información sobre esta colección. Bajamos por la página y antes de llegar al final hay una frase en color rojo que dice: «Notas: Spain, Province of Barcelona, Municipal Records are available online, click here». Pulsamos en «here» (aquí) y nos lleva a la página «España, Provincia de Barcelona, registros municipales, 1387-1986», donde clicamos con el ratón en «Examinar todas las imágenes». Nos devuelve otra pantalla con todos los municipios que tienen documentación digitalizada en esta web. Como el que nos interesa es Barcelona, cliqueamos sobre este nombre y vemos toda la documentación que hay sobre el Registro Civil de Barcelona de los siglos XIX y XX. Si hacemos clic en cualquiera de ellos, visualizamos todas las imágenes de los libros de nacimientos, matrimonios y defunciones, y de sus índices.

Ninguno de estos libros está indexado, y la cantidad de imágenes que hay es apabullante, por lo que si queremos encontrar a nuestro causante en estos registros tendremos que echar horas y horas —hasta el infinito—. Aquí es donde se ponen en marcha algunas de las características que debe tener el genealogista sucesorio que ya se mencionaron en los primeros capítulos y que Cofre León (2021) ya señaló: tolerancia a la frustración, paciencia y orden. Cuando vayamos por la imagen mil y no hayamos avanzado nada, habrá que echar mano de la otra característica: la comunicación, es decir, ¡pedir ayuda!

Realmente no hay que visualizar tantas imágenes, solo ir a la web de la Asociación Raíces Reino de Valencia[277], navegar por el menú «Contenidos» del Registro Civil y pulsar sobre «Barcelona», donde un texto explica el proyecto que la asociación llevó a cabo. Se indica que los datos están clasificados tomando como

[277] Asociación Raíces Reino de Valencia <https://www.raicesreinovalencia.com/>.

referencia los libros digitalizados de FamilySearch y que cada referencia se vincula a su correspondiente página de esta web. Por lo que advierten que los enlaces podrían quedar invalidados por posibles cambios futuros en FamilySearch. Nos da la opción de elegir entre nacimientos, defunciones y matrimonios.

Es aquí cuando nos ponemos a suplicar para que los enlaces funcionen y a saltar de alegría al comprobar que es así. Entramos en «Nacimientos» y nos salen diferentes índices por años, y al seleccionar el índice de nacimientos de 1920 aparece subdividido a la vez por letras siguiendo el orden alfabético de los apellidos. Vamos al enlace que nos interesa —«Letra S año 1920», ya que el primer apellido de nuestro causante empezaba por S— y nos redirige a la imagen de su inscripción en FamilySearch. De este modo, podemos buscar a la persona de una forma más precisa sin tener que desplazarnos por el millón de imágenes de la web. Al final, encontramos a nuestro investigado, que está inscrito en el Juzgado de San Gervasio. Con estos datos volvemos a hacer la solicitud al Registro Civil y nos llega su certificado de nacimiento.

Ahora nos interesa saber si el titular tuvo más hermanos. Como sabemos los nombres completos de los padres y el distrito donde vivían, nos ponemos en contacto con el Arxiu Municipal Contemporani de Barcelona[278] y hacemos una solicitud para que nos busquen en el padrón municipal de habitantes a esta familia. Nos responden desde el archivo que, tras haber examinado los índices onomásticos de padrón entre los años 1930 y 1950, han obtenido los datos de un hermano más joven.

Resulta que este hermano que ha aparecido se corresponde con uno de los certificados de defunción que se habían pedido anteriormente y que en un principio se había dejado en reserva, ya que no encajaba el nombre del padre. Pero se descubre que

---

278 Arxiu Municipal Contemporani de Barcelona <https://ajuntament.barcelona.cat/arxiumunicipal/arxiucontemporani/ca>.

el padre del causante lleva un nombre compuesto y solo habían puesto uno de los nombres. Se pide el acta de nacimiento del hermano con el nombre del distrito y en ella hay inscrita una nota marginal donde se indica la fecha de defunción, que para alegría nuestra coincide con el certificado de defunción que ya habíamos solicitado anteriormente. Además, en el mismo pone que el hermano estaba viudo y que su inscripción en el registro fue realizada por su hija, que figura con el nombre completo. Como en el documento se recoge la última dirección donde vivía el hermano, un comercial del despacho va hasta ese lugar y el conserje de la finca le informa de que la casa está vacía, pues la hija vive fuera de España, pero no saben precisar más.

Se hace una búsqueda en Internet y por medio de una red social se contacta con una mujer que puede ser esta sobrina del causante. Efectivamente, la mujer responde de forma afirmativa y señala que en unos días va a regresar a España. Tras hablar presencialmente con ella, la sobrina confirma que su tío dejó un testamento, pero que desconoce su contenido y que le gustaría dejarlo todo resuelto. Tras la firma del contrato se realizan todas las gestiones para poder obtener la copia del testamento, donde se comprueba que la sobrina es la heredera universal. Como heredera testamentaria, tras la tramitación de la herencia, se abre el piso vacío y se hace la instalación de la fibra óptica, y se soluciona toda la deuda que el piso había contraído con la comunidad. Asimismo, hay alguien interesado en comprar el piso. La sobrina acepta venderlo. El despacho se encarga de todos los trámites.

Fuentes HUMINT

Administrador de fincas (convenio de colaboración).

Comunidad de vecinos (clientes).

Vecinos, presidente de la comunidad y conserjes.

Sobrina del causante (cliente).

Fuentes OSINT

Cementerio municipal de Barcelona.

Hemerotecas digitales: Biblioteca Nacional de España, etc.

Base de datos genealógicos de FamilySearch.

Asociación Raíces Reino de Valencia.

Arxiu Municipal Contemporani de Barcelona.

Registro Civil de Barcelona.

Registro General de Actos de Última Voluntad.

Archivo General de Protocolos de Barcelona.

Fuentes SOCMINT

Red social de Internet.

6. JURISDICCIONES ANTIGUAS, DISTRITOS Y DIVISIONES ADMINISTRATIVAS[279]

Jurisdicciones antiguas

Una de las fuentes bibliográficas sobre jurisdicciones antiguas es el libro publicado por el Ministerio de Administraciones Públicas en el año 2008 y titulado *Variaciones de los municipios de España desde 1842,* disponible en la Red[280]. Es necesario tenerlo en cuenta, ya

279 Para más información sobre este apartado, véase el capítulo «Otras fuentes en la investigación genealógica», referente a los nomenclátores y callejeros.

280 Ministerio de Administraciones Públicas (2008): *Variaciones de los municipios de España desde 1842* <https://www.hacienda.gob.es/Documentacion/Publico/SGT/CATALOGO_SEFP/100_Variaciones-INTERNET.pdf>.

que en nuestras investigaciones pueden aparecer municipios que actualmente se han extinguido y cuyo territorio se ha incorporado a otros, sobre todo los pueblos anexionados por las grandes capitales.

Así, entre las jurisdicciones antiguas de la provincia de Madrid, si queremos conocer los padrones de habitantes o solicitar certificados al Registro Civil de fechas anteriores a la anexión, habrá que ir al archivo municipal histórico para investigar fechas más concretas, que para este caso se corresponde con el Archivo de Villa de Madrid. Entre los municipios que se extinguieron y cuyos territorios se incorporaron a la capital en diferentes fechas, se identifican los siguientes:

- Aravaca (cuyo territorio se incorporó a Madrid el 27/11/1949).
- Barajas (22/12/1949).
- Canillas (15/11/1949).
- Canillejas (30/07/1949).
- Carabanchel Alto (31/01/1948).
- Carabanchel Bajo (31/01/1948).
- Chamartín de la Rosa (13/12/1947).
- Fuencarral (13/12/1950).
- Hortaleza (02/09/1949).
- Pardo, El (13/12/1950).
- Vallecas (13/12/1950).
- Vicálvaro (13/12/1950).
- Villaverde (13/07/1954).

Para la provincia de Guadalajara se puede encontrar otro ejemplo en el municipio de Santa María de Poyos, que se extinguió —pueblo abandonado hundido bajo las aguas del embalse de Buendía—, y su territorio se incorporó a Sacedón

(20/02/1967). Las peticiones de certificados del Registro Civil de esta jurisdicción antigua hay que hacerlas en Sacedón. Otro tanto pasó con Las Gabias (Granada), formada por La Gabia Grande y La Gabia Chica. En la provincia de Jaén, el municipio de Quesada perteneció hasta 1954 al arzobispado de Toledo. Algo parecido ocurre con Hornos de Segura, que no siempre perteneció a la provincia de Jaén, por lo que si se indaga más allá del siglo XIX habrá que acudir a archivos murcianos. Para Asturias, en muchos documentos se dice que la persona era natural de «Oviedo», cuando en realidad se estaba señalando que era natural de «Asturias», complicando la labor investigadora. El municipio de Los Yébenes, en la provincia de Toledo, se encontraba dividido en Yébenes de Toledo (al norte) y Yébenes de San Juan (al sur), a pesar de estar separados por una calle. Cada uno correspondía a una jurisdicción eclesiástica distinta.

Distritos

Como pasó en el caso práctico sobre el causante de Barcelona, el Registro Civil envió un certificado negativo de nacimiento donde indicaba que se necesitaba el nombre del distrito donde fue inscrito. Esto suele ocurrir para hechos anteriores a 1950, donde los asientos aún están sin digitalizar y, sobre todo, en las capitales de provincia (Barcelona, Madrid, Sevilla, etc.). También en aquellos registros civiles donde no disponen de la herramienta informática INFOREG/DICIREG.

Si no tenemos acceso al Registro Civil histórico digitalizado, como ocurrió en el caso práctico anterior, que estaba disponible hasta cierta fecha —año 1920, en FamilySearch—, la otra opción es buscar el dato en los padrones de habitantes. Los archivos municipales históricos tienen listados sobre los distritos antiguos. También investigaremos en las hemerotecas digitales, por ejemplo, la de la Biblioteca Nacional de España, donde se encuentran los

Anuarios y *Guías*, que incluyen los distritos a los que pertenecían las calles, los barrios[281] e incluso pueden contener la parroquia[282].

Divisiones administrativas en España

La primera división corresponde a la comunidad autónoma; la segunda división sería la provincia, que abarca a las entidades geográficas superiores a municipio (comarcas, mancomunidades, comunidad de municipios); y la tercera división es el municipio, que engloba a las entidades geográficas inframunicipales (lugares, parroquias, pedanías, aldeas o anteiglesias). Si se tiene que localizar algunas de estas entidades para pedir el certificado al Registro Civil, se puede hacer uso de los nomenclátores para saber a qué municipio o concejo pertenece ese lugar. Aun así, los municipios suelen tener esta información en sus webs. Por ejemplo, el Ayuntamiento de Cangas del Narcea (Asturias) tiene un listado de parroquias y pueblos que lo forman[283].

---

281 Así, por ejemplo, se encuentra la Infraestructura de Datos Espaciales (IDE) histórica de la ciudad de Madrid, publicada por el Consejo Superior de Investigaciones Científicas (CSIC) por medio del Centro de Ciencias Humanas y Sociales (CCHS), que es un geoportal de cartografía y demografía histórica (HISDI-MAD) de la ciudad entre 1890 y 1935 <https://idehistoricamadrid.csic.es/>.

282 Es el caso del localizador de la Església Arxidiocesana de Barcelona para saber a qué parroquia pertenece una calle en la ciudad de Barcelona <https://www.esglesiabarcelona.cat/mapa/index.php?query=&x=0&y=0>.

283 Cangas del Narcea <https://www.ayto-cnarcea.es/parroquias-y-pueblos>.

XIV. Referencias bibliográficas

Agencia Estatal Boletín Oficial del Estado (2024). *Boletín Oficial del Estado.* https://www.boe.es/. Última consulta: 12 de octubre de 2024.

Alfaro de Prado, A. (2014, noviembre 03). «Genealogista profesional: cuándo, cómo y para qué». *Genealogía Hispana.* https://www.genealogiahispana.com/miscelanea/genealogista-profesional-cuando-como-y-para-que/. Última consulta: 12 de octubre de 2024.

Alventosa del Río, J. (2021). «La usucapión en la comunidad de bienes». En Reyes López, M. J. (coord.). *Comunidad de bienes.* TOL4.319.500 Doctrina. Tirant lo Blanch.

Archives Généalogiques Andriveau (s. f.). «¿Quiénes somos?: una empresa con solera. Los fondos Andriveau». https://www.andriveau.fr/es/quienes-somos/una-empresa-con-solera/. Última consulta: 12 de octubre de 2024.

Arquitasa Sociedad de Tasación. (2022a). «Finca registral». https://arquitasa.com/finca-registral/. Última consulta: 12 de octubre de 2024.

—. (2022b). «Diferencias y coordinación entre Catastro y Registro». https://arquitasa.com/coordinacion-catastro-registro/. Última consulta: 12 de octubre de 2024.

—. (2024). «Método y valor de actualización de rentas». https://arquitasa.com/valor-actualizacion-rentas-metodo/. Última consulta: 12 de octubre de 2024.

As (2024, abril 11). «¿Por qué en España hay dos apellidos y por qué no pasa en la mayoría de países?». https://as.com/actualidad/por-que-en-espana-hay-dos-apellidos-y-por-que-no-pasa-en-la-mayoria-de-paises-n/. Última consulta: 12 de octubre de 2024.

Balsells Fernández, J. (2000). «La hemeroteca como fuente para la investigación». *Faura: Revista del Centro Virgitano de Estudios Históricos,* (3), 67-81. https://dialnet.unirioja.es/servlet/autor?codigo=1940290. Última consulta: 12 de octubre de 2024.

Banco de España. (2023, junio 08). «¿Qué ocurre con las cuentas bancarias abandonadas?». https://clientebancario.bde.es/pcb/es/blog/cuentas-bancarias-abandonadas.html. Última consulta: 12 de octubre de 2024.

Biblioteca de la Facultad de Derecho de Cáceres. (s. f.). «Derecho y legislación: Fuero del Baylío». *Guías de la Biblioteca.* Universidad de Extremadura. https://biblioguias.unex.es/derecho/fuerodelbaylio. Última consulta: 12 de octubre de 2024.

Biblioteca Virtual de la Universidad de Guadalajara (México). (s .f.). «Utilidad vs. relevancia de la información». http://biblioteca.udgvirtual.udg.mx/portal/utilidad-vs-relevancia-de-la-informacion. Última consulta: 12 de octubre de 2024.

Cabrejas Guijarro, M. M. (2013). «Procedimiento monitorio contra herencia yacente». *Revista Ceflegal,* (150), 195-198. Centro de Estudios Financieros (CEF). https://www.ceflegal.com/. Última consulta: 12 de octubre de 2024.

Calleja Puerta, M. (2010). «El factor genealógico: posibilidades y límites de la documentación de archivo para la elaboración de historias familiares». *Emblemata,* (16), 123-153. https://ifc.dpz.es/recursos/publicaciones/30/55/07calleja.pdf. Última consulta: 12 de octubre de 2024.

Cámara de los Diputados de México. (1991). «Constitución francesa de 1793». *Las Constituciones de México 1814-1991,* Apéndice 4, 538-557. Comité de Asuntos Editoriales, Cámara de Diputados del H. Congreso de la Unión, LV Legislatura México. Capítulo 4. https://www.diputados.gob.mx/biblioteca/bibdig/const_mex/const_fra.pdf. Última consulta: 12 de octubre de 2024.

Cano, J. L. (2007). *Business intelligence: competir con información.* ESADE. https://itemsweb.esade.edu/biblioteca/archivo/Business_Intelligence_competir_con_informacion.pdf. Última consulta: 18 de diciembre de 2024.

Canorea Huete, J. (2020). «Documentación judicial». En Ávila Seoane, N. (coord.); Galende Díaz, J.C. (dir.). *La diplomática y sus fuentes documentales.* Asociación de Amigos del Archivo Histórico Nacional, 53-126.

Chávez Montejo, Y.; Pérez Sousa, H. (2013). «Gestión documental, gestión de información y gestión del conocimiento: nociones e interrelaciones». *Bibliotecas. Anales de Investigación,* (8-9), 222-227. https://www.proquest.com/scholarly-journals/gestión-documental-de-información-y-del/docview/2245517343/se-2?accountid=14514. Última consulta: 17 de diciembre de 2024.

Cofré León, C. (2019, marzo 08): «Metodología para la investigación genealógica». https://www.cristiancofre.cl/post/metodolog%C3%ADa-para-la-investigaci%C3%B3n-geneal%C3%B3gica. Última consulta: 12 de octubre de 2024.

—. (2020, noviembre 15): «¿Genealogía?». https://www.cristiancofre.cl/post/por-que-genealog%C3%ADa. Última consulta: 12 de octubre de 2024.

—. (2021, marzo 22): «El perfil de un genealogista». https://www.cristiancofre.cl/post/el-perfil-de-un-genealogista. Última consulta: 12 de octubre de 2024.

—. (2021a, noviembre 08). «El problema de las edades (ejemplo de investigación genealógica con método científico)». https://www.cristiancofre.cl/post/el-problema-de-las-edades-ejemplo-de-investigaci%C3%B3n-con-m%C3%A9todo-cient%C3%ADfico. Última consulta: 12 de octubre de 2024.

Colegio de Administradores de Fincas de Madrid (CAF Madrid). (2016, agosto 31). «El Colegio de Administradores de Fincas de Madrid firma un acuerdo con Coutot-Roehrig para localizar herederos». https://cafmadrid.es/wp-content/uploads/2017/06/160831_NP_Acuerdo_Coutot-Roehrig.pdf. Última consulta: 12 de octubre de 2024.

Consejo General de Colegios de Administradores de Fincas de España (CGCAFE). (2017, enero 18): «El Consejo General de Colegios de Administradores de Fincas firma un acuerdo con Coutot-Roehrig». Nota de prensa. https://www.cgcafe.org/wp-content/uploads/2017/01/nota-de-prensa-convenio-coutot.pdf. Última consulta: 12 de octubre de 2024.

Comisión Nacional de los Mercados y la Competencia (CNMC). [2024]. «Servicio universal y contabilidad regulatoria». https://www.cnmc.es/ambitos-de-actuacion/telecomunicaciones/servicio-universal-contabilidad-regulatoria. Última consulta: 12 de octubre de 2024.

Conferencia Episcopal Española. (s. f.). «Diócesis en España». https://www.conferenciaepiscopal.es/diocesis/. Última consulta: 12 de octubre de 2024.

Conseil Constitutionnel de France. (s. f.). *Declaración de Derechos del Hombre y del Ciudadano de 1789*. https://www.conseil-constitutionnel.fr/sites/default/files/as/root/bank_mm/espagnol/es_ddhc.pdf. Última consulta: 12 de octubre de 2024.

Conseil Supérieur du Notariat; Généalogistes de France. (2015, mayo 19). [«Convention de partenariat»]. *Le Particulier Le Figaro*. https://leparticulier.lefigaro.fr/upload/docs/application/pdf/2015-05/convention_dun_partenariat_entre_les_notaires_et_les_genealogistes_du_19052015.pdf. Última consulta: 12 de octubre de 2024.

Consejo General del Notariado. [2015]. *El papel del notario en la jurisdicción voluntaria: una apuesta por la eficacia y la agilidad en beneficio del ciudadano*. https://www.notariado.org/portal/documents/176535/0/La+Ley+de+Jurisdicci%C3%B3n+Voluntaria+%28LJV%29+ha+reforzado+la+funci%C3%B3n+notarial+en+su+car%C3%A1cter+de+autoridad+p%C3%BAblica+y+ha+ampliado+sus+competencias%2C+descargando+a+los+juzgados.+%C2%BFConoces+los+asuntos+en+los+que+puede+ayudar.pdf/8127fac2-4bea-ba0f-b736-3d5efa6349d5?t=1565769955373. Última consulta: 12 de octubre de 2024.

Cruces Blanco, E. (2011). «El acceso a la información, a la documentación y a los archivos. Acceso y gestión documental en la Ley 7/2011 de Documentos, Archivos y Patrimonio Documental de Andalucía». *Tria*, (17), 145-171. <https://www.archiverosdeandalucia.org/wp-content/uploads/2019/04/Numero_17_007.pdf>. Última consulta: 6 de diciembre de 2024.

Cruz Mundet, J. R. (1996). *Manual de archivística*. Pirámide, Fundación Germán Sánchez Ruipérez. https://es.slideshare.net/CamilaSalas38/manual-de-archivistica-cruz-mundetpdf. Última consulta: 12 de octubre de 2024.

Davinson Pacheco, L. G. (2007). «Una mirada al método genealógico y un ejemplo de su aplicación en un pueblo de Tlaxcala, México». *Familia y Diversidad en América Latina. Estudios de casos*. Consejo Latinoamericano de Ciencias Sociales (CLACSO). http://bibliotecavirtual.clacso.org.ar/ar/libros/grupos/robichaux/07-Pacheco.pdf. Última consulta: 12 de octubre de 2024.

Díaz Martínez, A. (2021). «Usucapión antes de la aceptación hereditaria». *Sucesión hereditaria y usucapión*. Capítulo II. TOL8.715.091 Doctrina. Tirant lo Blanch.

Dirección General de los Registros y del Notariado. (2018, julio 12). «Instrucción para la puesta en producción de medidas tecnológicas de modernización de los registros civiles». Notarios y Registradores. https://www.notariosyregistradores.com/web/wp-content/uploads/2018/07/Instruccion-12-07-2018-modernizaci%C3%B3n-Regristros-Civiles.pdf. Última consulta: 12 de octubre de 2024.

División de Tecnologías y Servicios Públicos Digitales. (2022, mayo 30). «Solicitudes de certificados de registro civil: nacimiento, matrimonio y defunción. Preguntas frecuentes». Ministerio de Justicia. https://sede.mjusticia.gob.es/es/Documents/20220530_FAQ%20SERECI%20v1.4.pdf. Última consulta: 12 de octubre de 2024.

Economist & Jurist. (2022, noviembre 30). «La figura del genealogista sucesorio es clave a la hora de localizar a herederos». <https://www.economistjurist.es/entrevistas/la-figura-del-genealogista-sucesorio-es-clave-a-la-hora-de-localizar-a-herederos/. Última consulta: 12 de octubre de 2024.

Emmerson, C. (2024, julio 9). «How UK heir hunters differ from their international counterparts». *ChronicleLaw*. https://chroniclelaw.co.uk/blogs/2024/07/09/how-uk-heir-hunters-differ-from-their-international-counterparts/. Última consulta: 29 de noviembre de 2024.

Enlared.biz. (s. f.). «Páginas Blancas. Guías telefónicas de España. Mejores guías telefónicas de España y América». https://www.enlared.biz/paginas-blancas.html. Última consulta: 12 de octubre de 2024.

Erbenermittlung Dr. Hans-J. Noczenski. (s. f.). «Heir finding. Definition». https://erbenermittlung.de/index.php/en/en-definition. Última consulta: 12 de octubre de 2024.

Espín Cánovas, D. (1969). «La Constitución de 1869 y la legislación civil española hasta 1874». *Revista de estudios políticos,* (163), 117-138. https://www.cepc.gob.es/sites/default/files/2021-12/8946rep163119.pdf. Última consulta: 12 de octubre de 2024.

Felip i Sardà, J. M. (2004). «La gestión de fuentes abiertas por los servicios de inteligencia y los equipos de investigación. El estado de la cuestión». *Cuadernos Constitucionales de la Cátedra Fadrique Furió Ceriol,* (48), 41-50. https://dialnet.unirioja.es/servlet/articulo?codigo=2270934. Última consulta: 12 de octubre de 2024.

Fernández Ramos, S. (2016). «Leyes de transparencia y leyes de archivos: dos sistemas interdependientes». *Transparencia «versus» corrupción, os arquivos e a democracia: Actas das I Xornadas «Olga Gallego» de Arquivos.* 37-86. Fundación Olga Gallego. https://dialnet.unirioja.es/servlet/articulo?codigo=6045098. Última consulta: 12 de octubre de 2024.

—. (2017). «El derecho fundamental de acceso a la información pública». *Revista Cuadernos Manuel Giménez Abad,* (13), 188-202. https://dialnet.unirioja.es/servlet/articulo?codigo=6004811. Última consulta: 12 de octubre de 2024.

Fernández Valdés, M. M.; Ponjuán Dante, G. (2008). «Análisis conceptual de las principales interacciones entre la gestión de información, la gestión documental y la gestión del conocimiento». *ACIMED* [en línea], 18, (1), 1-11. http://scielo.sld.cu/scielo.php?pid=S1024-94352008000700007&script=sci_abstract. Última consulta: 12 de octubre de 2024.

Ferrán Abogados & Asociados. (s. f.). «La herencia y el derecho de sucesiones». https://www.ferranabogados.com/publicaciones/la-herencia-y-el-derecho-de-sucesiones.pdf. Última consulta: 12 de octubre de 2024.

Ferrando Corell, J. V. (2023). *Los inmuebles: valor, valoración y métodos de cálculo.* Tirant lo Blanch.

Filae. (2022). «Qui sommes-nous?». https://www.filae.com/ressources/qui-sommes-nous/. Última consulta: 12 de octubre de 2024.

Fraser & Fraser. (s. f.). «Our History». https://www.fraserandfraser.co.uk/about-us/what-we-do/#history. Última consulta: 29 de noviembre de 2024.

García Herrera, V. (2008). *La usucapión a favor de la herencia yacente.* Dykinson.

Generelo, J. J. (2016, agosto 16). «Libros sacramentales de la provincia de Huesca». Documentos y Archivos de Aragón (DARA). https://dara.

aragon.es/dara/blog/libros-sacramentales-de-la-provincia-de-huesca/. Última consulta: 12 de octubre de 2024.

Genus Legal. (2024, enero 26). «¿Qué es la genealogía sucesoria?». [Imagen adjunta Facebook]. https://www.facebook.com/photo?fbid=805833804890554&set=pb.100063918260821.-2207520000. Última consulta: 12 de octubre de 2024.

Gil González, E. (2016). *Big data, privacidad y protección de datos.* Agencia Española de Protección de Datos, Agencia Estatal Boletín Oficial del Estado. https://www.aepd.es/sites/default/files/2019-10/big-data.pdf. Última consulta: 12 de octubre de 2024.

Gil Honduvilla, J. (2009). «El derecho de acceso a la documentación». *Historia Actual Online* (HAOL), (19), 183-198. https://dialnet.unirioja.es/servlet/articulo?codigo=3065986. Última consulta: 12 de octubre de 2024.

Gómez, M. (2024, octubre 11). «Obispos españoles de la CEE: 121 en total, 77 en activo y cuatro diócesis vacantes». *Religión Digital.* https://www.religiondigital.org/5w/Obispos-Espana-CEE-diocesis-vacantes-arzobispos-cardenales-auxiliares-emeritos-conferencia-episcopal-datos_0_2404559534.html. Última consulta: 12 de octubre de 2024.

Gonzalo, M. (2022, agosto 03). «Qué es OSINT o inteligencia de fuentes abiertas». *Newtral.* https://www.newtral.es/que-es-osint-inteligencia-fuentes-abiertas/20220803/. Última consulta: 12 de octubre de 2024.

Groupe Terquem Généalogie. (s. f.). «Historique de la généalogie et présentation de la généalogie». https://www.groupeterquem.fr/genealogie/. Última consulta: 12 de octubre de 2024.

—. (s. f. a). «Le cadre du mandat». https://www.groupeterquem.fr/notaires/le-cadre-du-mandat/. Última consulta: 12 de octubre de 2024.

Grupo Hereda. (2016, septiembre 16). «Nuestra herramienta en la búsqueda de herederos: el desconocido artículo 1006 del Código Civil». https://grupohereda.com/herencias-articulo-1006/. Última consulta: 12 de octubre de 2024.

—. (2018, agosto 22). «Abogados especialistas en tramitación de herencias» [vídeo Youtube]. https://www.youtube.com/watch?v=gEO-RD42pCs. Última consulta: 12 de octubre de 2024.

Heir Search. (s. f.). «Forensic genealogy services». https://heirsearch.com/. Última consulta: 12 de octubre de 2024.

—. (s. f. a). «The history of forensic genealogy in heir searching». https://heirsearch.com/the-history-of-forensic-genealogy-in-heir-searching/. Última consulta: 12 de octubre de 2024.

—. (s. f. b). «How forensic genealogy differs from regular genealogy». https://heirsearch.com/how-forensic-genealogy-differs-from-regular-genealogy/. Última consulta: 12 de octubre de 2024.

—. (s. f. c). «Elder Law: driven by money heir hunters spring into action». https://heirsearch.com/elder-law-heir-hunters-driven-by-money/. Última consulta: 12 de octubre de 2024.

—. (s. f. d). «Oregon State Bar legislative proposal». https://heirsearch.com/oregon-state-bar-legislative-proposal/. Última consulta: 12 de octubre de 2024.

Heraldaria. (2021). «Genealogía, principios básicos: genealogía y derecho». https://blog.heraldaria.com/genealogia-principios-basicos/. Última consulta: 12 de octubre de 2024.

Heredero Gascueña, V. (2022, noviembre 17). «Conferencia SIGEH: En busca del heredero perdido. Origen y características de la genealogía sucesoria» [vídeo Youtube]. Sociedad Iberoamericana de Genealogía e Historia (SIGEH). https://www.youtube.com/watch?v=jn_spgwUkxQ. Última consulta: 12 de octubre de 2024.

Heredia Herrera, A. (1995). *Archivística general: teoría y práctica.* Diputación Provincial de Sevilla. https://alexavidal.files.wordpress.com/2015/07/archivisticageneralteoriaypractica-antonia-heredia-herrera.pdf. Última consulta: 12 de octubre de 2024.

Hoerner Bank AG. (s. f. a). «Wir blicken auf über 175 Jahre Tradition und Erfahrung zurück». https://www.hoernerbank.de/privatbank-heilbronn/#geschichtetoggle. Última consulta: 29 de noviembre de 2024.

—. (s. f. b). «Erbenermittlung aus Tradition». https://www.hoernerbank.de/nachlassmanagement/erbenermittlung/. Última consulta: 29 de noviembre de 2024.

—. (2024, junio). «Hoerner Bank AG feiert 175-jähriges Jubiläum». https://www.hoernerbank.de/vermoegen/175-jaehriges-jubilaeum/. Última consulta: 29 de noviembre de 2024.

Horton, D. y Weisbord, R. K. (2021). «Heir Hunting». *Law Review*, vol. 169 (2), University of Pennsylvania. <https://ssrn.com/abstract=3543560>. Última consulta: 29 de noviembre de 2024.

IBM. (s. f.). «¿Qué es la minería de texto?». https://www.ibm.com/es-es/topics/text-mining. Última consulta: 12 de octubre de 2024.

Iglesia Prados, E. de la. (2012). *Análisis de la sucesión intestada.* Tirant lo Blanch.

Incorporated Council of Law Reporting for England and Wales. (s. f.). «Maintenance and champerty». https://www.iclr.co.uk/knowledge/

glossary/maintenance-and-champerty/. Última consulta: 29 de noviembre de 2024.

Institut National de la Statistique et des Études Économiques (Francia, INSEE). (2024, octubre 09). «Fichiers des personnes décédées depuis 1970». https://www.insee.fr/fr/information/4190491. Última consulta: 12 de octubre de 2024.

Instituto Nacional de Estadística (INE). (2023, junio 30). «Censo de población y viviendas 2021». https://www.ine.es/prensa/censo_2021_jun.pdf. Última consulta: 12 de octubre de 2024.

—. (2023a). «Estadística de transmisiones de derechos de la propiedad: viviendas transmitidas según título de adquisición». https://www.ine.es/jaxiT3/Tabla.htm?t=6154&L=0. Última consulta: 12 de octubre de 2024.

Jiménez Villalonga, R. (2019). «Tipos de inteligencia». López-Muñoz, J. (coord.). *Manual de inteligencia.* Capítulo IV, 97-122. Tirant lo Blanch.

Joyanes Aguilar, L. (2020). *Inteligencia de negocios y analítica de datos.* Marcombo.

Lamberti, M. (2014, enero 23). «Los principales obstáculos de la genealogía sucesoria en España». *Actualidad Jurídica Aranzadi,* (877), 2. https://www.coutot-roehrig.es/clipping/20140123_AJA.pdf. Última consulta: 12 de octubre de 2024.

Linacero de la Fuente, M. (2013). «Vecindad civil». *Tratado del Registro Civil. Adaptado a la Ley 20/2011, de 21 de julio, del Registro Civil.* TOL3.322.928 Doctrina. Capítulo XXVII, 391-395. Tirant lo Blanch.

Lisson, L. (2017, octubre 30). «How to use WordlCat for your genealogy research». https://lisalisson.com/how-to-use-worldcat-for-genealogy-research/. Última consulta: 12 de octubre de 2024.

López-Carreño, R. (2017). *Fuentes de información: guía básica y nueva clasificación.* UOC-Universitat Oberta Catalunya.

López Porto, P. (2021, febrero 12). «Expropiación forzosa por razón de urbanismo». *López Abogados.* https://lopezabogados.org/web/expropiacion-forzosa-por-razon-de-urbanismo/. Última consulta: 12 de octubre de 2024

Marquina, J. (2019, junio 11). «10 grandes hemerotecas digitales en las que ponerse al día sobre nuestro pasado y sin salir de casa». https://www.julianmarquina.es/10-grandes-hemerotecas-digitales-en-las-que-ponerse-al-dia-sobre-nuestro-pasado-y-sin-salir-de-casa/. Última consulta: 12 de octubre de 2024.

Martínez de Aguirre Aldaz, C. (2022). «La filiación». En Muñoz Rodrigo, G.; Chaparro Matamoros, P.; de Verda y Beamonte, J. R. (coords.). *Las crisis familiares. Tratado práctico interdisciplinar.* Capítulo 17. TOL9.053.383 Doctrina. Tirant lo Blanch.

Martínez Retenaga, A. (2014, mayo 28). «OSINT-La información es poder». Instituto Nacional de Ciberseguridad (INCIBE). https://www.incibe.es/incibe-cert/blog/osint-la-informacion-es-poder. Última consulta: 12 de octubre de 2024.

Martínez-Méndez, F. J. y López-Carreño, R. (2011). «El sinsentido de hablar de literatura gris en la época 2.0». *El Profesional de la Información* 20, (6): 621-626. https://doi.org/10.3145/epi.2011.nov.03. Última consulta: 12 de octubre de 2024.

Ministerio de Justicia. (s. f. a). «Certificado de actos de última voluntad». https://www.mjusticia.gob.es/es/ciudadania/tramites/certificado-actos-ultima. Última consulta: 12 de octubre de 2024.

—. (s. f. b). «Certificado de contratos de seguros de cobertura de fallecimiento». https://www.mjusticia.gob.es/es/ciudadania/tramites/certificado-contratos-seguros. Última consulta: 12 de octubre de 2024.

Mora Afán, J.C. (2007). *Manual de genealogía e historia de la familia en Euskal Herria.* Ttarttalo.

Moxó y de Montoliu, F. de (2004). «Los problemas de la homonimia en la investigación genealógica». *Anales Académicos.* Real Academia Matritense de Heráldica y Genealogía. https://ramhg.es/wp-content/uploads/2024/09/anales-09_2005-2006-08_moxo.pdf. Última consulta: 12 de octubre de 2024.

Naciones Unidas. (2013). *Instrumentos internacionales de Derechos Humanos. Documento básico que forma parte integrante de los informes de los Estados partes: Luxemburgo.* https://docstore.ohchr.org/SelfServices/FilesHandler.ashx?enc=FhOD6sgqgzAhFXD9F%2FeKaFMm83LbFY75RhkIFGrig%2B4n%2FSkyRYNT9XDAXA75%2FtFsiPl7hN%2BCYBB%2Fqzri52orYEEr19xrb2xbF5Dh2l79caL%2FR%2BalyzNbcm3N4Vu6lTgS. Última consulta: 12 de octubre de 2024.

Neila Neila, J. M. (2020). *Los olvidados reyes de España.* Punto Rojo Libros.

Ochoa Marco, R.; Sebastián Chena, M. S.; García Ramírez, J. (2014). *La herencia: análisis práctico de los problemas sustantivos y procesales del derecho de sucesiones.* Colex.

Oficina de Atención al Usuario de Telecomunicaciones (s. f.). «¿Puede el operador u otra empresa utilizar los datos de la guía telefónica para realizar llamadas comerciales?». Ministerio para la Transformación Digital y de la Función Pública. https://usuariosteleco.mineco.gob.es/derechos-usuario/Paginas/proteccion-datos-personales.aspx?Faq=Gu%C3%ADas%20telef%C3%B3nicas. Última consulta: 12 de octubre de 2024.

Ortuño Lizarán, M. (2023, diciembre 27). «Los mormones y su obsesión por la genealogía: información a cambio de la salvación». *El Correo de Andalucía*. https://www.elcorreoweb.es/espana/2023/12/27/mormones-obsesion-genealogia-informacion-cambio-104394394.html. Última consulta: 12 de octubre de 2024.

Pérez Ortiz, M. G.; González Lozano, F.; Vivas, A. (2017). «La investigación genealógica en los archivos eclesiásticos: fuentes y metodología». *Ibersid: Revista de Sistemas de Información y Comunicación,* 11 (1), 41-50. https://doi.org/10.54886/ibersid.v11i1.4313. Última consulta: 12 de octubre de 2024.

Pirela Morillo, J. E.; Sierra Escobar, L. F.; Almarza Franco, Y. M. (2023). «Diseño de un programa virtual en archivística e inteligencia de negocios para la Universidad de La Salle, Bogotá-Colombia». *Revista Cubana de Información en Ciencias de la Salud* [en línea], vol.34. http://scielo.sld.cu/scielo.php?script=sci_arttext&pid=S2307-21132023000100002. Última consulta: 12 de octubre de 2024.

Portail National des Archives-France Archives. (2023a, enero 04). «Circulaire relative à la procédure d'accès aux actes et registres de l'état civil datant de moins de soixante-quinze ans par les généalogistes professionnels». https://francearchives.gouv.fr/fr/circulaire/DGPA_SIAF_2022_011. Última consulta: 12 de octubre de 2024.

—. (2023b, enero 23). «La procédure d'accès à l'état civil de moins de soixante-quinze ans par les généalogistes professionnels». https://francearchives.gouv.fr/fr/article/88401718. Última consulta: 12 de octubre de 2024.

Portal Europeo de e-Justicia. (2024, abril 16). «España. Sucesiones». Unión Europea. https://e-justice.europa.eu/166/ES/succession?SPAIN&member=1. Última consulta: 12 de octubre de 2024.

Prado, B. (2020). *Todo lo carga el diablo.* Alfaguara.

Ramírez, G. (2015). *La Declaración de Derechos de la Mujer de Olympe de Gouges 1791: ¿una Declaración de segunda clase?* Universidad Nacional Autónoma de México: Cátedra UNESCO de Derechos Humanos. https://catedraunescodh.unam.mx/catedra/catedra/materiales/u1_cuaderno2_trabajo.pdf. Última consulta: 12 de octubre de 2024.

Real Academia Española (RAE). (2024). *Diccionario de la lengua española,* 23.ª ed., [versión 23.8 en línea]. https://dle.rae.es. Última consulta: 16 de diciembre de 2024. Palabras consultadas:

«Biblioteca». https://dle.rae.es/biblioteca?m=form

«Censo electoral». https://dle.rae.es/censo?m=form#0rESnIE

«Estirpe». https://dle.rae.es/estirpe?m=form

«Hemeroteca». https://dle.rae.es/hemeroteca?m=form

«Hipocorístico». https://dle.rae.es/hipocor%C3%ADstico?m=form

«Linaje». https://dle.rae.es/linaje?m=form

«Nomenclátor». https://dle.rae.es/nomencl%C3%A1tor?m=form

«Padrón». https://dle.rae.es/padr%C3%B3n

«Quinta». https://dle.rae.es/quinta?m=form

«Usucapión». https://dle.rae.es/usucapi%C3%B3n?m=form

Registradores de España. (s. f.). «Nota de localización». https://sede.registradores.org/sede/sede-corpme-web/registro-de-la-propiedad/publicidad/nota-localizacion. Última consulta: 12 de octubre de 2024.

—. (s. f. a). «Nota de localización». https://sede.registradores.org/sede/sede-corpme-web/registro-de-la-propiedad/publicidad. Última consulta: 12 de octubre de 2024.

—. (s. f. b). «Nota simple». https://sede.registradores.org/sede/sede-corpme-web/registro-de-la-propiedad/publicidad/nota-simple-informativa. Última consulta: 12 de octubre de 2024.

Registro Civil. (2023, abril 18). «Pautas para la verificación del interés legítimo para la emisión de certificaciones». Ministerio de Justicia. https://cjusticia.gva.es/documents/19318332/381341155/DGSJFP02-NOT0055-v.2.0.0+Pautas+verificacion+interes+legitimo.pdf/c45f62a8-6374-3b13-bf50-1df15c895eea?t=1713163415066. Última consulta: 12 de octubre de 2024.

Rivera-Berrío, J. G. (2006). «¿Gestión del conocimiento o gestión de la información?». *Revista TecnoLógicas* (16), 59-82. https://doi.org/10.22430/22565337.521. Última consulta: 17 de diciembre de 2024.

Rodríguez Iglesias, M. I. (2017). «Purificación Castellana Moreno (Ballesteros de Calatrava, Ciudad Real, 10/05/1865-Madrid, 14/11/1947). Sobreviviendo al Titanic». *IX Congreso Virtual sobre Historia de las Mujeres*. Manuel Cabrera Espinosa (ed. lit.), Juan Antonio López Cordero (ed. lit.), 741-775. https://dialnet.unirioja.es/servlet/articulo?codigo=6202335. Última consulta: 12 de octubre de 2024.

Rostoll Ariza, J. (2020). «El prohijamiento de niños expósitos en el Puerto de Santa María en la segunda mitad del siglo XIX». *Revista de Historia de El Puerto*, (64), 55-76. https://dialnet.unirioja.es/servlet/articulo?codigo=7602606. Última consulta: 12 de octubre de 2024.

SAJUMA (Servicio de Asesoramiento Jurídico y Urbanístico a Municipios y Arquitectura). (2020, abril 29). [«Informe jurídico sobre la posibilidad de expropiar a una herencia yacente, con motivo de la ampliación del cementerio municipal y tramites del expediente de expropiación»]. Diputación Provincial de Burgos. https://www.burgos.es/sites/default/files/file/documento/signed/b_expropiacion_herencia_yacente.pdf. Última consulta: 12 de octubre de 2024.

Salazar y Acha, J. (2006). *Manual de genealogía española.* Hidalguía.

Sampedro Escolar, J. L. (1999). *Con nombre y apellidos: cómo localizar a nuestros antepasados.* Martínez Roca.

Serrano Chamorro, M. E. (2019). «Reflexiones sobre el parentesco por afinidad en la sucesión intestada». *Revista Crítica de Derecho Inmobiliario,* (774), 1807-1840. https://vlex.es/vid/reflexiones-parentesco-afinidad-sucesion-816790681. Última consulta: 5 de diciembre de 2024.

Subdirección General de los Archivos Estatales. (1995). *Diccionario de terminología archivística.* Ministerio de Cultura. https://www.cultura.gob.es/cultura/areas/archivos/mc/dta/diccionario.html. Última consulta: 12 de octubre de 2024. Palabras consultadas: «Archivística», «Archivo», «Archivo de protocolos», «Archivo privado», «Archivo público».

Tirant Prime España. *Base de datos jurídicos.* Tirant lo Blanch España. https://prime.tirant.com/es/. Última consulta: 16 de diciembre de 2024.

Trueba, A. (1887). *Leyendas genealógicas de España.* Memoria Digital Vasca. <https://www.euskalmemoriadigitala.eus/applet/libros/JPG/009763V1/009763V1.pdf> Última consulta: 12 de octubre de 2024.

Valpuesta Fernández, R. (2000). «La herencia yacente». En *Derecho de sucesiones.* TOL76.512 Doctrina. Tirant lo Blanch.

Vázquez Hoehne, A. (2010, mayo 26-27). «Introducción a los nomenclátores». *III Jornadas de la Comisión Especializada de Nombres Geográficos.* Acadèmia Valenciana de la Llengua. Institut Cartogràfic Valencià. Universitat de València. Instituto Geográfico Nacional. https://www.mitma.gob.es/recursos_mfom/pdf/F65DB6D5-B954-469C-9C94-E608D3A64992/95423/Nomenclatores.pdf. Última consulta: 12 de octubre de 2024.

Villaseñor Rodríguez, I. (2020). «La documentación jurídica». Villaseñor Rodríguez, I. y Gómez García, J. A. *Investigación y documentación jurídicas,* 67-120, Dykinson.

Verband Deutscher Erbenermittler (s. f.). «Berufsbild». https://www.verbanddeutschererbenermittler.de/Berufsbild.php

—. (s. f. a). «Rechtsprechung». https://www.verbanddeutschererbenermittler.de/Rechtsprechung.php

—. (s. f. b). «Berufsausbildung». https://www.verbanddeutschererbenermittler.de/Aus-Weiterbildung.php

XV. Webs comerciales consultadas

ALEMANIA

- Erbenermittlung Dr. Hans-J. Noczenski <https://erbenermittlung.de/index.php/en/>.
- Hoerner Bank AG <https://www.hoernerbank.de/>.

ESPAÑA

- G&S Abogados <www.gysabogados.es>.
- Genus Legal <https://www.genuslegal.es/>.
- Gestión Integral de Herencias <https://giherencias.com/>.
- Grupo Hereda <https://grupohereda.com/>.
- Grupo Herta <https://grupoherta.com/>.
- Legadia <https://www.legadia.es/>.
- Navarro y Navarro <https://www.navarroynavarro.es/>.
- RLA Asociados <https://rlaasociados.com/>.

ESTADOS UNIDOS

- Heir Search <https://heirsearch.com/>.

FRANCIA

- Archives Généalogiques Andriveau <https://www.andriveau.fr/es/>.
- Coutot-Roehrig en España <https://coutot-roehrig.es/>.
- Groupe Terquem Généalogie <https://www.groupeterquem.fr/>.
- Guénifey Étude Généalogique <https://www.etudeguenifey.com/?lang=es>.

REINO UNIDO

- Anglia Research <https://www.angliaresearch.co.uk/>.
- Finders International <https://www.findersinternational.co.uk/>.
- Fraser & Fraser <https://www.fraserandfraser.co.uk/>.

Anexo: Legislación reguladora del derecho de acceso y consulta de la documentación

FUENTE: ELABORACIÓN PROPIA.

1. LEGISLACIÓN ESTATAL

Leyes Generales

- Constitución española, de 27 de diciembre de 1978 (TOL173.304).
- Ley Orgánica 1/1982, de 5 de mayo, de Protección Civil del Derecho al honor, a la intimidad personal y familiar y a la propia imagen (TOL585.549).
- Ley Orgánica 5/1985, de 19 de junio, del Régimen Electoral General (TOL254.575).
- Ley Orgánica 6/1985, de 1 de julio, del Poder Judicial (TOL268.267).
- Ley Orgánica 3/1986, de 14 de abril, de Medidas Especiales en Materia de Salud Pública (TOL168.812).
- Ley Orgánica 3/2018, de 5 de diciembre, de Protección de Datos Personales y garantía de los derechos digitales (TOL6.933.570).
- Ley 9/1968, de 5 de abril, reguladora de los Secretos Oficiales (TOL137.780).

- Ley 48/1978, de 7 de octubre, por la que se modifica la Ley de 5 de abril de 1968, sobre Secretos Oficiales (BOE, n.º 243, de 11 de octubre de 1978).
- Ley 16/1985, de 25 de junio, del Patrimonio Histórico Español (TOL227.904).
- Ley 12/1989, de 9 de mayo, de la Función Estadística Pública (TOL226.318).
- Ley 1/2000, de 7 de enero, de Enjuiciamiento Civil (TOL172.336).
- Ley 37/2007, de 16 de noviembre, sobre Reutilización de la Información del Sector Público (TOL1.173.838).
- Ley 20/2011, de 21 de julio, del Registro Civil (TOL2.166.566).
- Ley 19/2013, de 9 de diciembre, de Transparencia, Acceso a la Información Pública y Buen Gobierno (TOL4.029.419).
- Ley 18/2015, de 9 de julio, por la que se modifica la Ley 37/2007, de 16 de noviembre, sobre Reutilización de la Información del Sector Público (TOL1.173.838).
- Ley 24/2015, de 24 de julio, de Patentes (TOL5.211.227).
- Ley 39/2015, de 1 de octubre, del Procedimiento Administrativo Común de las Administraciones Públicas (TOL5.494.102).
- Ley 40/2015, de 1 de octubre, de Régimen Jurídico del Sector Público (TOL5.494.100).
- Ley 6/2021, de 28 de abril, por la que se modifica la Ley 20/2011, de 21 de julio, del Registro Civil (TOL8.405.784).
- Ley 20/2022, de 19 de octubre, de Memoria Democrática (TOL9.256.721).

Reales Decretos

- Real Decreto de 14 de septiembre de 1882, por el que se aprueba la Ley de Enjuiciamiento Criminal (TOL214.466).
- Decreto de 14 de noviembre de 1958, por el que se aprueba el Reglamento de la Ley del Registro Civil (TOL312.601)
- Decreto 242/1969, de 20 de febrero, por el que se desarrollan las disposiciones de la Ley 9/1968, de 5 de abril sobre Secretos Oficiales (BOE, n.º 47, de 24 de febrero de 1969).
- Real Decreto 111/1986, de 10 de enero, de desarrollo parcial de la Ley 16/1985, de 25 de junio, del Patrimonio Histórico Español (TOL148.308).
- Real Decreto 208/1996, de 9 de febrero, por el que se regulan los Servicios de Información Administrativa y Atención al Ciudadano (TOL149.616).
- Real Decreto 1784/1996, de 19 de julio, por el que se aprueba el Reglamento del Registro Mercantil (TOL220.247).
- Real Decreto 2598/1998, de 4 de diciembre, por el que se aprueba el Reglamento de Archivos Militares (BOE, n.º 303, de 19 de diciembre de 1998).
- Real Decreto 937/2003, de 18 de julio, de Modernización de los Archivos Judiciales (TOL293.297).
- Real Decreto 1266/2006, de 8 de noviembre, por el que se deroga el Real Decreto 1969/1999, de 23 de diciembre, por el que se regula la Expedición de la Tarjeta Nacional de Investigador para la Consulta en los Archivos de Titularidad Estatal y en los adheridos al Sistema Archivístico Español, en lo relativo a los Archivos de Titularidad Estatal dependientes del Ministerio de Cultura (BOE, n.º 284, de 28 de noviembre de 2006).

- Real Decreto 1816/2009, de 27 de noviembre, por el que se aprueba el Reglamento de los Archivos Judiciales Militares (BOE, n.º 13, de 15 de enero de 2010).
- Real Decreto 1708/2011, de 18 de noviembre, por el que se establece el Sistema Español de Archivos y se regula el Sistema de Archivos de la Administración General del Estado y de sus Organismos Públicos y su régimen de acceso (TOL2.276.235).
- Real Decreto-ley 12/2017, de 3 de julio, por el que se modifica el texto refundido de la Ley de Propiedad Intelectual, aprobado por el Real Decreto Legislativo 1/1996, de 12 de abril, en cuanto al sistema de compensación equitativa por copia privada (TOL6.196.709).
- Real Decreto 1720/2007, de 21 de diciembre, por el que se aprueba el Reglamento de desarrollo de la Ley Orgánica 15/1999, de 13 de diciembre, de protección de datos de carácter personal (TOL1.228.602).
- Real Decreto 203/2021, de 30 de marzo, por el que se aprueba el Reglamento de actuación y funcionamiento del sector público por medios electrónicos (TOL8.372.179).

Reglamentos

- Reglamento (UE) 2016/679 del Parlamento Europeo y del Consejo, de 27 de abril de 2016, relativo a la protección de las personas físicas en lo que respecta al tratamiento de datos personales y a la libre circulación de estos datos y por el que se deroga la Directiva 95/46/CE (Reglamento General de Protección de Datos) (TOL5.703.078).

Instrucciones

- Instrucción de 9 de enero de 1987, de la Dirección General de los Registros y del Notariado, sobre legitimación de los particulares para obtener certificaciones del Registro Civil (TOL622.140).

- Instrucción de 4 de noviembre de 2008, de la Dirección General de los Registros y del Notariado, sobre acceso a la consulta de los libros de defunciones de los registros civiles, dictada en desarrollo de la disposición adicional octava de la Ley 52/2007, de 26 de diciembre (TOL1.394.971).

2. LEGISLACIÓN AUTONÓMICA

Es imposible detallar aquí las leyes autonómicas respecto al derecho de acceso y consulta de la documentación. La relación entre las leyes estatales y las autonómicas se rige por el principio de competencia y no por el de jerarquía normativa. Cada entidad territorial tiene sus propias leyes de desarrollo de la normativa básica estatal en esta materia. Al igual que en la normativa básica estatal, el principio general de libre acceso también tiene límites. Según señalan algunos autores existen diferencias en el derecho de acceso vigente entre comunidades autónomas y resulta paradójico que algunos documentos sean de libre acceso en unas comunidades mientras que en otras estos sean de acceso restringido.

3. LEGISLACIÓN LOCAL

- Ley 7/1985, de 2 de abril, reguladora de las Bases del Régimen Local (TOL257.364).
- Real Decreto 2568/1986, de 28 de noviembre, por el que se aprueba el Reglamento de organización, funcionamiento y régimen jurídico de las entidades locales (TOL257.546).
- Ley 57/2003, de 16 de diciembre, de medidas para la modernización del gobierno local (TOL325.927).

4. DERECHO CANÓNICO

- Código de Derecho Canónico <https://www.vatican.va/archive/cod-iuris-canonici/cic_index_sp.html>.
- Decreto General de la Conferencia Episcopal Española sobre la Protección de Datos de la Iglesia Católica en España (25 de mayo de 2018) <https://www.archiburgos.es/wp-content/uploads/2018/09/3-1-4-decreto-general-cee-de-proteccion-de-datos-2018.pdf>.